## José Martí

José Martí (1853-1895) es la figura política y literaria más relevante de la historia cubana. Poeta, ensayista, periodista, orador y líder revolucionario de la lucha por la independencia de Cuba, Martí vivió los últimos quince años de su vida exiliado en Nueva York, donde trabajó como corresponsal extranjero para diversos periódicos de América Latina. Fue el iniciador del modernismo literario hispanoamericano.

## Néstor Díaz de Villegas

Néstor Díaz de Villegas (Cienfuegos, 1956) es un poeta y ensayista cubanoamericano. Su más reciente libro es *De donde son los gusanos: Crónica de un regreso a Cuba después de 37 años de exilio* (Vintage Español, 2019). Su popular bitácora "NDDV" ha sido celebrada como "uno de los mejores blogs literarios de América Latina". Reside en Alhambra, California.

# ESTADOS UNIDOS EN LA PROSA DE UN INMIGRANTE

## JOSÉ MARTÍ

*Selección e introducción de Néstor Díaz de Villegas*

**Vintage Español**
Una división de Penguin Random House LLC
Nueva York

PRIMERA EDICIÓN VINTAGE ESPAÑOL, AGOSTO 2021

Información de catalogación de publicaciones disponible en la Biblioteca del Congreso de los Estados Unidos.

**Vintage Español ISBN en tapa blanda: 978-0-593-31342-8**
**eBook ISBN: 978-0-593-31343-5**

*Para venta exclusiva en EE.UU., Canadá, Puerto Rico y Filipinas.*

*Fotografía de la estatua de José Martí © NYC Parks Photo Archive*

www.vintageespanol.com

Impreso en México

10   9   8   7   6   5   4   3   2   1

# Índice

## Segunda parte

# ESTADOS UNIDOS EN LA PROSA DE UN INMIGRANTE

# José Martí, nuestro hombre en Manhattan

En el Parque Central de la ciudad de Nueva York, donde termina la Sexta Avenida, hay una estatua ecuestre del poeta cubanoamericano José Martí.

En 1945, el alcalde Fiorello H. La Guardia y el ayuntamiento de Nueva York decidieron cambiar el nombre de la Sexta por el de Avenida de las Américas, a fin de "promover los ideales y principios panamericanos" en la ciudad que acogería la nueva sede de las Naciones Unidas*. A caballo entre las dos Américas, la española y la anglosajona —es decir, la "nuestra" y la "otra"— el jinete del Parque Central personificaba la promesa y el conflicto de dichos ideales y principios†.

* "6th Avenue's Name Gone with the Wind", *The New York Times*, 3 de octubre de 1945, p. 21. https://timesmachine.nytimes.com/timesmachine/1945/10/03/305938092.html?pageNumber=21
† Ver Clark Roger, "How NYC's Avenue of the Americas Got its Name", *Spectrum News NY1*, 15 de octubre de 2018, https://www.ny1.com/nyc/all-boroughs/news/2018/10/15/how-nyc-s-avenue-of-the-americas-got-its-name-.

El nuevo nombre de la avenida no prendió en la imaginación de los neoyorkinos, que continuaron llamándola "la Sexta". Hoy quedan pocos de los escudos de las naciones americanas que adornaban los postes del alumbrado público, y tal vez el abandono indique que llegó la hora de relanzar la Sexta, en el nuevo siglo, con el nombre de uno de sus más insignes transeúntes, un inmigrante que celebró y padeció Nueva York, y dejó su huella en cada adoquín de Manhattan.

La estatua ecuestre es obra de la escultora Anne Hyatt Huntington, esposa del millonario Archer M. Huntington, fundador de la Sociedad Hispánica de América\*. El conjunto mide 10 metros y pesa 5 toneladas, y fue colocado en su pedestal de granito en 1965, en medio de una de tantas controversias entre exiliados cubanos y el régimen de La Habana en torno al legado espiritual martiano, que aún ambos se disputan. La figura de bronce se lleva la mano al pecho con una mueca de dolor. El azorado corcel, erguido sobre las patas traseras, confirma que el jinete cayó en combate.

José Martí encontró la muerte en Dos Ríos, localidad oriental de Cuba, el 19 de mayo de 1895. Hacía apenas seis semanas que había desembarcado en las costas de su país natal, tras quince años de exilio neoyorkino. Su intención era unirse a las tropas de los generales Máximo Gómez y Antonio Maceo en un nuevo intento por reavivar la guerra por la independencia de Cuba, que el mismo Martí organizara desde Nueva York.

Algunos relatos de la época abundan en el incidente de Dos Ríos. El soldado Pablo Raimundo Rodríguez García,

---

\* *A History of The Hispanic Society of America, Museum and Library* (Nueva York: The Hispanic Society of the Americas, 1954).

un insurgente natural de Islas Canarias que militaba en el bando cubano, cuenta que en la mañana del 19 de mayo, "formando de dos en dos en fondo, fuimos arengados por el Delegado Martí, recorriendo éste los centros de todas las filas; acto seguido se dio la orden de avance". Poco después, "Martí, que montaba un fogoso y veloz caballo y por esta circunstancia y también por su ímpetu, se había adelantado cinco o seis varas a nosotros, cayó malherido del caballo, y aún manteniéndose revólver en mano"*.

El momento que representa la escultura de la Avenida de las Américas es excepcional. José Martí era un pensador y un poeta, no un guerrero. La mayor parte de su vida transcurrió en el destierro, ante un escritorio, primero en Madrid y Zaragoza, donde fue estudiante de Filosofía y Derecho, y luego en una oficina de la calle Front, en Manhattan, donde redactó despachos periodísticos sobre la realidad norteamericana que le permitirían ganarse la vida y que lo harían famoso.

Para ser fiel a su modelo, la estatua debió representar a un hombre de letras, no a un inexperto hombre de acción a quien las balas enemigas alcanzaron a quemarropa. Además del revólver apretado en el puño, José Martí llevaba en su chaqueta al morir una edición de bolsillo de la *Vida de Cicerón*, un reloj de oro y una carta sin terminar dirigida a un amigo mexicano.

El soldado español Maximiliano Loizaga, miembro de la tropa del coronel José Ximénez de Sandoval, con la que chocó Martí, describe la impresión que causó entre sus adversarios la figura del joven héroe: "Nuestros soldados, todos los que contemplamos al caído, sentimos respetuoso impulso, el res-

---

* Manuel de Paz Sánchez, "*La muerte de Martí: un debate historiográfico*", *Cuadernos de investigación histórica Brocar* 17 (1991), 14.

peto que inspira a los valientes el que lo fue tanto. El cadáver [... iba] vestido con traje rayadillo gris obscuro con ligeras listas blancas, calzando botas de montar negras, con espuelas de acero"*.

Loizaga olvidó mencionar el sombrero de castor que Martí llevaba ese día. En la manigua cubana había caído acribillado el clásico habitante de la jungla de asfalto neoyorkina.

La estatua ecuestre rinde homenaje al patriota en el momento en que este fue más absolutamente fiel a sus principios y más extraño a sí mismo. El más grande de los escritores hispanoamericanos modernos quedaría expuesto a la curiosidad de los transeúntes como otro de los pintorescos aventureros que pueblan las páginas de sus *Escenas norteamericanas*.

José Julián Martí Pérez nació en la calle Paula, en La Habana intramuros, el 28 de enero de 1853. Su padre, Mariano Martí Navarro, sargento del Real Cuerpo de Artillería, era oriundo de Valencia, España. Su madre, Leonor Pérez Cabrera, natural de Santa Cruz de Tenerife, había emigrado a Cuba a la edad de trece años.

El poeta conoció íntimamente la tierra natal de sus progenitores. En 1857 la familia regresó a España, donde Martí residió por dos años a orillas del mar Mediterráneo. Parte de su formación transcurrió en un ambiente español, y es probable que hablara castellano con acento canario. Todavía no era "latino", como es común clasificarlo en la actualidad, sino "hispano", elemento clave del crisol de razas de los Estados Unidos de finales del siglo XIX, en el que Martí se insertó.

---

* Delfín Xiqués Cutiño, "*Cuatro versiones sobre la muerte de José Martí*", Granma. cu 17 de mayo de 2019, http://www.granma.cu/hoy-en-la-historia/2019-05-17/cuatro-versiones-sobre-la-muerte-de-jose-marti-17-05-2019-15-05-58.

Varios estadounidenses famosos han sido también hijos de emigrantes cubanos de ascendencia hispánica. Tal es el caso del padre del cineasta George Romero, creador de los zombis, y del padre adoptivo del novelista Truman Capote, autor de *Desayuno en Tiffany's*\*. La lista de celebridades con padrastros cubanoamericanos de ascendencia peninsular llega hasta Jeff Bezos, fundador de la compañía Amazon†. El propio José Martí es el abuelo materno del actor César Romero, clásico *latin lover* de películas serie B durante la época dorada de Hollywood‡.

Gracias a los constantes traslados que requería el oficio de su padre, el niño pudo conocer los hermosos paisajes del campo cubano. En 1860, ambos viajaron a las provincias de Pinar del Río y Las Villas, donde abundan los ríos y las florestas tropicales. Con nueve años de edad, Martí se trasladó a Matanzas con Mariano, que había sido nombrado juez subalterno del término territorial Hanábana. Allí escribe su primera página conocida: la descripción de un caballo. El año siguiente visitaron la República de Honduras y, en 1868, Batabanó, localidad portuaria de la costa sur de La Habana, donde el padre fue nombrado juez celador de la policía. Los escritos de madurez de José Martí revelan un conocimiento detallado de la geografía, la flora y la fauna de las regiones que visitó en su niñez.

---

\* "José García 'Joseph' Capote", *FindAGrave.com*, https://www.findagrave.com/memorial/109731687/jos_-garcia-capote; Tony Williams, *George A. Romero: Interviews* (Jackson: University of Mississippi Press, 2011).

† Elliot Reynolds, *Jeff Bezos: Biography of a Billionaire Business Titan* (Publicación independiente, 2019).

‡ "Carta de María Romero a Cesar Romero", 9 de febrero de 1935, http://www.latinamericanstudies.org/marti/maria-mantilla-1935.pdf; Delvis Fernández Levy, *A Human Legacy of José Martí* (Nueva York: Wise Media Group, 2018).

La adolescencia de José Martí transcurrió en los tiempos de la Guerra de los Diez Años (1868–1878), conflicto infructuoso por la independencia de su país natal. Con dieciséis años, las autoridades coloniales lo sentencian a seis años de prisión, acusado de "ser enemigo declarado de España" por haber escrito una carta en la que llamaba "traidor" a un compañero de clase alistado en las tropas de los Voluntarios, el cuerpo de milicia civil que apoyaba al ejército español. En una foto de la época se le ve con grilletes en la cintura y el tobillo, trabajando en las canteras de San Lázaro, en La Habana.

En 1871, Martí es enviado a la Isla de Pinos y, desde allí, deportado a España. Entre 1871 y 1874 cursa en el destierro la carrera de Filosofía y Letras, y obtiene el título de licenciado en Derecho. En un receso de los estudios consigue viajar a Francia, donde conoce a Víctor Hugo, el autor de *Los miserables*. En enero de 1874, zarpa de Liverpool a bordo de un transatlántico y arriba por primera vez a los Estados Unidos.

Su estancia en Nueva York es breve. Un primer peregrinaje americano lo lleva a Mérida, Veracruz y, finalmente a Ciudad de México, donde lo espera su familia, que se ha mudado una vez más. En la capital mexicana publica sus primeros trabajos periodísticos y compone obras dramáticas que se estrenan con éxito. Allí también conoce a su futura esposa, Carmen Zayas Bazán*.

En 1878 regresa a Cuba, amparado por una ley de amnistía. Se instala en La Habana con su mujer y su hijo, José Francisco, y comienza a escribir los *Versos libres*, que serán publicados póstumamente. También se involucra en actividades conspi-

---

* Mirtha L. Acevedo y Fonseca, *Bautismo en la soledad. Biografía de Carmen Zayas Bazán, esposa de José Martí* (Camagüey: Ácana, 2016).

rativas, por lo que es detenido y deportado una vez más a España en septiembre de 1879.

Gracias a la influencia de buenos amigos, consigue ser enviado a Madrid y no a la colonia penitenciaria de Ceuta, el territorio español del norte de África. Durante su estancia madrileña visita el Museo del Prado, estudia a los pintores clásicos y asiste a corridas de toros. En diciembre de ese mismo año entra de manera clandestina en Francia, toma un barco en el puerto de Le Havre y llega a Nueva York el 3 de enero de 1880.

Descontando su regreso a Cuba, adonde va a morir, y un breve intervalo en Venezuela, donde escribe *Ismaelillo*, el poemario que da origen al movimiento literario conocido como modernismo, José Martí reside en Nueva York el resto de su vida*.

La fecha de su arribo a Manhattan marca un hito en la historia de la literatura hispanoamericana. Para el crítico cubano Félix Lizaso, se trata de "una circunstancia que divide… la obra de Martí en dos épocas precisas: su asimilación del pensamiento norteamericano a partir de 1880", y su escritura anterior, que "carece de la sazonada claridad de pensamiento que adquiere a partir de esa fecha"†.

Los críticos martianos hacen hincapié en la evolución y madurez de su *pensamiento* —palabra que comunica la idea de alta cultura—, sin advertir que esa "sazonada claridad" se debe también a que, de los Estados Unidos, Martí asimiló

---

* Ivan A. Schulman, *Ismaelillo/Versos sencillos/Versos libres* (Madrid: Cátedra, 2001); Manuel P. González, *Martí, Darío y el modernismo* (Madrid: Gredos, 1969).

† Julio Ramos y María F. Pampín (eds.), *Ángel Rama. Martí, modernidad y latinoamericanismo* (Caracas: Biblioteca Ayacucho, 2015), 24.

el saber y las prácticas de la cultura de masas. El profesor Georg Schwarzmann, como la mayoría de los estudiosos de la obra de Martí, cita la doctrina trascendentalista del filósofo Ralph Waldo Emerson como principal influencia intelectual del joven inmigrante, pero sin acreditar el impacto de lo folletinesco*.

La huella del comercialismo resulta menos evidente, quizás por tratarse del sustrato de una filosofía no tanto trascendental como barata. Sin embargo, ya en los años ochenta del siglo XIX las noticias sensacionales se ofertaban con la etiqueta de "sucesos verdaderos", y el escándalo mediático era la mercancía exclusiva de los tabloides y "periódicos de dos centavos". Tal es el ambiente intelectual que encuentra Martí en Nueva York†.

La revolución mediática coincide con la apertura de la tienda Woolworth, cuyo formato *five-and-dime* sirve de paradigma a las operaciones culturales del momento. "El patriota, si quiere bien a su patria, no empezará a leer el periódico por el editorial, que dice lo que se opina, sino por los anuncios, que dicen lo que se hace" es una frase que define el poco atendido positivismo martiano‡.

El poema "El padre suizo", de 1882, que pertenece a sus *Versos libres*, está basado en la noticia de un suicidio colectivo en Arkansas, que Martí copia y pega directamente de la prensa

---

* Georg Schwarzmann, *The Influence of Emerson and Whitman on the Cuban Poet José Martí* (Nueva York: The Edwin Mellen Press, 2010).

† Charles Knight, "The Commercial History of a Penny Magazine", *Penny Magazine* II(96, 31 de septiembre de 1833): 377–384, http://wayback.archive-it.org/4530/20150917234717/http://english.umn.edu/PM/CommHist.html.

‡ *José Martí. Obras Completas*, vol. 12 (La Habana: Ciencias Sociales, 1975), 433.

amarilla\*. Asimismo, sus primeros despachos neoyorkinos reportan detalladamente la agonía y muerte del presidente James Garfield, baleado en plena estación de trenes, y el ulterior proceso judicial contra su asesino, Charles Guiteau†. No es casual que el evento más publicitado de fines del siglo XIX, secuela espectacular de la muerte de José Martí en Dos Ríos, fuera la Guerra Hispano-Cubana-Estadounidense de 1898, de la que el propio Martí fuera autor intelectual‡.

Tampoco es de extrañar que las *Obras Completas* de José Martí constituyan un muestrario de los más diversos tipos de literatura —"Corríjasele la abundancia y Martí se nos disuelve", advierte la chilena Premio Nobel de Literatura Gabriela Mistral§—. En ellas hay cartas, novelas, cuentos infantiles, retratos de celebridades y de gente común junto a viñetas, poemas, reportajes, diarios de campaña, traducciones, discursos y obras dramáticas. Un almacén abarrotado al que se puede entrar por cualquier puerta, sin perder el hilo y sin que el orden de los fragmentos altere el producto.

El atentado a un presidente, una carrera de caballos, una huelga, una pelea de ratas, una ejecución pública, los efectos benéficos de la luz eléctrica, la técnica de la fotografía a color, el origen de las especies, el descubrimiento de la clorofila, la pluma larga en la cola del quetzal o un domingo en Coney Island: el catálogo de temas parece infinito. Tocó al joven abogado Gonzalo de Quesada y Aróstegui la enorme tarea

---

\* José Martí, "El padre suizo", en *Obras completas. Edición crítica*, vol. 14 (La Habana: Centro de Estudios Martianos, 2007), 126–127.

† Candice Millar, *Destiny of the Republic: A Tale of Madness, Medicine and the Murder of a President* (Nueva York: Anchor Books, 2012).

‡ Theodore Roosevelt, *The Rough Riders* (St. Petersburg, FL: Red and Black Publishers, 2009).

§ Gabriela Mistral, *En verso y prosa: Antología* (Madrid: R.A.E., 2019).

de colocar las piezas disímiles en orden lógico\*. Había sido secretario de Martí en Nueva York, y tras la muerte del héroe se convirtió en su apoderado literario. Martí lo llamó "hijo"; De Quesada y Aróstegui fue el primero en llamarlo "apóstol".

En carta que escribiera el 1 de abril de 1895 en Montecristi, República Dominicana, en ruta hacia Cuba para unirse a la guerra de independencia, el Apóstol le encarga al discípulo la publicación de su obra dispersa, advirtiéndole que "ni ordene los papeles, ni saque de ellos literaturas; todo eso está muerto, y no hay aquí nada digno de publicación, en prosa ni en verso: son meras notas". Seguidamente, propone que "de lo impreso, en caso de necesidad… podría irse escogiendo el material de los seis volúmenes principales"†.

En dicha epístola, considerada su testamento literario, Martí esboza un plan de publicación: "Si no vuelvo, y usted insiste en poner juntos mis papeles, hágame los tomos como pensábamos: I.—Norteamericanos. II.—Norteamericanos. III.—Hispanoamericanos. IV.—Escenas norteamericanas. V.—Libros de América. VI.—Letras, Educación y Pintura"‡.

El primero de los dieciséis volúmenes de la serie *Obras de Martí*, editada por Gonzalo de Quesada y Aróstegui, fue publicado en Washington, D.C., en 1900; el segundo y el tercero, en La Habana, en 1901 y 1902, respectivamente; el quinto, en Roma; el décimo, en Berlín. El número de tomos fue creciendo a medida que los compiladores reciclaban la papelería que Martí había dado por muerta, hasta alcanzar la cifra de

---

\* Richard B. Gray, "*The Quesadas of Cuba: Biographers and Editors of José Martí*", *The Americas* 22(4, 1966): 389–403.

† *José Martí. Obras Completas*, vol. 20 (La Habana: Ciencias Sociales, 1991), 476.

‡ Ibid.

74 volúmenes en la edición de las *Obras completas de Martí* publicada entre 1936 y 1949*.

En una carta de 1909 dirigida a Néstor Carbonell y Rivero, también comentarista y editor de la obra martiana, De Quesada y Aróstegui se lamentaba: "Muchos creen que estos volúmenes se hacen sacándolos de una gaveta donde están listos y ordenados, cuando es obra de titán y de paciencia, pidiendo a Buenos Aires un artículo, un folleto a Guatemala, y descubriendo en Venezuela, o en la misma Biblioteca Nacional de aquí, algo notable y desconocido"†.

Décadas más tarde, en su "Introducción" a las *Obras completas* publicadas por la Editora Nacional de Cuba (1963–1965), Gonzalo de Quesada y Miranda, hijo de Quesada y Aróstegui y continuador de la labor de su padre, explica cómo la colección se fue enriqueciendo con nuevos aportes: "Celosamente guarda Gonzalo de Quesada y Aróstegui, en un pequeño baúl, los papeles preciados de Martí, sus manuscritos, sus cuadernos de apuntes. En sus viajes en servicio diplomático de la patria siempre le acompaña aquel cofre martiano. Enriquecer su valioso contenido no fue siempre fácil tarea"‡.

Concebidas como un serial, cada entrega de las *Obras* incorpora nuevas revelaciones y equívocos. El poeta que cabalga un corcel desbocado en el Parque Central parece haber sabido que la ubicuidad —"Yo vengo de todas partes / y hacia todas partes voy"— no solo definiría su vida, sino también su posteridad§.

---

* Gonzalo de Quesada y Miranda (ed.), *Obras completas de Martí* (La Habana: Trópico, 1936–1949).
† Gonzalo de Quesada y Miranda, "Introducción", en *José Martí. Obras Completas*, vol. 1 (La Habana: Ciencias Sociales, 1975), 14.
‡ Ibid, 13.
§ José Martí, *Obras completas. Edición crítica*, vol. 14, 299.

...

"Por alguna razón, Martí es relativamente desconocido y poco apreciado en los Estados Unidos. Su nombre no es extraño en Tampa, Cayo Hueso y Miami, en la Florida, donde se le honra en bustos de parques públicos, y resulta familiar a los estudiantes norteamericanos de historia y literatura latinoamericanas, a pesar de que, antes de la edición de 1965, la Enciclopedia Británica no recoge su biografía", afirmaba el profesor Richard B. Gray, de la Universidad Estatal de la Florida, a mediados del siglo pasado*. Sesenta años más tarde, el problema persiste. El autor de *Norteamericanos* sigue siendo un virtual desconocido en la cultura que protagoniza sus páginas más celebradas.

Por su parte, el profesor Roberto González Echevarría, de la Universidad de Yale, insiste en que "Martí no viaja bien… en inglés. *He does not travel well*", lo que atribuye, en el caso de los *Versos sencillos,* al hecho de que "su poesía, traducida, pierde el encanto de su sencillez y suena banal". En cuanto a la prosa, el académico la juzga "tan retórica que, por lo menos en inglés, suena ampulosa y oratoria"†.

A pesar de todo, el discreto encanto de los *Versos sencillos* ha viajado sin muchos contratiempos en la letra de "La guantanamera", un éxito del repertorio internacional, tanto en las voces del cantante cubano Joseíto Fernández o del trovador estadounidense Pete Seeger, como en las de incontables cantantes de karaokes del mundo entero. Para viajar entre dos

---

* Gray, "*The Quesadas of Cuba*", 402.
† Jorge L. Arcos, "'Martí no viaja bien en inglés. El canon cubano del siglo XX: Una entrevista a Roberto González Echevarría", Cubaencuentro.com, https://www.cubaencuentro.com/txt/entrevistas/articulos/marti-no-viaja-bien-en-ingles-5021.

lenguas, la poesía de Martí solo necesitaba un vehículo idóneo. Musicalizado, Martí *does travel well*.

A finales del siglo XIX, el principal medio de comunicación martiano fue el papel periódico, cuya manufactura había experimentado una transformación radical. El papel de trapo, hecho con fibras de algodón, reemplazó al de pulpa de celulosa, lo que permitió a los diarios aumentar el tamaño de los pliegos y obtener un producto más resistente al manoseo*.

A partir de 1866, los cables telegráficos comenzaron a correr paralelos a las líneas de tren, por donde antes habían viajado las noticias. Las prensas de vapor multiplicaron la capacidad de producción, lo que resultó en el surgimiento de nuevos periódicos. Estos llegaron a ser tan numerosos, que compartían contenidos mediante el sistema de "cortar, copiar y pegar", que Martí adoptó en sus piezas mínimas de 1881–1882 para la "Sección Constante" del diario *La Opinión Nacional*, de Caracas. El material de los fragmentos provenía, probablemente, de agencias noticiosas consolidadas†. Era común que las notas rápidas no llevaran firma, y alguna vez Martí ocultó su identidad tras el avatar M. de Z.

El papel de trapo, el cable, la electricidad, la prensa rotativa, el avatar y el muestrario de las obras completas: distintos modos de llevar y traer la escritura martiana. Luego vendrían las ondas de radio, a través de las cuales "La guantanamera" difundiría sus versos, entreverados con la crónica roja de los noticieros. En 1890, Martí era leído en Buenos Aires, Caracas, Bogotá, Guatemala, Nueva York y Montevideo. Los medios de

---

* Richard L. Hills, *Papermaking in Britain 1488-1988. A Short History* (Nueva York: Bloomsbury Academic, 2015).
† Mason Jackson, *The pictorial press: its origins and progress* (London: Hurst and Blackett, 1885).

comunicación masiva se encargaron de introducirlo en todos los hogares de nuestra América.

José Martí, el modernista, inventó un lenguaje nuevo para comunicar una actualidad cada vez más vertiginosa. Fue culterano y sensacionalista, melodramático y telegráfico, anticipándose a la banda ancha del internauta moderno. Sus maestros fueron Baltasar Gracián, Búfalo Bill y Oscar Wilde.

Lo mismo que su contemporáneo Karl May, el autor alemán de novelas del Oeste, Martí fue un *influencer* y un creador de memes: estrellas, águilas, zapaticos de rosa, nenes traviesos, corazones, apaches, mariposas, amorcillos y revoluciones: lo que parecía banal, hoy es lengua franca virtual. En sus poemas y discursos, los lectores de cualquier época encuentran el primer alfabeto de emoticonos.

El estudiante de los textos martianos deberá armarse de paciencia y de un Wikcionario. Lo "retórico" a que alude el profesor González Echevarría puede ser simplificado de dos maneras: siguiendo el ritmo natural de las cláusulas, o fusilando oraciones para analizar su estructura interna.

Una enorme cantidad de saber filosófico y trivial encuentra cabida en cada una de las piezas martianas. Por ejemplo, cuando escribe "mirada de hoja de Toledo" hace referencia a unos ojos "que lanzan dagas", porque en Toledo, ciudad española situada a 70 kilómetros de Madrid, son fabricadas las mejores espadas. Martí, el maestro, hubiera adorado Google Earth.

Debe tomarse en cuenta, asimismo, que el destinatario de su enseñanza era un público virtual: la nación cubana concebida como obra en construcción, pues lo que él llamaba "patria" —nombre que también dio al periódico que fundó en Manhattan—, solo existía en el papel, como utopía. Ni siquiera la idea de la independencia era compartida por todos sus compatriotas. Según reportes de la época, lucharon tantos cubanos en las filas de los Voluntarios proespañoles como en el bando de los mambises, a las órdenes de los generales Maceo y Gómez*.

La división llegaba hasta las más altas esferas de la jerarquía revolucionaria. En una página de su *Diario de campaña*, fechada en la hacienda La Mejorana, catorce días antes de morir, Martí escribió: "Maceo y Gómez hablan bajo, cerca de mí: me llaman a poco, allí en el portal: que Maceo tiene otro pensamiento de gobierno: una junta de los generales con mando, por sus representantes—y una Secretaría General:—la patria, pues, y todos los oficios de ella, que crea y anima al ejército, como secretaría del ejército"†.

Las cuatro páginas que siguen, correspondientes al lunes 6 de mayo, fueron arrancadas en algún momento y nunca han sido halladas. Al final de la guerra, el cuaderno de notas de Martí quedó en manos del general Máximo Gómez y, más tarde, de su hijo Bernardo, que lo entregó a la imprenta‡. Ese vacío bibliográfico es tan elocuente como los 12,000 folios de las obras completas, pues nos permite vislumbrar en el espacio en blanco el destino de la república "que soñó Martí".

Para el hombre que leía a Cicerón, la guerra era un mal necesario. Las instituciones civiles debían prevalecer aun en la manigua. La revolución solo podía ser un medio para lograr

---

* Marilú Uralde Cancio, *Voluntarios de Cuba española (1850-1868)* (La Habana: Ciencias Sociales, 2011).

† *José Martí. Obras Completas*, vol. 19 (La Habana: Ciencias Sociales, 1975), 228–229.

‡ Luis R. Miranda La Rua, *Antorchas de la libertad* (La Habana: P. Fernandez y Cia., 1945).

la independencia, no un destino. En cualquier otra circunstancia, Martí rechazó la rebelión —una y otra vez, en varios
de los textos que recoge este libro— y repudió la anarquía.

"Si no vuelvo...", escribe Martí en su testamento literario,
refiriéndose al "hogar lejos del hogar" que Nueva York fue
para él. Allí estaban sus libros, el círculo íntimo de sus partidarios y amigos, y la joven María Mantilla, su hija secreta*.
Los Estados Unidos fueron su segunda patria, y el grueso de
su obra escrita está dedicado a desentrañar, para los lectores
de lengua española, el funcionamiento de la portentosa —y
a veces monstruosa— maquinaria democrática estadounidense. Como el Jonás bíblico, Martí había vivido en las entrañas del monstruo, y esa experiencia avalaba su condición
de profeta.

Quienes lo conocieron o estudiaron confirman su estatura
de apóstol panamericano. Gabriela Mistral lo describe así:
"Suelta una alegoría que relampaguea, y sigue con una frase
de buena mujer, cuando no de niño;... abaja constantemente
los vocablos suntuosos allegándoles un adjetivo de lindo
sabor popular. Tal vez leía su Biblia saltando de un profeta a
un evangelista, de Ezequiel a Lucas, o bien iba y venía de San
Juan el Divino al San Pedro pescador"†.

El crítico uruguayo Ángel Rama añade: "Muchas veces,
en sus cartas, en sus prólogos, en sus anotaciones personales
no destinadas a la publicidad, Martí registró esta condición

---

* Yamil Díaz Gómez, "*La misteriosa paternidad de Martí*", *Infonews* 2 de
febrero de 2012, https://www.infonews.com/newsweek/la-misteriosa-pa-
ternidad-marti-n127442.
† Gabriela Mistral, "La lengua de Martí", http://www.gabrielamistral.
uchile.cl/prosa/jmarti.html.

suya de visionario a la que debe los mejores momentos de su poesía. Su honradez intelectual da testimonio de la veracidad de su palabra. Son momentos generalmente breves, entrecortados, donde el poeta ve delante suyo, como si se tratara de cosas reales, a seres imaginarios o distantes. Esos momentos compensan su brevedad con una centuplicada intensidad y se parecen, por ello, a los raptos religiosos"*.

El poeta nicaragüense Rubén Darío recuerda, a propósito de "aquellas kilométricas epístolas" que Martí enviaba a los diarios hispanoamericanos, que "allí aparecía Martí pensador, Martí filósofo, Martí pintor, Martí músico, Martí poeta siempre", y las describe como "espesas inundaciones de tinta" y "montaña de imágenes"†.

Tres de los seis volúmenes originales donde Martí quiso encauzar aquellas "inundaciones de tinta" estaban dedicados a personajes, eventos y costumbres de los Estados Unidos de su época, y al análisis de la cultura, la historia y las instituciones de la nueva civilización. La selección de textos de este libro sigue ese mismo orden, a fin de presentar sin estorbos la visión única del Martí inmigrante.

Los quince años de producción literaria norteamericana de José Martí proporcionan una perspectiva que abarca, simultáneamente, el norte y el sur del hemisferio, y es desde el punto de vista del desterrado que el poeta concibe la idea de "Nuestra América". La selección de textos de este volumen procura imprimir un giro moderno al significado de lo "nuestro", de manera que el pronombre posesivo abarque a la comunidad hispanoamericana de los Estados Unidos, un sector demográ-

---

* Julio Ramos y María F. Pampín (eds.), *Ángel Rama. Martí, modernidad y latinoamericanismo* (Caracas: Biblioteca Ayacucho, 2015), 101.
† Rubén Darío, *Los raros* (Barcelona: Maucci, 1905), 222.

fico que, del siglo XIX a estas fechas, se ha transformado en
una formidable fuerza económica, política y cultural al norte
del Río Bravo. Lo que antes parecía dividido e incompatible,
hoy es amalgama de ambas Américas.

También al respecto Martí fue un precursor, y sus retratos, estudios y viñetas nos permiten comparar notas con el
escritor que personifica la primera época de la diáspora hispanoamericana. Sus escritos estadounidenses fundan la otra
América "nuestra", la nación de inmigrantes, múltiple y única,
donde un José Martí neoyorkino reclama el sitio que le corresponde entre Emerson y Walt Whitman.

Por último, es justo advertir que, aun cuando existan incontables volúmenes al estilo de *Martí al alcance de todos*, esta no
es una lectura fácil, aunque tampoco sea solo para minorías.
La prosa de Martí demanda del lector una cierta medida de
participación —y también de *pasión*, como requieren los grandes escritores—. Cada autor nos enseña cómo leerlo, y Martí
es el escritor pedagógico por excelencia.

En su escritura sobre los estadounidenses utilizó el despacho, la epístola y la escena; y la unidad de sentido de su
"montaña de imágenes" fueron los "momentos breves, entrecortados", al estilo de los *posts* actuales*. La fragmentación
temática lo emparenta —saltándose un siglo y medio de historia— con el bloguero moderno. Es por eso que, en lugar
de homogeneizarlo, preferí conservar el efecto de la pieza
suelta, tomando fragmentos y pasajes de las *Obras Completas*
publicadas en 1975 por la editorial cubana Ciencias Sociales y reorganizándolos en secciones y capítulos, a los que he
dado títulos informativos y añadido un índice bibliográfico.

---

* Ver en este libro "Apuntes sobre George Washington".

También he incluido un índice onomástico de personajes y asuntos más relevantes.

A fin de dar una idea del efecto de la escritura martiana en inglés, en esta selección se incluye el artículo "The Bull Fight", aparecido en el periódico *The Sun*, de Nueva York, con su correspondiente traducción al español. La nota sobre el presidente George Washington, redactada en un estilo conciso y bilingüe que anticipa el *text speech*, muestra el intenso trabajo preparatorio que requerían sus textos.

*Estados Unidos en la prosa de un inmigrante* está dividido en dos partes. La primera recoge artículos que analizan y evalúan tanto eventos contemporáneos como hechos de la historia de los Estados Unidos. La segunda es una selección de artículos diarios sobre "historia, letras, biografía, curiosidades y ciencia" que Martí escribió para la "Sección Constante" del periódico *La Nación*, de Caracas, entre 1881 y 1882*. Estas entradas ágiles familiarizarán al lector con el léxico martiano, además de ofrecerle un panorama global de la época y un muestrario de temas y personajes recurrentes en los textos de la primera parte.

Tanto en las piezas mayores como en las mínimas, encontramos a un Martí que aprende al mismo tiempo que instruye; que enseña no solo a pensar bien, sino también a vivir una vida de autorrealización: Libertad y Cultura son los pilares que sostienen su sistema del mundo. Ese doble propósito, expresado en una de sus frases más célebres, sirve de estímulo a la lectura de Martí en nuestro siglo: "Ser culto es el único modo de ser libre"†.

---

* José Martí, *Obras Completas. Edición Crítica*, vol. 12 (La Habana: Centro de Estudios Martianos, 2006), 279.

† José Martí, *Obras Completas. Edición Crítica*, vol. 19 (La Habana: Centro de Estudios Martianos, 2011), 185.

En una carta a su joven amigo Gonzalo de Quesada, Martí nos dejó la más conmovedora imagen del escritor sorprendido en plena acción: "¡Y yo que a veces estoy, con toda mi abundancia, dando media hora vueltas a la pluma, y haciendo dibujos y puntos alrededor del vocablo que no viene, como atrayéndolo con conjuros y hechicerías, hasta que al fin surge la palabra coloreada y precisa!"*.

De esas batallas íntimas trata este libro. De la lucha consigo mismo en busca de lo bello y lo sincero, de la que el genio de José Martí salió siempre triunfador.

---

* José Martí, *Obras Completas. Edición Crítica*, vol. 27 (La Habana: Centro de Estudios Martianos, 2017), 162–63.

# Primera parte

## 1
# El invierno de la memoria

### CONSTITUCIÓN Y DEMOCRACIA

Yo esculpiría en pórfido las estatuas de los hombres maravillosos que fraguaron la Constitución de los Estados Unidos de América: los esculpiría, firmando su obra enorme, en un grupo de pórfido. Abriría un camino sagrado de baldosas de mármol sin pulir, hasta el templo de mármol blanco que los cobijase; y cada cierto número de años, establecería una semana de peregrinación nacional, en otoño, que es la estación de la madurez y la hermosura, para que, envueltas las cabezas reverentes en las nubes de humo oloroso de las hojas secas, fueran a besar la mano de piedra de los patriarcas, los hombres, las mujeres y los niños.—El tamaño no me deslumbra. La riqueza no me deslumbra. No me deslumbra la prosperidad material de un pueblo libre, más fuerte que sus vecinos débiles, aislado de rivales peligrosos, favorecido con la cercanía de tierras fértiles necesitadas de comprarles sus productos, y al que afluye, al amor de la libertad y a la facilidad para el trabajo, lo que tiene de más enérgico y emprendedor la Europa sobrancera de habitantes, lo que tienen de más puro y entusiasta los partidos humanitarios de las naciones que no han roto aún la cáscara del feudo.

Los hombres no me deslumbran, ni las novedades, ni los brillantes atrevimientos, ni las colosales cohortes; y sé que de reunir a tanta gente airada y hambrienta de pueblos distintos que no se abrazan en el amor a éste en que no nacieron y cuyo espíritu no llevan en las venas, ni del miedo a la vida, acumulado en ellos por los padecimientos heredados y los propios, sacan otro amor y cuidado que no sean los de sí,—sé que de reunir a tanta gente egoísta y temerosa, ha sucedido que la República esté en su mayor parte poblada de ciudadanos interesados o indiferentes, que votan en pro de sus intereses, y cuando no los ven en riesgo no votan, con lo que el gobierno de la nación se ha ido escapando de las manos de los ciudadanos, y quedando en las de grandes traíllas que con él comercian. Sé que las causas mismas que producen la prosperidad, producen la indiferencia. Sé que cuando los pueblos dejan caer de la mano sus riendas, alguien las recoge, y los azota y amarra con ellas, y se sienta en su frente. Sé que cuando los hombres descuidan, en los quehaceres ansias y peligros del lujo, el ejercicio de sus derechos, sobrevienen terribles riesgos, laxas pasiones y desordenadas justicias, y tras ellas, y como para refrenarlas, cual lobos vestidos de piel de mastines, la centralización política, so pretexto de refrenar a los inquietos, y la centralización religiosa, so pretexto de ajustarla: y los hijos aceptan como una salvación ambos dominios, que los padres aborrecían como una afrenta.

Sé que el pueblo que no cultiva las artes del espíritu apare-
jadamente con las del comercio, engorda, como un toro, y se
saldrá por sus propias sienes, como un derrame de entrañas
descompuestas, cuando se le agoten sus caudales. Sé que a esta
nación enorme hacen falta honradez y sentimiento.—Pero
cuando se ve esta majestad del voto, y esta nueva realeza de
que todo hombre vivo, guitón o auriteniente,—forma parte, y
este monarca hecho todo de cabezas, que no puede querer hacerse daño, porque es tan grande como todo su dominio, que
es él mismo; cuando se asiste a este acto unánime de voluntad
de diez millones de hombres, se siente como si se tuviera entre
las rodillas un caballo de luz, y en los ijares le apretásemos los
talones alados, y dejásemos tras de nosotros un mundo viejo
en ruinas, y se hubiesen abierto, a que lo paseemos y goce-
mos, las puertas de un universo decoroso: en los umbrales,
una mujer, con una urna abierta al lado, lava la frente rota o
enlodada de los hombres que entran.

A los que en ese universo nuevo levantaron y clavaron en
alto con sus manos serenas, el sol del decoro; a los que se sen-
taron a hacer riendas de seda para los hombres, y las hicieron
y se las dieron; a los que perfeccionaron el hombre, esculpiría yo, bajo un templo de mármol, en estatuas de pórfido.
Y abriría para ir a venerarlos un camino de mármol, ancho y
blanco. No se ven bien las maravillas cuando se está dentro
de ellas. Las colosales figuras, los colosales hechos, sólo a distancia adquieren sus naturales proporciones y se enseñan en
su conjunto y hermosura. ¿Qué sabe el gusanillo que anda en
las entrañas de la majestuosa beldad del cuerpo humano? Por
un canal se entra; en una celda se aloja; cae, como la langosta
sobre los sembrados, sobre todo un tejido: ¿qué sabe él, luzbe-
lillo ocupado en transformar la viña, de las amables líneas del

cuerpo en que carcome,—de los mandatos amorosos, veloces
y brillantes como rayos de estrellas, que van de un cuerpo a
otro,—del velo de luz en que, como el sol a la tierra en la
mañana envuelve el enamorado a su querida; ni qué sabe del
toldo de rosas a cuya sombra se abrazan y adormecen?

Es recia, y nauseabunda, una campaña presidencial en los
Estados Unidos. Desde Mayo, antes de que cada partido elija
sus candidatos, la contienda empieza. Los políticos de oficio,
puestos a echar los sucesos por donde más les aprovechen, no
buscan para candidato a la Presidencia aquel hombre ilustre
cuya virtud sea de premiar, o de cuyos talentos pueda haber
bien el país, sino el que por su maña o fortuna o condiciones
especiales pueda, aunque esté maculado, asegurar más votos
al partido, y más influjo en la administración a los que con-
tribuyen a nombrarlo y sacarle victorioso.

Una vez nombrados en las Convenciones los candidatos, el
cieno sube hasta los arzones de las sillas. Las barbas blancas
de los diarios olvidan el pudor de la vejez. Se vuelcan cubas de
lodo sobre las cabezas. Se miente y exagera a sabiendas. Se
dan tajos en el vientre y por la espalda. Se creen legítimas
todas las infamias. Todo golpe es bueno, con tal que aturda
al enemigo. El que inventa una villanía eficaz, se pavonea orgulloso. Se juzgan dispensados, aun los hombres eminentes,
de los deberes más triviales del honor. No concibe nuestra
hidalguía latina tal desborde. Todavía asoman, detrás de cada
frase, las culatas de aquellas pistolas con que años atrás, y aún
hoy de vez en cuando, se argumentaba acá en los diarios en
época de elecciones. Es un hábito brutal que curará el tiempo.
En vano se leen con ansia en esos meses los periódicos de
opiniones más opuestas. Un observador de buena fe no sabe
cómo analizar una batalla en que todos creen lícito campear

de mala fe. De plano niega un diario lo que de plano afirma el otro. De propósito cercena cada uno cuanto honre al candidato adversario. Desconocen en esos días el placer de honrar.

Las elecciones llegan, y de ellas ve sólo el transeúnte las casillas en que se vota despaciosamente, las bebederías en que se gasta y huelga, las turbas que se echan por las calles a saber las nuevas que va dando el telégrafo a los boletines de periódicos. Se ve aturdir, escamotear, comprar, falsear el voto. Se ve a extranjeros naturalizados votar por su interés especial en daño de la tierra que les da porción en su hacienda y en su gobierno. Se palpa el peligro de dar autoridad en el país a los que no han nacido en él, y no lo aman, aunque se reconoce la justicia de que cada uno de los que ha de llevar las andas al hombro, dé su voto sobre el peso de las andas. Se vive de Mayo a Noviembre viendo ruindades, y en disgusto y alarma. Pero por sobre ellas, y con todas ellas ante los ojos, queda en la mente, sacudida de asombro, un respeto comparable sólo al de quien viera tambalear sobre su quicio un mundo, inclinarse de un lado al abismo, irse ya todo sobre él, y reentrar de súbito en su puesto. Conmueven, obrando a la vez, diez millones de hombres. El que los ha visto, en esta hora de faena, siente que la tierra está más firme debajo de sus plantas; y se busca sobre las sienes la corona. Este es el inevitable hecho épico. Brilla, entre la revuelta y oscura campaña, como en un cielo gris brillaría una gran rosa de bronce encendida.

## LAS GLORIAS PASADAS

Impacientes los hombres de hoy por asegurarse el dominio de sí mismos, que el sistema de camarillas políticas comenzaba a arrebatarles, como de prisa y de mal grado, emprendieron su peregrinación al campo sacro donde sus tenaces y gloriosos abuelos plantaron sobre reductos humeantes el pabellón a cuya sombra crece el pueblo más pujante, feliz y maravilloso que han visto los hombres. ¡Luego de echar la vista por estas calles, por estos puertos, por estas ciudades, se piensa involuntariamente en mares y en montañas! ¡Qué simple y qué grande! ¡Qué sereno, y qué fuerte! ¡Y este pasmoso pueblo ha venido a la vida, de haberse desposado con fe buena, en la casa de la Libertad, la América y el trabajo! Poseer, he aquí la garantía de las Repúblicas. Un país pobre vivirá siempre atormentado y en revuelta. Crear intereses es crear defensores de la independencia personal y fiereza pública necesaria para defenderlos. La actividad humana es un monstruo que cuando no crea, devora. Es necesario darle empleo: aquí, ha creado.

Eran hace cien años estas ciudades, aldeas; estas bahías, arenales; y la tierra entera, dominio de un señor altivo y perezoso, que regía a sus hijos como a vasallos, y con el pomo de su látigo escribía sus leyes, y con el tacón de sus pesadas botas las sellaba. Los caballeros de las Colonias, se alzaron contra los caballeros de Jorge III. Desuncieron los campesinos los caballos de sus carros, y los vistieron con los arreos de batallar. Con el acero de los arados, trocado en espada justiciera, rompieron las leyes selladas con el tacón de la bota del monarca. Se combatió, se padeció frío, se venció el hambre, y con largo y doloroso cortejo se cautivó al fin a la gloria. El 16 de octubre de 1781, los franceses y americanos aliados, recibieron de manos del caudillo británico el pabellón inglés vencido. Cornwallis, cercado, deslumbrado, anonadado, aterrado, se rindió a Washington y a Lafayette en Yorktown. Siete mil ingleses se rindieron con su jefe: trescientos cincuenta habían perecido en el brillante sitio; con valor fiero asaltaron los sitiadores las obras de defensa de las tropas reales; con gallarda nobleza y ejemplar calma se regocijaron de su triunfo. Allí descansaron de su jornada de seis años los soldados de Lexington, Concord y Bunker Hill. Allí doblaron la rodilla, para dar gracias a Dios, los que la habían alzado de una vez fatigados de tenerla humillada ante su tirano, en 1775. Allí se ha honrado ahora a los héroes, se ha conmemorado a los muertos, se ha contado la gloriosa historia, y se ha saludado cariñosamente a los vencidos.

Yorktown fue la batalla decisiva, el triunfo efectivo, la victoria incontestada. Tras ella, quedó de hecho el país libre. Esa es la batalla que en estos días los americanos han conmemorado. Han vuelto, llenos de vida, a aquel lugar famoso donde a ella nacieron. Han llamado, para apretar la liga de los pueblos buenos, a los descendientes de aquellos bravos soldados de Francia. Como el alemán Steuben batalló en Yorktown, llamaron también a sus descendientes alemanes. Como Inglaterra ama a sus hijos y no está celosa sino orgullosa de ellos, han saludado la bandera de Inglaterra en el lugar mismo en que fue vencida, nueva manera de vencerla. Recuerdo sin odio, fuerza sin vanidad, agradecimiento sin interés, esto ha sido esta fiesta. Y viene a tiempo a este país laborioso esta hora de remembranza de aquellas puras glorias, como vino a tiempo la noble agonía y dichosa muerte del honrado Garfield. Tiene el corazón sus caudales, y perecen en su palacio de oro, como el rey Midas, los pueblos que dejan morir estas puras riquezas. Sentir, es ser fuerte. Ni cabe comparación, en el concepto y gratitud humanos, entre Jesús y Creso. ¡No hay flores más lozanas ni fragantes que las que nacen sobre la tierra de los muertos! De amar las glorias pasadas, se sacan fuerzas para adquirir las glorias nuevas.

Y movidos de prisa de volver a sus quehaceres diarios; y pagadas ya, aunque no con el fantástico brillo y suntuoso arreo que fueron prometidos, y que se debían al caso glorioso, las deudas de agradecimiento, a los padres de la nación y a los pueblos que vinieron a ayudarlos, volviéronse con premura, dignatarios, militares y masones a sus oficinas y a sus lares; fustearon a sus mansas vacas, camino de la hacienda, los labriegos de color; quedó en su soledad triste la histórica Yorktown; y es fama que se ha oído decir a muy elevado personaje que allá conocieron los concurrentes,—con el polvo y el asendereado andar y el imperfecto comer, y el dormir en los hoteles flotantes o en míseras casas,—todos los horrores y miserias de la batalla, sin ninguna de sus glorias. Y ha sido, en verdad, el centenario, para los que ven con ojos penetrantes y leales, como ceremonia impuesta, a los más indiferentes, y sentida sólo por los cautos y los cultos. En periódicos,—por más que no en todos,—y en un buen libro, ha hallado estima y loa la patriótica fiesta; y más allá del mar será tenida como acto digno de un pueblo grande, fuerte y bueno. Fiesta de los tiempos, y liga de los pueblos. Mas ¿dónde, dónde, ese patriótico anhelo; esos rapsódicos arranques; esa calurosa sensibilidad; esa filial ternura; ese calor de alma, brillo de mente y vida espiritual de nuestros pueblos? En júbilo debieron encenderse todos los corazones; y los muros todos vestirse de colores de fiestas; y regarse de rosas todos los umbrales; y en peregrinación ir el inmenso pueblo a doblar las rodillas sobre el campo sacro. ¡Líbrenos Dios del invierno de la memoria! ¡Líbrenos Dios del invierno del alma!

## 2

# Crisol de razas

## MI RAZA

Esa de racista está siendo una palabra confusa y hay que ponerla en claro. El hombre no tiene ningún derecho especial porque pertenezca a una raza o a otra: dígase hombre, y ya se dicen todos los derechos. El negro, por negro, no es inferior ni superior a ningún otro hombre; peca por redundante el blanco que dice: "Mi raza"; peca por redundante el negro que dice: "Mi raza". Todo lo que divide a los hombres, todo lo que especifica, aparta o acorrala es un pecado contra la humanidad. ¿A qué blanco sensato le ocurre envanecerse de ser blanco, y qué piensan los negros del blanco que se envanece de serlo y cree que tiene derechos especiales por serlo? ¿Qué han de pensar los blancos del negro que se envanece de su color? Insistir en las divisiones de raza, en las diferencias de raza, de un pueblo naturalmente dividido, es dificultar la ventura pública y la individual, que están en el mayor acercamiento de los factores que han de vivir en común. Si se dice que en el negro no hay culpa aborigen ni virus que lo inhabilite para desenvolver toda su alma de hombre, se dice la verdad, y ha de decirse y demostrarse, porque la injusticia de este mundo es mucha, y es mucha la ignorancia que pasa por sabiduría, y aún hay quien crea de buena fe al negro incapaz de la inteligencia y corazón del blanco; y si a esa defensa de la naturaleza se la llama racismo, no importa que se la llame así, porque no es más que decoro natural y voz que clama del pecho del hombre por la paz y la vida del país. Si se aleja de la condición de esclavitud, no acusa inferioridad la raza esclava, puesto que los galos blancos, de ojos azules y cabellos de oro, se vendieron como siervos, con la argolla al cuello, en los mercados de Roma; eso es racismo bueno, porque es pura justicia y ayuda a quitar prejuicios al blanco ignorante. Pero ahí acaba el racismo justo, que es el derecho del negro a mantener y a probar que su color no le priva de ninguna de las capacidades y derechos de la especie humana.

El racista blanco, que le cree a su raza derechos superiores, ¿qué derechos tiene para quejarse del racista negro que también le vea especialidad a su raza? El racista negro, que ve en la raza un carácter especial, ¿qué derecho tiene para quejarse del racista blanco? El hombre blanco que, por razón de su raza, se cree superior al hombre negro, admite la idea de la raza y autoriza y provoca al racista negro. El hombre negro que proclama su raza, cuando lo que acaso proclama únicamente en esta forma errónea es la identidad espiritual de todas las razas, autoriza y provoca al racista blanco. La paz pide los derechos comunes de la naturaleza; los derechos diferenciales, contrarios a la naturaleza, son enemigos de la paz. El blanco que se aísla, aísla al negro. El negro que se aísla, provoca a aislarse al blanco.

En Cuba no hay temor a la guerra de razas. Hombre es más que blanco, más que mulato, más que negro. En los campos de batalla murieron por Cuba, han subido juntas por los aires, las almas de los blancos y de los negros. En la vida diaria de defensa, de lealtad, de hermandad, de astucia, al lado de cada blanco hubo siempre un negro. Los negros, como los blancos, se dividen por sus caracteres, tímidos o valerosos, abnegados o egoístas, en los partidos diversos en que se agrupan los hombres. Los partidos políticos son agregados de preocupaciones, de aspiraciones, de intereses y de caracteres. Lo semejante esencial se busca y halla por sobre las diferencias de detalle; y lo fundamental de los caracteres análogos se funde en los partidos, aunque en lo incidental o en lo postergable al móvil común difieran. Pero en suma, la semejanza de los caracteres, superior como factor de unión a las relaciones internas de un color de hombres graduado y en su grado a veces opuesto, decide e impera en la formación de los partidos. La afinidad de los caracteres es más poderosa entre los hombres que la afinidad del color. Los negros, distribuidos en las especialidades diversas u hostiles del espíritu humano, jamás se podrán ligar, ni desearán ligarse, contra el blanco, distribuido en las mismas especialidades. Los negros están demasiado cansados de la esclavitud para entrar voluntariamente en la esclavitud del color. Los hombres de pompa e interés se irán de un lado, blancos o negros; y los hombres generosos y desinteresados se irán de otro. Los hombres verdaderos, negros o blancos, se tratarán con lealtad y ternura, por el gusto del mérito y el orgullo de todo lo que honre la tierra en que nacimos, negro o blanco. La palabra racista caerá de los labios de los negros que la usan hoy de buena fe, cuando entiendan que ella es el único argumento de apariencia válida y de validez en hombres sinceros y asustadizos, para negar al negro la plenitud de sus derechos de hombre. Dos racistas serían igualmente culpables: el racista blanco y el racista negro. Muchos blancos se han olvidado ya de su color, y muchos negros. Juntos trabajan, blancos y negros, por el cultivo de la mente, por la propagación de la virtud, por el triunfo del trabajo creador y de la caridad sublime.

En Cuba no hay nunca guerra de razas. La República no se puede volver atrás; y la República, desde el día único de redención del negro en Cuba, desde la primera constitución de la independencia el 10 de abril en Guáimaro, no habló nunca de blancos ni de negros. Los derechos públicos, concedidos ya de pura astucia por el Gobierno español e iniciados en las costumbres antes de la independencia de la Isla, no podrán ya ser negados, ni por el español que los mantendrá mientras aliente en Cuba para seguir dividiendo al cubano negro del cubano blanco, ni por la independencia, que no podría negar en la libertad los derechos que el español reconoció en la servidumbre.

Y en lo demás, cada cual será libre en lo sagrado de la casa. El mérito, la prueba patente y continua de cultura y el comercio inexorable acabarán de unir a los hombres. En Cuba hay mucha grandeza en negros y blancos.


## CHEROQUESES, CHEYENES, APACHES

Lake Mohonk es un lindo lugar en el Estado de Nueva York. Convidan a la grandeza los bosques de Adirondack cercanos que talan sin sistema especuladores torpes: en bosques, como en política, no es lícito derribar sino para edificar sobre las ruinas. A la serenidad invita el lago; y el río, que pasa cerca, a fecundar sin ruido e ir hacia adelante rumbo al mar: los ríos van al mar, y al porvenir los hombres. A ese retiro pintoresco se acogieron este otoño, cuando las hojas amarillean y se enrojecen, los amigos de los indios: para tratar en paz del modo de atraerlos a una vida inteligente y pacífica en que no sean como ahora, burlados sus derechos, engañada su fe, corrompido su carácter y sus revueltas frecuentes y justas. Era de ver en aquella reunión de hombres y mujeres benévolos la ausencia de ese espíritu de teoría que afea y esteriliza, o retarda por lo menos la obra cordial de tantos reformadores, y suele enajenarlos, por la repulsión que a una mente sana inspira la falta de relación y armonía, el apoyo solícito de los ánimos moderados que serían de otra manera auxiliares eficaces de la reforma. El genio, que detona y deslumbra, no necesita desembarazarse del buen sentido que hace fecunda su vida en la tierra. Senadores, comisionados, superintendentes, compartían allí la generosa faena con periodistas entusiastas y sacerdotes protestantes. Una mujer abrió en los Estados Unidos los corazones a piedad de los negros, y nadie ayudó a libertarlos más que ella: la Beecher Stowe, la que, apasionada de la justicia, no tuvo luego miedo de deslucir con revelaciones tremendas a propósito de Byron el éxito fecundo de "La Cabaña del Tío Tom", ¡lágrima que habla!

Mujer ha sido también la que con más sensatez y ternura ha trabajado año sobre año por aliviar las desdichas de los indios. Helen Hunt Jackson, de seso fuerte y alma amante; que acaba de morir, escribiendo una carta de gracias al presidente Cleveland por la determinación de éste a reconocer ser de hombre y derecho a justicia en la gente india. Y en la convención de Lake Mohonk hubo gente de verba apostólica y dotes de Estado; pero la estadística cerrada, la cuenta estrecha, la implacable cifra, no fue ni de los superintendentes, ni de los comisionados, ni de los senadores,—sino de una mujer, de Alicia Fletcher, viva en el discurso, segura en el razonamiento, diestra en el debate.

No fue, pues, la de Lake Mohonk una convención de filántropos desalentados, que miren a los indios, sólo porque lo son, como seráficas criaturas, ni fue de esos políticos mariposiles que sólo se paran en la flor de las cosas, y juzgan por meras apariencias y resultados, sin ver que no hay más modo de curar los males que extinguir sus causas.

Fue una reunión de gentes de hecho. Uno de ellos, y por cierto de los más ardientes, "se estremecía al recordar las tristes escenas que ofrecen las reducciones de indios cuando, como la carne a la fieras, les reparten raciones, vestidos, o el dinero del año", y por lo mismo que ha visto esas señales de degradación, como que es hombre, se ha sentido avergonzado, y quiere levantar a los infelices de ella:—se es responsable de todo mal que se sabe y no se remedia: es una pereza criminal, es una culpabilidad pasiva que sólo se diferencia en grado de la culpa de hacer:—el apostolado es un deber diario y constante. Otro de los de la convención ha visto a los indios acurrucarse en rondas a jugar la paga del año, y jugar de cada diez pesos nueve, como los chinos en los talleres de cigarrillos de un presidio español, no bien reciben a la tarde del sábado el exceso de sus jornales sobre la faena que han de entregar al establecimiento. Que los indios de las reducciones son perezosos y amigos de jugar y de beber lo sabía toda la convención; y que habilitados ya por un sistema malo de gobierno a un descanso vil, no gustan del trabajo; y que hechos a recibir del gobierno paga anual, y comida y vestidos, resistirán toda reforma que tienda a elevarles el carácter compeliéndoles a ganar su sustento con la labor propia; y que, privados de los goces civiles y aspiraciones sociales de la gente blanca, verán sin interés el sistema de escuelas públicas que tiende a ellos, y no se desprende de la existencia salvaje de las tribus ni les parece necesaria en ellas. Todo eso lo sabía la convención; pero sabía también que el indio no es así de su natural, sino que así lo ha traído a ser el sistema de holganza y envilecimiento en que se le tiene desde hace cien años.

Allí donde el indio ha logrado defenderse con mejor fortuna, y seguir como era, se le ve como él es de raza, fuerte de mente y de voluntad, valeroso, hospitalario, digno. Fiero aun, como todo hombre, como todo pueblo que está cerca de la naturaleza, esas mismas nobles condiciones de altivez personal y de apego a su territorio le hacen revolverse, como una fiera, cuando lo despojan de sus sembrados seculares, cuando echan a tierra sus árboles sacros, cuando el viento caliente de sus hogares incendiados quema las crines de sus caballos fugitivos: y al que le quemó, quema; y al que le cazó, caza; y al que lo despojó, despoja; y al que lo extermina, extermina.

Reducido luego—¡pobre pueblo de 300,000 salvajes dispersos que lucha sin cansarse con una nación de cincuenta millones de hombres!—él no entra en las ciudades de sus vencedores, él no se sienta en sus escuelas, a él no le enseñan sus industrias, a él no le reconocen alma humana: le obligan a ceder su tierra por tratados onerosos; lo sacan de la comarca en que ha nacido, que es como sacar a un árbol las raíces, con lo que pierde el mayor objeto de la vida; lo fuerzan, so pretexto de cultivo, a comprar animales para trabajar una tierra que no es suya; lo compelen, so pretexto de escuela, a que aprenda en lengua extraña, la lengua odiada de sus dueños, libros de texto que le enseñan nociones vagas de letras y de ciencias, cuya utilidad no se explica y cuya aplicación no ve jamás; lo apresan en un espacio estrecho, donde se revuelve entre sus compañeros acorralados, con todo el horizonte lleno de los traficantes que le venden cachivaches relucientes y armas y bebidas en cambio del dinero que en virtud de los tratados reparte entre las reservas el gobierno al año. Él no puede, si el ansia de ver mundo le posee, salir de aquel potrero humano: él no tiene tierra propia que labrar, y le estimule a cultivarla con esmero para legarla después con un nombre honrado a sus hijos; ni qué hacer tiene en muchas de las tribus, puesto que el gobierno por un sistema de tutela degradante que comenzó hace un siglo, le da para vivir un terreno en común, y lo surte de vestidos, de alimentos, de medicamentos, de escuelas, de cuanto es objeto natural del trabajo del hombre sobre lo que le abona una anualidad en dinero que, sin propiedad que mejorar, ni viaje que emprender, ni necesidad material que no esté satisfecha, gasta en fruslerías de colores, que halagan su gusto artístico rudimentario, o en el licor y el juego que le excitan y aumentan los placeres brutales a que vive condenado. El indio es muerto; con este sistema vil que apaga su personalidad: el hombre crece con el ejercicio de sí mismo, como con el rodar crece la velocidad de la rueda; y cuando no se ejercita, como la rueda, se oxida y se pudre. Un sentimiento de fiereza abatida, que nunca se extingue por entero en las razas esclavas, el recuerdo de los hogares perdidos, el consejo de los viejos que vieron en los bosques nativos tiempos más libres, la presencia de sí mismos, encarcelados, vilipendiados

y ociosos, estallan a oleadas intermitentes, cada vez que la
rapacidad o dureza de los agentes del gobierno escatima o
niega a los indios los beneficios que se les estipularon en los
tratados: y como en virtud de éstos, y sólo por ellos, lo que el
hombre tiene de noble les está vedado, y permitido no más lo
que tiene de bestia, acaece naturalmente que en estas revueltas
sobresale, desfigurando la justicia que las ocasiona, la bestia
que el sistema ha desarrollado.

Todo hombre esclavo es así; no es el indio sólo: por eso
tan crueles son las revoluciones que vienen tras de las pro-
longadas tiranías: ¿qué blanco que tenga el seso en su lugar
no entenderá que no puede echar en cara al indio el ser como
los blancos lo han hecho?—"Él es gentil y bravo, decía en la
convención el venerable Erastus Brooks, cuya palabra ama y
pesa: he aquí a docenas, a centenas, los ejemplos de la historia
americana, que demuestran que el indio, en condiciones iguales, es capaz mental, moral y físicamente de todo aquello de
que es capaz el hombre blanco". Pero, hemos hecho de él un
vagabundo, un poste de taberna, un pedidor de oficio. No le
damos trabajo para sí, que alegra y eleva; sino que a lo sumo,
y esto violando tratados, le forzamos a ganar, en un trabajo
de que no aprovecha directamente, el valor de las raciones y
medicinas que le prometimos a cambio de su tierra; le acos-
tumbramos a no depender de sí, le habituamos a una vida
de pereza, sin más necesidades y gozos que los del hombre
desnudo primitivo; le privamos de los medios de procurar
por sí lo que necesita, y sombrero en mano y cabeza baja le
obligamos a demandarlo todo: el pan, la quinina, la ropa de su
mujer y de su hijo al agente del gobierno; el hombre blanco
que conoce es el tabernero que lo corrompe, es el buhonero
que lo engaña, es el racionero que halla modo de mermarle la

ración, es el maestro improvisado que le repite en una lengua
que él habla apenas palabras sin gusto ni sentido, es el agente
que le despide a risas o a gritos cuando va a él a demandar
justicia. Sin trabajo, sin propiedad, sin esperanza, sin la tierra
nativa, sin más goces de familia que los meramente físicos, los
indios de las reducciones, ¿qué han de ser más que hombres
torvos, perezosos y sensuales, nacidos de padres que ya vieron
a sus padres, apagada la pipa y el alma, llorar sentados en cuclillas en el suelo por la nación perdida, por la sombra del árbol
grande que presenció siglo por siglo sus matrimonios, sus
justicias, sus regocijos y consejos? Un esclavo es muy triste de
ver; pero aún más triste un hijo de esclavo: ¡hasta en el color
se le ven reflejos de cieno! Grandes criaderos de hombres son
esas reducciones de indios. Segarlos de cuajo hubiera valido
más que envilecerlos.

En 1783 fue el primer tratado, en que se reservó el gobierno de los Estados Unidos el derecho de regular su tráfico
y administrar las tribus; y ahora los trescientos mil indios,
sometidos tras la guerra en que no fue suya la mayor crueldad, están repartidos en cincuenta reducciones sin más ley
que la voluntad presidencial, y otras sesenta y nueve que se
llaman reducciones de tratado, por ser ley en ellas el convenio
establecido entre las tribus y el gobierno, treinta y nueve de
cuyos convenios acuerdan el repartimiento de la tierra de la
reducción en propiedades individuales, medida ennoblece-
dora que apenas se ha intentado con doce de las tribus. "Se
reparte entre los indios—dijo Alicia Fletcher—lo que el Congreso manda dar para alimentos, porque esto pasa por muchas
manos, y en cada par de ellas se queda algo de este comercio;
pero lo que se da para escuelas no se reparte, porque de esto
sólo pueden alcanzar los empleados el sueldecillo de maes-

tra que hacen caer en su mujer o en su hija para aumentar el haber doméstico, de modo que de los $2.000,000 que del 71 al 81 debieran haberse gastado, sumando las obligaciones de todos los convenios, en escuelas sólo se han gastado unos $200,000". A muchas tribus se ha ofrecido aún más que la propiedad individual que no se les distribuye, y la escuela que no se les establece: se les ha ofrecido la ciudadanía.

Y todo esto lo oían sin contradicción, antes lo apoyaban y confirmaban, el subinspector de las escuelas de indios, los autores de los proyectos de reformas de las reducciones en la Casa y en el Senado, los miembros de la junta de indios. Los altos empleados del gobierno apoyaban y confirmaban todo esto y aplaudían la defensa inspirada que hizo del natural del indio el buen Erastus Brooks. "¡No hay vicio suyo de que no seamos responsables! ¡No hay bestialidad de indio que no sea culpa nuestra! ¡Mienten del indio los agentes interesados en mantenerle embrutecido bajo su dominio!"

El gobierno lo envilece con su sistema de tratados que lo condenan a la inercia y al vicio, y la rapacidad de los agentes de gobierno mantiene a éste en un concepto falso del indio, o le oculta la causa de su corrupción y rebeliones, para continuar mermando a sus anchas los caudales que destina el Congreso a mantenerlos.

Los cheyenes, que ya en 1878, cansados de padecer vejámenes a manos de los agentes del gobierno, se rebelaron y fueron causa de preocupaciones, gastos y guerra seria,—están descontentos. Entonces, tuvieron razón. Ahora, puede ser que la tengan. Entonces el gobierno los desatendió y los provocó a la guerra. Hoy, en cumplimiento de la promesa de mirar por los indios que en su discurso de inauguración hizo Cleveland, envía a un comisionado de paz, a inquirir sus razones de queja.

En 1878, ¿cómo no se habían de sublevar los cheyenes, si los agentes del gobierno en las reservas de indios, les robaban, los esquilmaban, los sometían a trabajos inicuos, les negaban la medicina y el alimento?

El Congreso vota, de sobra, dinero para atender bien a los indios sometidos; mas era uno de los bochornos públicos en tiempo de la administración republicana la repartición que los empleados del gobierno hacían en su favor de las sumas dispuestas al pago de los contratos del gobierno con los indios, en forma de escuelas, tierra cultivable, aprestos de cultivo, medicamentos y raciones, con que se compensaban las tierras cedidas de mal grado por las tribus.

A los cheyenes del norte, los sacaron de sus hogares, en la agencia de la Nube Roja, y los llevaron con los cheyenes del sur, al territorio indio. Al año, se huyeron, saqueando a su paso. ¿Cómo no, si morían uno sobre otro de malaria, y semanas enteras había, en que no se les daba un medicamento; si en vano se quejaban de que les habían traído de sus hogares fríos y sanos, en que prosperaba su naturaleza, a una tierra ardiente y pestífera, donde se secaban los senos de las madres, y la piel no servía más que para dibujar los huesos de los pequeñuelos; si el gobierno contrató con ellos pagarles por su tierra, entre otras cosas, con raciones, y los agentes se negaban a darles las raciones que eran suyas por contrato, y su único recurso de alimento, a menos que no acabasen un trabajo rudo que no tenían obligación de hacer?

Se huyeron, y con no poco esfuerzo y muertes injustas, fueron acorralados en las tierras pestíferas, a ser mejor tratados, mas no tanto que ahora, en unión con otros indios que llegan a cinco mil, no den señales de una temible revuelta, que acaso evite el mensaje de buena voluntad que les lleva el comisionado del gobierno.

¡Y dicen ciertos caballeros de nariz canina, porque los ven infortunados y desnudos, y a veces, por culpas históricas que ahora se pagan, violentos y feroces, dicen que los indios son gente inferior, buena sólo para envainar la espada o encajar la lanza! ¡Esa es la inmigración que mejor nos estaría acaso, o ayudaría mucho a la otra: nuestros propios indios! Acá, en los Estados Unidos no tanto, que son pocos: pero no a otros, ¿cómo podemos andar, historia adelante, con ese crimen a la espalda, con esa impedimenta? Lo que los indios son, o pueden ser, lo enseña el senador Ingalls, que ha vuelto del territorio de los cheroqueses, adonde fue en comisión del Senado, que quería saber la verdad en ciertas materias. Ingalls, que es uno de los senadores más renombrados por su elocuencia y juicio, viene maravillado de lo que ha visto en las tribus: ¡pues no tienen un gobierno democrático, con un jefe elegido por sufragio, y su Senado y su Congreso, que cada año se juntan! Tienen sus tribunales, con jueces también electivos; tienen su sistema de penas, tan ordenado como el de los blancos; y no tienen leyes para cobrar las deudas, porque entre ellos no hay deudas.

¡Y escuelas! ¡Los cheroqueses tienen escuelas! ¡Cincuenta por ciento del dinero público de los cheroqueses es empleado en las escuelas! Dondequiera que hay trece niños reunidos, levantan una escuela, y la proveen del mejor maestro que hallan: y ha de ser bueno el maestro. La escuela tiene dos habitaciones, como las de Utatlán, de los cachiques que a botes de lanza exterminó Alvarado: una habitación es para las niñas, y para los niños otra: de las escuelas de Utatlán salían los niños indios en procesión, a aquel sol suave, con sus vestidos

blancos: ¡salían cantando! Los edificios de escuelas de los cheroqueses son de apariencia noble, y el gobierno cheroqués no
sólo paga los maestros, sino que viste y alimenta a los alumnos: y cuando éstos completan la educación que puede darles
la escuela india, como que en su territorio no quieren los cheroqueses a gente blanca, mandan a los estudiantes a los colegios famosos de los Estados Unidos, a Darmouth, a Yale. A los
blancos, los quieren bien; pero de lejos: sobre todo, no quieren colonos blancos en sus tierras. Indios sí: cuantos vengan.

Y el senador Ingalls viene asombrado de la manera en que
los cheroqueses, "con ventaja, dice, sobre cuanto pueblo civili-
zado conozco", tienen resuelto el problema de la distribución
de la tierra.

Toda la tierra pertenece en común a la tribu; lo que no excluye la propiedad, ni el derecho de traspasarla según las leyes
de la tribu; pues la tierra es del que la cultiva, eso sí, mientras
la trabaje, porque en cuanto el propietario de la tierra no la
trabaje, vuelve al común. Mientras la cultiva, es su propiedad
absoluta. Cualquier cheroqués puede cultivar cuanta tierra le
plazca, con tal de no llegar sino como hasta un cuarto de legua
a distancia de los linderos del vecino. Con esto se impide la
acumulación de vecinos en pequeñas comunidades, que a juicio de los cheroqueses favorece la holganza y sus vicios. Y con
que la tierra vuelva al común tan pronto como su propietario
no la cultive, se estorba que una misma mano llegue a poseer
mucha tierra, y cuanto viene de eso. 70,000 habitantes tiene
el país de los cheroqueses: no hay ni un mendigo.

Sola y abandonada a su desdicha, acurrucada junto a sus caciques canosos, con los ojos puestos en sus *ponies* y en los pies
los bordados mocasines, determinan las tribus indias, agasaja-

das por los emisarios de Cleveland, no mover la guerra a que les compelían el abuso y maldad de los agentes del gobierno en el territorio indígena. Porque no los miran, cual debieran los agentes, como a una raza rudimentaria y simpática, estancada en flor por el choque súbito con la acumulada civilización de los europeos de América; sino que los tienen como a bestias; y los odian; y se gozan en envilecerlos para alegar después que son viles. Ellos tienen sus sabios; sus grandes caudillos; sus diplomáticos cuerdos; ellos son como pájaros graciosos, irisado el plumaje, húmedos todavía del redaño de la naturaleza. Piden con moderación; sufren con paciencia; aconsejan con juicio; pelean con bravura. Pero acá *rum* y allá hambre, acá prisión y allá castigo, ¿cómo ha de acallar el indio el odio natural al que le robó su tierra so capa de contrato, y lo embrutece y denigra? Madrigueras son esas agencias. Las bondades del Congreso, que para los indios son grandes, no les llegan. Si son de cariño y miramiento, jamás. Si de dinero y raciones, más de la mitad queda en manos de los encargados de distribuirlos. Los viejos con su manto crestado y su rostro real, suelen montarse en "el caballo de hierro" y venir a exponer elocuentemente sus quejas al "gran padre". Y si "el gran padre" tarda en recibirlos, suelen ponerse en pie, mostrando descontento, y dar a entender que no les place la descortesía. Ahora se ha descubierto que los agentes habían forzado a los indios a alquilar, por precios nominales, sus mejores tierras de pasto a ganaderos del Oeste; habían respondido a sus quejas con privaciones del dinero y alimento que sus tratados con el gobierno les aseguraron; habían mermado sin vergüenza la ración de comida y vestido de los indios; habían cobrado al gobierno por años enteros, donde no había más que 2,000 cheyenes, raciones para 4,000 y todo como para ellos. Allí donde el agente es bueno, el indio es manso. El soldado, que pelea con ellos *pony* contra *pony*, y los respeta como a enemigo, los trata cual siempre trata un combatiente a otro, aunque de bando opuesto. La muerte y el valor los fraternizan. El soldado trata al indio con cariño:—pues en astucia, en resistencia, en sobriedad, en atrevimiento, en decoro, ¿quién iguala al indio? Los civiles no: los civiles lo odian. Aceptan un puesto en la agencia, porque es pingüe, y ya se ve como un agente se come las raciones de dos mil indios: pero los odia, por esa conciencia brutal de la espalda ancha, que mira con desdén la espalda estrecha; por esa insolente primacía de los rostros rosados, que se ofende de la vivacidad de la gente olivácea, y de su esbeltez y ligereza; y por la obligación misma de vivir entre los indios, los odian. Cleveland ha hecho llegar hasta los cheyenes, por detrás de los montes los soldados necesarios para impedir su revuelta, y frente a frente, con la mano tendida, la cordial voluntad de mantenerlos libres, bien racionados, sin contratos forzosos que les quiten sus pastos, con médico y con escuela. A un vil se le conoce en que abusa de los débiles. Los débiles deben ser como los locos eran para los griegos: sagrados.

Da prenda de infamia el hombre que se goza en abatir a otro. Tiene su aristocracia el espíritu: y la forman aquellos que se regocijan con el crecimiento y afirmación del hombre. El género humano no tiene más que una mejilla: ¡dondequiera que un hombre recibe un golpe en su mejilla, todos los demás hombres lo reciben!

Quedan quietos ahora los cheyenes; los mozos quieren guerra, y acumulan mocasines viejos para dejarlos caer en su ruta en los casos de fuga, como si fueran por donde aparecen caídos los mocasines, y así despistar a los rastreadores; pero éstos tienen olfato de moloso, y los viejos saben que el indio será vencido, porque no puede el pino joven de la selva sujetar a los vientos furiosos que vienen vociferando por el aire y escribiendo en el cielo con relámpagos.

## LOS CHINOS

Reducidos los recursos de los ferrocarriles, con menor producción que transportar, con competencia demasiado viva entre un gran número de rivales por el escaso tráfico, tienen a la vez que reducir sus precios de transporte y sus viajes, y con ellos el número de hombres que emplean, en el camino, en los talleres y en las minas: reducen los salarios de sus empleados: reducen el carbón que extraen. Y al conflicto general se une otro de especial naturaleza.

El chino, por encima de las leyes que le prohíben, o punto menos, la entrada en los Estados Unidos, se desliza por los puertos mal vigilados a raudales: con este o aquel ardid, los mismos empleados americanos, por la sobrepaga, les ayudan a burlar las leyes: en San Francisco vencen de pies a cabeza a los alemanes y americanos los comerciantes chinos.

El chino no tiene mujer, vive de fruslerías, viste barato, trabaja recio; persiste en sus costumbres; pero no viola la ley del país; rara vez se defiende: nunca ataca: es avisado, y vence en la lucha, por su sobriedad y su agudeza, al trabajador europeo.

No es simpático; un pueblo sin mujeres no es simpático: un hombre, es estimable, no por lo que trabaja para sí, sino por lo que da de sí. El hombre casado inspira respeto. El que se ha resistido a ayudar a otra vida, desagrada. La mujer es la nobleza del hombre.

Pero como trabajador el chino es sobrio, barato, bueno. Como vive en condiciones diversas del trabajador blanco, ni consume lo que éste, ni los problemas de éste—necesidades, salario, huelga—le alcanzan de igual manera; por lo que, satisfecho siempre de una retribución que nunca está por debajo de lo que necesita, por ser esto tan poco, rehúye la liga con los trabajadores blancos, y se sabe odiado de ellos.

Cuanto movimiento intenta el trabajador blanco, el chino lo estorba; porque si el blanco falta, allí está el chino.

Es además el chino astuto y como lo hace todo por la paga, en cuanto percibe una ocasión de provecho, un pozo blando en la mina, un privilegio apetecible, por la paga procura hacerse de él; de lo que se irrita, desde sus condiciones especiales que lo entraban, el trabajador blanco, que acaso no ha visto lo que el chino.

Manso y resignado éste, no menos diestro y vigoroso que los trabajadores de otra raza, las empresas lo emplean gustosamente.

Llega el chino a la mina: levanta casas, fonda, lavandería, tienda, teatro, y con menos dinero, vive próspero, de lo que el minero europeo se encona y encela.

Al fin, un día ha llegado en que la mina humea. ¡Ya en otros muchos lugares ha humeado! En las entrañas de un pozo ha habido una contienda: cuatro chinos muertos.

Sus compañeros despavoridos, abandonan la labor e izan la bandera de alarma: todos los chinos se congregan en su caserío: la mina entera ha levantado el trabajo. Los mineros blancos llaman a los de las cercanías, y, armados de rifles, revólveres, hachas y cuchillos, marchan sobre el caserío chino, y le intiman que salga de la mina en una hora. Aquellos infelices, prontos a obedecer, apenas tienen tiempo de recoger sus ropas.

No han pasado unos minutos, los mineros blancos rompen a disparar sobre los chinos. Aterrados, salen dando alaridos de las casas hacia una inmediata colina, seguidos a balazos por los europeos. Caen muertos en el camino: siguen heridos. Arden detrás de ellos las casas, y de entre llamas y humo corren de todas partes hacia la colina los chinos que aún quedaban en el caserío, cubiertas las cabezas de colchas y frazadas que con los brazos en alto llevan extendidas, para protegerse de las balas. Dan los blancos tras ellos. Pocos escapan. Por donde asoma uno, lo cazan.

Mueren ciento cincuenta.

En la noche, los trabajadores blancos vuelven al caserío, y queman sus cincuenta casas.

La ley anda despacio en perseguirlos.

De San Francisco han salido con escolta seis comisionados chinos a investigar el crimen.

En libertad están, conferenciando con los empleados del Union Pacific, los mineros blancos, que exigen a la compañía la absoluta determinación, a que ella se niega, de no emplear chinos en las minas.

Los pozos de carbón están desiertos, y los Caballeros del Trabajo anuncian que ampararán con todo su poder a los mineros blancos del Union Pacific y le exigirán en su nombre que atienda a su demanda.

O no hay carbón para el ferrocarril, o salen de él los chinos.

## 3

# Muchedumbre de reyes

**DÍA DE ELECCIONES**

El día cuatro empieza, tranquilo y lluvioso.—Como por magia, se han levantado en las aceras de la ciudad más de 3,000 casillas de pino blanco, cubiertas de carteles. Cinco hay frente a cada lugar de votación: cinco pesos cuesta cada casilla al partido que la erige: "Aquí se juntan los amigos de los republicanos",—dice en el tope de una un cartel grande;—"Aquí Butler":—y a este llamamiento lamentoso nadie acude;—"Aquí Tammany Hall", que es la casilla de la organización electoral más terrible y numerosa de los demócratas: y sus casillas sí que están animadas.

Desde las seis de la mañana, en que empieza el voto, merodean, fuman, mascan, ponen rostros horrendos y blasfeman los rufianes que, a modo de intimidadores, diputan por los barrios ambos partidos: frente a cada casilla o saliendo al paso a cada elector que llega, está con su bolsón de lienzo al costado, lleno de mazos de papeletas de votar, el papeletero de cada partido; y a su alrededor, con miradas ávidas, y tacto seguro, buitrean los "trabajadores" de los dos bandos contendientes, que así se llama en la parla política a las personas de blando hablar y buen vestir que, por los méritos de cinco pesos que les dan por esta labor, se obligan a procurar convencer a los electores de que es de ley y conciencia votar por el bando que paga a estos blandílocuos.

Por entre todos ellos, llenos de ojos los vestidos; porque parece que ven por los codos y por las espaldas, culebrean los cuidadores que cada bando u organización importante emplea, a fin de que no dejen que haya engaño en las papeletas, y den con apariencias de republicano un mazo demócrata o al revés, y de que no procuren cohechar a los votantes: lo cual no quita que llamen mucho la atención, y tomen del brazo lindamente a este o aquel que llega con apariencia ruin, unos caballeros lustrosos y bien puestos, con muy buenas ropas y sombrero de pelo, que en desdeñoso ángulo obtuso llevan en la esquina de la boca un robusto tabaco, y, a modo de invitación, y en ángulo que no puede llamarse recto, ostentan en el bolsillo exterior del chaqué un mazo de billetes de banco,— que a las cuatro de la tarde—¡vivan los pantalones nuevos y la botella de aguardiente de maíz!—están ya en otros bolsillos. Mugriento, vestido de pingajos, tocado de un sombrero lleno de hoyos, los pies en unas botas que van diciendo lástima, descuélgase por la esquina un negrón de cara picaresca, o un vagabundo infeliz, de nariz roja y barba hirsuta, que hiede y tirita: a éste se llega enseguida, con el cuidador del partido rival en las espaldas, el señor del tabaco y los billetes:—¡y cuánto que lo quiere! ¡y qué bien que lo regala en las cantinas de la cercanía! ¡y cómo halla manera, sin que el cuidador le vea, de ponerle en las manos, con el mazo de papeletas de su partido, un billete de dos o de cinco pesos, según sea de marrajo o necesitado el vagabundo!—Cuando es una persona de buen ver la que se acerca a las casillas, o un artesano orondo de su ciudadanía que se ha echado encima, para venir a votar, sus vestidos mejores, los papeleteros se le adelantan, y los "trabajadores" le rodean; pero va derechamente a la casilla de su partido, y allí pide al del bolsón el mazo de papeletas, y las mira una a una para que no le engañen como suelen, y va en paz y majestad a echarlas en las urnas. No sé qué tienen los que así caminan: pero consuela verlos, y parecen reyes.

Y todo el día es este rapacear, este ojear, este seducir, este acusarse unos a otros de corruptores y ladrones, este poner miedo en los que no parecen muy seguros, este disputar el voto a los que con el menor error o desliz han puesto en riesgo su derecho, este llevar presos a la presencia del Fiscal del Estado, o sus representantes, a cuantos por haberse registrado malamente o sin derecho, dieron a que los vigilantes se proveyesen de antemano de mandamiento de prisión contra ellos. Vienen del brazo, como desafiando y venciendo, unos diez caballeros demócratas; pero tanto inquiere de uno el "trabajador" republicano, que el caballero vacila en dar su voto; y el "trabajador" lo sigue poniendo en alarma, que no llega a ser tanta que no vote el demócrata; más no sin que se le haya antes exigido la formalidad desusada del juramento, con que acredita su fe honrada en su derecho de votar, y se exponen a pena fuerte en caso de perjurio,—para ventilar lo cual un vigilante se lleva preso a la Fiscalía al caballero demócrata, seguido de gran muchedumbre, que injuria al aprehensor y lo conmina a que dé libertad a su cautivo: y como resulta que

su voto es de ley, sale libre, entre los aplausos de la gente.—
Otro grupo es de italianos excelentes, que vienen en rebaño
tras del capataz que ha mercadeado sus votos; pero como la
paga fue hecha afuera, de probarla no hay modo, aunque el
alboroto que esto mueve es grande, y los sencillos italianos
con su buen peso en la bolsa, y no poco temor, echan en las
urnas el mazo que les dieron: mas se descubre a tiempo que
uno de ellos dijo que vivía en tal casa, donde no vive, y aunque
suplica y llora, los irlandeses se ríen de él a gran mandíbula, y
el vigilante se lo lleva en prenda. Irlandeses e italianos no se
quieren bien: ni alemanes e irlandeses.

Los de Irlanda no gustan de ir al campo, donde la riqueza
es más fácil y pura, y el carácter se fortifica y ennoblece; sino
de quedarse en la ciudad, en cuartos infectos, o en chozas de
madera vieja encaramadas en la cumbre de las rocas, empleados en servicios ruines, o aspirando, cuando tienen más
meollo, a que el pariente avecindado les saque un puesto de
policía, si son mozos esbeltos, o de conserje o cosa tal.

Y los de Italia tampoco se van al campo, ya por ser gente
apegada a lo suyo, que gusta de vivir entre las comadres vestidas de colores y los que hablan, riñen y matan a su guisa,
ya por no ser personas de grandes deseos, ni aspirar a más
que allegar unas centenas de pesos, que estiman como monumentos de oro, y ganan haciendo oficio de barrenderos,
musicantes, vendedores de fruta, y mercaderes de vejeces, y
restos, con cuyo producto se vuelven luego alegremente a su
lugar nativo. De manera que como la Irlanda es mucho y la
Italia no es menor, los celos han subido tanto que no hay día
sin corrida, paliza o pedrea entre italianos e irlandeses. En este
día de elecciones, y en la mismísima plaza del Ayuntamiento,
a propósito de la elección de cierto munícipe, acusado de

haberse puesto en muchos votos de italianos, andaban ya a puños y puñales los hombres de ojos ardientes y los de nariz remangada: trescientos eran de un lado, y más de trescientos de otro, y la ira mucha; pero el munícipe acusado, persona de gran pro entre la gente baja, salió a las gradas de la casa municipal, y abriendo, entre altas voces, las recias manos: "No se maten por mí, dijo, italianos e irlandeses, porque en mí llevo las dos sangres: mi padre era irlandés, y mi madre italiana"; con lo que, mirándose de reojo, envainaron los contendientes las espadas.

Y esto sí que es de ver; y allá vamos, ya que hoy se hacen, además de la elección de Presidente, las de algunos munícipes en los barrios donde no se ven casas de fachada de piedra artificial, bordando calles limpias de espaciosas aceras, sino ventorros de muy mal ver, casucones de mugrosa madera, o de ladrillo despintado y roído, que a ambos lados de estrechas callejas, parecen dientes cariados y rotos en encías en ruina. Allí el aire es fétido y espeso; las casas, colmenares; el mayor rufián, el rey; cada mujer, un ala rota; y cada puerta, una bebedería. Son aquellos romanos que pedían pan y circo; lampiños como ellos; como ellos, miserables y feroces. Cada mañana, recogen de bajo algún mostrador un hombre muerto a puñaladas o a balazos. De noche, se acurrucan en un recodo oscuro de la calle, o se reúnen en solares solitarios, alrededor de un jarro roto, a pedir a los que pasan, siete centavos con que comprar cerveza para el jarro, o un centavo, porque tienen seis y les falta uno: y si el que pasa no lo tiene, o no se los da, muere, y cuanto lleva sobre sí, de sombrero a calcetines, va a cubrir el cuerpo de los rufianes, sin que la policía se aventure a deshacer estas temibles cuadrillas, porque como todo el barrio es de su jaez, todo él los protege y recata; y si llega a poner mano en algunos de ellos, ya está el cervecero o el político de esquina, de cuyos votos necesita el juez para ser reelecto, cosido al juez hasta que deja libres a los presos, con cuyo voto comercian los políticos, por lo que es de costumbre que se obliguen a servir en estos casos apurados a los que a su vez en las elecciones les sirven:—y los acatan los jueces,—que éste es uno de los males de que los jueces sean electos por votaciones populares. ¡Tales son las cohortes de electores que hacen munícipe a "Pericón" el cervecero, o a "Franciscazo" el vendedor de carne! Mientras más cerveza, más votos. La bebedería de Pericón da hoy cerveza a barrica por hombre. Él, sudoroso, sentado en un barril, aviva a su gente. Este de un trago vacía media botella: otro, en un rincón, se ceba en su vecino, y lo abate a puñadas; uno canta, todos juran: por tierra andan ya algunos, y los demás sobre ellos: en copas no beben, sino en tinas de lata: y se cobran así los que han votado, y los que van a votar luego. Franciscazo, el de la madre italiana, anda en un coche por la calle, seguido de centenares de chicuelos: a cada puesto de votar adonde llega, echa al aire puñados de centavos, y reales sobre los que se lanzan los chiquillos, en tanto que él da abiertamente a sus "trabajadores" billetes de a peso con que compren votos, que él a peso paga. Allí sí, no hay cuidadores, más que los de Pericón; ni policías, o no se ven al menos. Del corredor de una casa vecina se oyen gritos, golpes, juros: es que a la misma casa fueron en busca de un votante que les falta, los "trabajadores" de Pericón y los de Franciscazo, y al verse faz a faz en la escalera, dan poderes a los puños, que son tales que suelen romper cráneos, y ruedan sin sentido, o abrazados y mordiéndose, hasta la acera. Franciscazo es electo munícipe. Lago, con manchas rojas, es la bebedería de Pericón.

Muy otra es la escena en los barrios más cultos. Los lugares de beber, por de contado están llenos, aunque manda
la ley que los cercanos a los puestos de votar estén cerrados.
Los que viven del tráfico de votos, y de tenerlos preparados
para estos días, que son muchos, en esquinas, cervecerías y
corredores, emplean sus artes y se ganan gente; pero por casi
toda la ciudad ¡qué orden, limpieza, y respeto!—Acá acogo-
tan a un negro, porque tomó cinco pesos de un seductor;
pero tan graciosamente cuenta que él ya era amigo de este tal,
quien le indicó que cinco pesos no dañarían su amistad, y le
suplicó a poco que sacrificase por él sus firmes convicciones
políticas, que el concurso ríe en coro, y al acogotado dejan
suelto. En uno u otro lugar, ya a la caída de la tarde, con lo
cerrado de la elección y la excitación del día, suele suceder
que cambien puños, a pesar de su caballeresca apariencia, los
"trabajadores" de los partidos rivales, o un papeletero alevoso
y el elector malhumorado que ha recibido de él un mazo de
papeletas fraudulentas;—porque hay cuerpos políticos de la
ciudad que tienen en más la elección de determinado candidato a un puesto local que el triunfo del candidato de su
partido a la Presidencia, y arreglan mazos de papeletas con la
del Presidente rival a la cabeza y desligada entre las demás
la del candidato propio cuya victoria les importa; lo que da
lugar a comercio abierto entre los gamonales republicanos y
los demócratas, y a que muchos de estos, interesados en hacer
corregidor de Nueva York a una especial persona, hayan tratado en esta elección que sus secuaces voten por el candidato
republicano a la Presidencia, con tal que los secuaces del gamonal republicano voten por el candidato demócrata a la Co-
rregiduría. Por estos tratos fue vencido Hancock demócrata,
en la elección presidencial que llevó al gobierno a Garfield

en 1880; y por estos tratos ha estado a punto de ser vencido Cleveland. Sólo que los hombres de negocios, sinceramente interesados en el triunfo de este hombre honrado y sencillo, dispusieron un cuerpo tal de cuidadores de las casillas, y tantos electores desinteresados hubo, y con tal celo eran revisadas por ellos las papeletas, que el tráfico esta vez, con ser cierto, no ha llegado a mucho.

En esto han de pensar aquellos pueblos que quieran conservar la libertad de que gozan: sólo la disfrutarán mientras la vigilen; la perderán, como aquí mismo, en esta misma tierra santa de la Libertad, han estado a punto de perderla, tan pronto como la abandonen.

No bien dan las cuatro, y las urnas se cierran, dentro comienzan los inspectores, guardados por los policías, a contar los votos: y fuera son las riñas de muchachos y mozos, y a veces de hombres crecidos, por ver quién se lleva las casillas. Se echan sobre ellas, y las desclavan con las manos. Otros vienen a quitárselas, con palos y piedras. Cien muchachos se juntan de un barrio, y cien del vecino. La policía suele acudir, y golpearlos donde no quede hueso roto, o donde quede; y ellos, con la cara ensangrentada, echan a correr calle arriba, con las tablas al hombro. Para hacer candeladas las quieren, con lo que es de uso antiguo que la gente menor celebre aquí las elecciones. De días atrás, no ha quedado barril en las aceras que los muchachos no se roben, ni cajón o baúl viejo en los desvanes que no escondan en el sótano; y cuando la madera escasea, de las cercas de los solares las arrancan: aunque el honor no está en esto, sino en apoderarse a mano fuerte de las casillas. Como se va avecinando la noche, aunque llueve de recio, se enrojece, con el color vaporoso del hierro encendido, la bóveda del cielo. En cada esquina, frente a cada puerta, llamea una fogata. Si la han hecho niños de buen vestir, suelen llegar con unos garfios, protegidos de lejos por rufianes talludos, grupos de chicos de los barrios bajos: blasfemando y braveando, que hacen de barateros de la fogata, y con sus garfios arrebatan los barriles encendidos, y con gritos de triunfo se los llevan a una esquina cercana: a lo que no es común que se opongan los niños de buen vestir, ni sus padres, porque si lo intentan, y riñen o toman de un brazo a alguno de los malandrines, caen sobre el regañante con las manos armadas de manoplas, o con puños tan fuertes que dan como si lo fueran, los rufianes que con las manos en los bolsillos han estado en fila en la acera, cuidando del buen éxito del robo: tienden a dar en las sienes, o un golpe fatal que ellos saben; detrás de la oreja. Niños hay, y hombres también, que se levantan a morir de estas contiendas. Pero, por lo común, la fogata es ocasión de entusiasmo y risas. Algunas hacen altas, como una columna, poniendo, uno sobre otro, barriles vacíos: prende la llama abajo; el humo negro, como un diablo escapado, sale por la alta boca; tras él, como las hojas de una palmera, brota en lenguas la llama. Puesta de sol de Egipto parecen las calles, con todos los cristales de sus casas encendidos, y las paredes, y los vecinos que desde ellas miran, y el aire mismo, en unas oleadas amarillo, en otros vivamente azafranado. Y ya a esta hora de la noche ¿quién, aunque la lluvia es torrencial, no irá a la parte baja de la ciudad, o a las grandes plazas de la Unión y de Madison, a ver, con la muchedumbre aglomerada en ellas, lo que va anunciando, ya en grandes lienzos colocados sobre un techo o en la fachada de un muro, ya en los que arman a las puertas de sus oficinas, los diarios más notables de la ciudad?—Todo Brooklyn, todo Nueva York, todo New Jersey, están en las calles.

． ． ．

No hay salón de bebida que no hierva. En los de suburbio, a los lados de ambos ríos, se apuesta y balbucea; y no hay nadie en pie, sino porque los unos se apoyan contra los otros; de beber y vocear están roncos. No son así los salones de gente alemana, que votó muy temprano, y a sus casas no ha vuelto, sino a oír perorantes, y quemar sus pipas, y beber en sus jarrillos de barro bañado, sobre la salchicha de Frankfort o el bocado de pastoso Limburgo, el Hubmacher negro, o el Licboschaner: toda esta gente de Alemania es de buen ver; su ropa, buena; su aspecto, honrado; su alegría, reflexiva y bonachona; su lealtad, tenaz; su juicio, lento y propio; en todo alemán hay un poco de Lutero:—republicanos han sido por lo común, pero esta vez, han votado mayormente con los demócratas, acaso porque, con promesas y parla pomposa, los amigos de Blaine hicieron creer a la caterva irlandesa que el caudillo republicano movería querella a Inglaterra en pro de Irlanda, con lo que se ganó mucha parte del voto irlandés, cuya preponderancia en la ciudad y en la política del país no ven los alemanes de buen grado:—en verdad, los alemanes han despoblado selvas, y fundado Estados, y abierto vías férreas del Atlántico al Pacífico; y el mejor comercio de Nueva York, alemanes lo hacen; mientras que Irlanda, fuera de este o aquel hijo inteligente, astuto o valeroso, no ha traído más que gente preocupada y odiadora, amiga de puestos públicos y oficios ruines. El hijo del alemán es culto, respetuoso, fuerte y dado a su trabajo. El del irlandés es perezoso, enteco y pendenciero. A bien que en Irlanda hay dos razas: la una de pelo negro, nariz aguileña, barba poblada y alma clara y heroica; la otra de pelo rojo, naricilla al viento, boca máxima de labios caninos, y almilla de aldehuela, desconfiada, terca y

vanidosa. Quien quiera ver pandemónium de razas, en noche
como esta de elecciones en que estamos, debe venir a Nueva
York, en que todas se mezclan y hormiguean.

Si se sube al ferrocarril elevado, nótase a los viajeros conver-
sando en alta voz, lo que no hacen jamás. En una esquina del
vagón, un hebreo de larga nariz, que hace danzar sus espejuelos de oro, corta el aire con el ir y venir del puño de plata de
su bastón de ébano, descontento de oír decir a un joven demócrata de rostro pomposo que viene de Tammany Hall, donde
están reunidos los demócratas en millares, oyendo música,
discursos y noticias, y que allí se sabe que Cleveland ha triun-
fado en el Estado de Nueva York, donde no se creyó jamás
que triunfaría. ¡A su casa con él! dice de mal humor cerrando
la portezuela del vagón el conductor, que es republicano, y
rompe en denuestos horrendos. Todo el carro ha puesto el
oído al perorante, que se siente escuchado y crece. "¡Cleveland
es nuestro Presidente!" dice al fin como si a aquella hora fuera
posible saberlo. "¡Ese mozo quiere azotes!" gruñe desde un
rincón envolviéndose en su recio gabán húmedo un amigo de
Blaine. Y la gente se echa a reír, y el perorante. El tren vacía su
carga a los pies del puente de Brooklyn. Ya se ve desde la escalera, a pesar de lo tenebroso de la noche, el inmenso gentío
que llena la plaza de las Imprentas, donde están los grandes
periódicos, y la del costado del correo, que es toda cabezas,
porque en ella está el *World*, que tiene fama de publicar noticias fieles en el vasto lienzo, adornado de los retratos de los
candidatos demócratas, con que decora su puerta, y por esa
calle se va al *Herald*, en cuyo pórtico de mármol está armado
desde el día anterior el sencillo aparato de tablas y cuerdas,
donde en cuadros de lienzo de a un metro, numerados, van

escribiendo en grandes letras negras, las noticias, iluminadas, como el cuadro de Bouguerau, por un dosel de luces. Pide fin ya esta carta; hemos de andar de prisa. Al pie de la escalera de la estación, ¿quién no se siente tentado a darle un beso?, un picolín de cinco años, empapado de la lluvia, sale al paso ofreciendo su periódico:—¡Extra, patrón!—Muchas mujeres vendedoras lo asen atrás, para que no les quite la mercancía. Y todo el mundo se la compra a él, la gente prefiere ser buena cuando no le cuesta trabajo serlo. "¡Oh, patrón, vendo mucho esta noche: me los compran como buñuelos calientes!" ¡Pobre comerciantillo de cinco años! ¿Y ese otro caballero que vende el alcance al *Herald* en papel rosado, unos pasos más adelante? Está a caballo en un león de madera dorada, que es la muestra de una camisería. Por los ijares del león le cuelgan dos botas de trabajador, en que cabría holgadamente el caballero. El sombrero es un casco agujereado de uno que lo fue y quedó sin alas. Pero las alas se le ven al italianillo emprendedor en los ojos, que le relampaguean mientras se inclina, como un jinete desde su cabalgadura, a ofrecer sus alcances a los transeúntes, que ríen de verle allí encaramado, cayéndole a raudales la luz eléctrica sobre una capilla desflecada, de hule azul, de las que usan acá en las paradas de elecciones los procesionarios de alquiler.

Uno tras otro están los grandes diarios: el *Sun*, primero, que tiene colérica a la gente por su embozada defensa de Blaine y su enconosa campaña contra Cleveland, pero que ahora recobra voluntades, ya porque está dirigido con tal arte que es difícil perderle la afición, ya porque en su boletín, que también goza fama de notable, a pesar de que las noticias que desde las diez de la noche están llegando de toda la nación no favorecen a Blaine, él así lo dice, aunque ha probado que odia a Cleveland a diente y cuchillo; mientras que el *Tribune*, de torre altísima y edificio suntuoso, único diario de Nueva York, aun entre los republicanos, que a Blaine ha defendido abiertamente: hora tras hora pasa, con silencio mortal que se transmite a la muchedumbre republicana, que aguarda sus nuevas, sin dar más que las que benefician a Blaine, que, como son pocas, tarda en dar. ¡Qué triste es ver a los hombres vencidos! Se entra en deseo de ser vencido, como ellos. Y ¡cuánta gente! Nadie se va: muchos afluyen: un encanto sujeta a los que vienen: noche lluviosa y negra es, pero en las almas parece de mañana: las luces eléctricas, alzadas a algunas varas del pavimento, parecen con su hervor, claridad y centelleo, palabras divinas o espíritus venidos de lo alto a traer mensajes profundos a los hombres: y unas que hay, que se rompen en múltiples rayos, como un diamante al sol, parecen escudos de dioses, colgados en el aire para alumbrar, cuando el sol cesa, la refriega humana. Dibújase a lo lejos, por uno de los lados donde remata este gentío, el edificio en que se imprime el más sesudo de los diarios alemanes de Nueva York. En su fachada enorme sólo brillan dos luces, ya a los bordes del techo, que semejan, grandes y rojas, los ojos de un gigante, digno guardián de tamaña muchedumbre. ¡Ahora sí que es ya continuo el vitoreo, el hurreo, el canto, la aleluya! Nueva York, ciudad de gente nacida de sí misma, prefiere indudablemente a Cleveland, nacido de sí. Coros de gruñidos reciben, sobre todo delante de los diarios demócratas, las noticias ventajosas para Blaine: y todavía está en los aires, en manos del colgador que ha de colocarla en el aparato, la nueva de que el Estado de Indiana ha dado su voto a los demócratas; de que New Jersey, donde los republicanos distribuyeron, en los dos días anteriores al de la elección, más de $500,000, vota

también por Cleveland; de que Florida, el Estado cuyo voto
fue escamoteado por los republicanos en las elecciones de
1876, es demócrata por buena mayoría; un hurra, formidable
como una arremetida de caballería, un hurra que rueda de
calle en calle, y renace de sí mismo, y no cesa, y no cesó en
verdad hasta las últimas horas de la madrugada, un hurra con
vibrantes alas, grandes como para cobijar un ejército, hechas
de sombreros, se levantó robusto, por el aire. El que a las doce
se iba y volvía a la una, encontraba vibrando el mismo vítor.

Un blainista, ebrio de la dicha de los monomaníacos, enjuto,
como un oficinista, luengo como un poste de telégrafo, estaba
a eso de las nueve con una mano en el bolsillo del gabán, y la
otra en alto ondeando su sombrero, sacándose de la garganta
ronca vivas a Blaine, a "nuestra esperanza y nuestro orgullo",
al caballero de la "pluma blanca", como llamó a Blaine hace
algunos años el orador ateo Ingersoll, que ahora es su enemigo: y ya muy pasada la medianoche, todavía estaba frente
al *Tribune*, cóncavos los ojos, pálidas las sienes, desaparecidas
las mejillas, ida la voz, con una mano en el gabán y la otra
con el sombrero por el aire, lanzando gritos, que parecían los
últimos clamores de un agonizante venturoso, en honra del
caballero de la "pluma blanca".

¿Cómo, tras de campaña tan enconada, hay en la hora ansiosa de su remate, tanta paz? Mayor que la ansiedad es la
alegría. El entusiasmo redime a los hombres, y los embellece.
Fatigados de los oscuros y egoístas cuidados de la vida diaria,
se visten el espíritu de fiesta, y la traen en el rostro, en estos
días en que por común consentimiento y mandato de la ley,
todos los trabajadores dejan en reposo los aprestos de labor, y
ejercitan, una vez al fin, su derecho de señores. El hombre se
recobra, y se rejuvenece. Se siente condueño de su patria, él, el

esclavo de un martillo, de una mesa de escribir, de un capataz huraño, de una rueda. Y mientras más grande ve a su pueblo, más grande se ve, y más se respeta, con pensar que ayuda a hacerlo. De eso viene esta paz: de que nadie tiene celos del poder de nadie: de que, como en el jubileo hebraico, lo que en los años normales se ofusca y tuerce, cada cuatro años, en este día de jubileo, es vuelto a su lugar y condenado: de que, en la caja de cristal en que se echan las papeletas y en la mesa de pino en que se recuentan, tanto pesa la papeleta del Presidente Arthur, que votó por los republicanos, como la del trabajador irlandés que vino después de él, y anuló su voto, puesto que votó, entre los aplausos de la gente, por los demócratas.

Sólo en que el sufragio se corrompa puede estar el peligro de los países que se gobiernan por el sufragio: allí donde no hay un poder superior a otro, sino que no hay hombre que tenga, aunque el triunfo lo engrandezca y los dones naturales lo hermoseen, poder mayor que otro hombre: allí donde la blusa de cuadros del albañil puede tanto como la levita principesca del mercader, como la casaca del opulento petimetre, como el uniforme galoneado del general, como la túnica morada del arzobispo; allí no queda orgullo rebajado, ni derecho desconocido, ni opinión desoída, ni dignidad burlada y desafiada: allí donde con un ejército de papelillos doblados se logran victorias más rápidas y completas que las que logró jamás ejército de lanzas: allí, donde antes que pase el tiempo necesario para que las iras se aprieten y estallen, se les da ancha y natural salida, y modo de que remedien o desarraiguen la sinrazón que las provoca: allí donde cada cuatro años, los que fabrican y mantienen la Nación, que son sus únicos dueños legítimos y naturales, se sientan a examinar el manejo de su hacienda, y dan juicio sobre la obra de los administradores, y la Nación es el Gobierno—¿cómo han de provocarse esas batallas de odio entre el Gobierno y la Nación, posibles sólo en pueblos ineducados, elementales e incompletos?—¿esas contiendas de clase, cuando al cabo de cuatro años la clase ofendida puede enfrentar los desmanes de la que desafía? ¿esos costosos y sangrientos desbordes de impaciencia, cuando antes de acumularla se le da modo respetado de satisfacerse? ¡No en vano, los que en pueblos diferentes nacimos, ambulamos por entre esa muchedumbre de reyes, ya vertiendo dulces lágrimas de gozo, de ver a los hombres redimidos, serenos y resplandecientes, ya lágrimas que escaldan las mejillas, lágrimas que muerden hasta el hueso, y tienen manos invisibles, y claman a los cielos, lágrimas de desesperación y de vergüenza!

¡Oh! muchos votos se venden; pero hay más que no se venden. Las pasiones trastornan, y el interés aconseja villanías; pero la justicia vela. La inseguridad aparente de los pueblos que se gobiernan por el sufragio no viene de su incompetencia, sino de su impersonalidad y multiplicidad. No se pronuncia por una voz sola, y parece dudoso y vacilante, porque tiene millares de voces, que sólo se reúnen una vez, cada cuatro años y con admirable sentido determinan. Sin alarde, y como quien satisface una función natural, depone este pueblo a los ambiciosos, impone a los honrados, expresa su voluntad, resuelve en justicia, sale, sin miedo a la lluvia, a ver en los boletines de los periódicos su decisión obedecida, y, en un ferrocarril que anda por los aires, vuelve a su casa limpia, donde los hijos duermen hombro contra hombro, cerca de la caja de herramientas de sus padres; el uno con el retrato de Blaine al pecho, el otro con el retrato de Cleveland. Mientras tanto, afuera, las razas se confunden; los grupos cantan en coro los refranes de la campaña; se levantan por el aire periódicos encendidos, en befa de Blaine, que escribió tales cartas que hubo de rogar después, con lágrimas de miedo, que las quemasen; se ven alas caídas, de la gente de Blaine, que pierde poder y apuestas; y alas nuevas y alegres, de la gente demócrata, que al fin, tras veinte años de pelea, ha ganado la batalla. Por los carros del puente se vuelven los brooklynianos a su Brooklyn; y por los vapores van a sus casas los de Jersey:—en arco osado va de orilla a orilla del río Este el puente: y viendo desde los vaporcillos alumbrados de faroles de colores que lo cruzan, las aguas argentadas y movibles, tal parece, ayudado por los caprichos fantásticos de la niebla, que del fondo del río se levanta, atraída por el estruendo de esta memorable noche, la virgen colosal de la Libertad, que duerme en calma y asoma la cabeza soñolienta, que va de orilla a orilla, y a la que el arco del puente, sembrado a trechos de luces eléctricas, sirve de diadema.

## DÍA DE DAR GRACIAS

Es día de dar gracias. Los peregrinos puritanos, que en estatuas de bronce y en el lugar mismo en que desembarcaron debieran haber perpetuado sus hijos, trajeron de la sagrada Holanda, corazón de la libertad, la conciencia humana en salvo, y la costumbre amable de reunirse un día cada doce meses alrededor de la mesa de familia, a dar gracias al Todopoderoso, con el cuchillo levantado sobre los manjares domésticos, por los beneficios y sucesos del año.

Del escándalo reinante en la corte inglesa, que hizo necesaria para mantener el equilibrio del espíritu de la nación la resistencia puritana, puede juzgarse todavía por la austeridad, cómica a veces de puro excesiva, con que los descendientes de los peregrinos rehúyen toda fiesta y práctica mundana: mucho debieron dar las damas de Isabel, cuando, como de rechazo de aquellas liviandades, las damas cuáqueras se resisten aún hoy a dar la mano.

Aquella gente templada y adusta no se juntaba en el día de gracias, como nosotros en nuestra Noche Buena, a festejar y regocijarse: el ojo negro es alegre: el ojo azul es triste. Tenían el cabello castaño, como el roble, ásperos los vestidos, como el carácter: el rostro huesudo, como las costumbres. Se juntaban los viejos colonos, bajo el techo que habían levantado con sus mismas manos, a alabar al Dios grande que no deja morir la virtud entre los hombres, a poner las palmas callosas sobre los hijos y los nietos, a oír con la mano recogida en ademán de meditación sobre la frente humillada la homilía fervorosa del padre de la casa, y a orar por los desaparecidos de la vida, sobre la Biblia en cuyas páginas señala sus nombres una línea negra. Con la contemplación de este universo nuevo, las emociones de la guerra de independencia, las pláticas y contacto de la gente francesa que les ayudó al triunfo, y el alejamiento de la época que engendró la protesta puritana,—se fue ablandando la mesa de familia, que vino a ser al cabo mera ocasión de juntarse en torno de los pavos monumentales, y ponderosa repostería, y riquezas de la despensa familiar, que en ese día del año mostraban con gran orgullo a su parentela las abuelitas hacendosas. Todo el día era de comer: para el desayuno, pollo hervido en salsa blanca, y panetelas, y pastel de calabaza, rociados con sidra: para la comida del mediodía, que era la momentosa, ¡qué pavo, y con qué adornos! ¡qué pastel formidable, especioso, macizo y carnidulce! ¡qué pudines de pasas, y las peras de Agosto, y los melocotones de Septiembre, y los membrillos que le siguen, bien guardados en frascos de vidrio por las damas cuidadosas para que den fe en estas fiestas de sus artes caseras! De noche eran las nueces y las manzanas, y juegos inocentes, y de nuevo la sidra.

Ahora, con haberse vaciado en el pueblo neoinglés, la gente hambrienta, descreída y festosa de la tierra europea, no es el día de gracias, en New York al menos, la fiesta casera; sino un suave modo de que los amantes se reúnan, las mesas se engalanen, trompeteen y procesionen los chicuelos, se abran de tarde los teatros, coman los pobres de limosna, y descansen todos.

¿Qué se ha perdido en el cambio? Un día de fiesta es un beneficio público. Los días de fiesta reponen las fuerzas y suavizan las iras.

El último jueves de Noviembre es el usualmente señalado por el Presidente de la República y los Gobernadores de los Estados para que las labores se interrumpan, y sea el pavo comido, y loado por la paz y prosperidad de la República el buen Señor. Ya el miércoles de tarde, los mercados rebosan: no hay brazo sin cesta: éntrase en un vagón, y óyese cierto ruido de alegría; éste lleva rosas; aquél, ganso; el otro, pollo. En torno de las madres dichosas, que esquivan los dulces, los pequeñuelos ríen y pían. Los rostros se suavizan. Los desconocidos se hablan y sonríen. Los maridos salen de compras con sus mujeres. Los amantes cuchichean y se aprietan. Todo el mundo lleva algo a sus casas. Todo el mundo es bueno. Y hoy jueves, amén de la de comer, que es grande, todo es fiesta. Las cuadrillas de jugadores de pelota vienen de los colegios del interior a disputarse en concurso público el premio: juegan acá a la pelota de pies: otros allá a la de manos, o a los bolos, o a los juegos de prado y jardín que privan entre los ingleses.

## CONEY ISLAND

En los fastos humanos, nada iguala a la prosperidad maravillosa de los Estados Unidos del Norte. Si hay o no en ellos falta de raíces profundas; si son más duraderos en los pueblos los lazos que ata el sacrificio y el dolor común que los que ata el común interés; si esa nación colosal, lleva o no en sus entrañas elementos feroces y tremendos; si la ausencia del espíritu femenil, origen del sentido artístico y complemento del ser nacional, endurece y corrompe el corazón de ese pueblo pasmoso, eso lo dirán los tiempos.

Hoy por hoy, es lo cierto que nunca muchedumbre más feliz, más jocunda, más bien equipada, más compacta, más jovial y frenética ha vivido en tan útil labor en pueblo alguno de la tierra, ni ha originado y gozado más fortuna, ni ha cubierto los ríos y los mares de mayor número de empavesados y alegres vapores, ni se ha extendido con más bullicioso orden e ingenua alegría por blandas costas, gigantescos muelles y paseos brillantes y fantásticos.

Los periódicos norteamericanos vienen llenos de descripciones hiperbólicas de las bellezas originales y singulares atractivos de uno de esos lugares de verano, rebosante de gente, sembrado de suntuosos hoteles, cruzado de un ferrocarril aéreo, matizado de jardines, de kioscos, de pequeños teatros, de cervecerías, de circos, de tiendas de campaña, de masas de carruajes, de asambleas pintorescas, de casillas ambulantes, de vendutas, de fuentes.

Los periódicos franceses se hacen eco de esta fama.

De los lugares más lejanos de la Unión Americana van legiones de intrépidas damas y de galantes campesinos a admirar los paisajes espléndidos, la impar riqueza, la variedad cegadora, el empuje hercúleo, el aspecto sorprendente de Coney Island, esa isla ya famosa, montón de tierra abandonado hace cuatro años, y hoy lugar amplio de reposo, de amparo y de recreo para un centenar de miles de neoyorquinos que acuden a las dichosas playas diariamente.

Son cuatro pueblecitos unidos por vías de carruajes, tranvías y ferrocarriles de vapor. El uno, en el comedor de uno de cuyos hoteles caben holgadamente a un mismo tiempo 4,000 personas, se llama *Manhattan Beach* (Playa de Manhattan); otro, que ha surgido, como Minerva, de casco y lanza, armado de vapores, plazas, muelles y orquestas murmurantes, y hoteles que ya no pueblos parecen, sino naciones, se llama *Rockaway*; otro, el menos importante, que toma su nombre de un hotel de capacidad extraordinaria y construcción pesada, se llama *Brighton*; pero el atractivo de la isla no es *Rockaway* lejano, ni *Brighton* monótono, ni *Manhattan Beach* aristocrático y grave: es *Gable*, el riente *Gable*, con su elevador más alto que la torre de la Trinidad de Nueva York—dos veces más alto que la torre de nuestra Catedral—a cuya cima suben los viajeros suspendidos en una diminuta y frágil jaula a una altura que da vértigos; es *Gable*, con sus dos muelles de hierro, que avanzan sobre pilares elegantes un espacio de tres cuadras sobre el mar, con su palacio de *Sea Beach*, que no es más que un hotel ahora, y que fue en la Exposición de Filadelfia el afamado edificio de Agricultura, "Agricultural Building", transportado a Nueva York y reelevado en su primera forma, sin que le falte una tablilla, en la costa de Coney Island, como por arte de encantamiento; es *Gable*, con sus museos de a 50 céntimos, en que se exhiben monstruos humanos, peces extravagantes, mujeres barbudas, enanos melancólicos, y elefantes raquíticos, de los que dice pomposamente el anuncio que son

los elefantes más grandes de la tierra; es *Gable*, con sus cien orquestas, con sus risueños bailes, con sus batallones de carruajes de niños, su vaca gigantesca que ordeñada perpetuamente
produce siempre leche, su sidra fresca a 25 céntimos el vaso,
sus incontables parejas de peregrinos amadores que hacen
brotar a los labios aquellos tiernos versos de García Gutiérrez:

*Aparejadas*
*Van por las lomas*
*Las cogujadas*
*Y las palomas;*

es *Gable*, donde las familias acuden a buscar, en vez del
aire mefítico y nauseabundo de Nueva York, el aire sano y
vigorizador de la orilla del mar, donde las madres pobres,—a
la par que abren, sobre una de las mesas que en salones espa-
ciosísimos hallan gratis, la caja descomunal en que vienen las
provisiones familiares para el *lunch*—aprietan contra su seno
a sus desventurados pequeñuelos, que parecen como devorados, como chupados, como roídos, por esa terrible enfermedad de verano que siega niños como la hoz siega la mies,—el
*cholera infantum*.—Van y vienen vapores, pitan, humean, salen
y entran trenes; vacían sobre la playa su seno de serpiente,
henchido de familias; alquilan las mujeres sus trajes de fra-
nela azul, y sus sombreros de paja burda que se atan bajo la
barba; los hombres, en traje mucho más sencillo, llevándolas
de la mano, entran al mar; los niños, en tanto con los pies
descalzos, esperan en la margen a que la ola mugiente se los
moje, y escapan cuando llega, disimulando con carcajadas su
terror, y vuelven en bandadas, como para desafiar mejor al
enemigo, a un juego de que los inocentes, postrados una hora

antes por el recio calor, no se fatigan jamás; o salen y entran, como mariposas marinas, en la fresca rompiente, y como cada uno va provisto de un cubito y una pala, se entretienen en llenarse mutuamente sus cubitos con la arena quemante de la playa; o luego que se han bañado,—imitando en esto la conducta de más graves personas de ambos sexos, que se cuidan poco, de las censuras y los asombros de los que piensan como por estas tierras pensamos,—se echan en la arena, y se dejan cubrir, y golpear, y amasar, y envolver con la arena encendida, porque esto es tenido por ejercicio saludable y porque ofrece singulares facilidades para esa intimidad superficial, vulgar y vocinglera a que parecen aquellas prósperas gentes tan aficionadas.

Pero lo que asombra allí no es este modo de bañarse, ni los rostros cadavéricos de las criaturitas, ni los tocados caprichosos y vestidos incomprensibles de aquellas damiselas, notadas por su prodigalidad, su extravagancia, y su exagerada disposición a la alegría; ni los coloquios de enamorados, ni las casillas de baños, ni las óperas cantadas sobre mesas de café, vestidos de Edgardo y de Romeo, y de Lucía y de Julieta; ni las muecas y gritos de los negros *minstrels*, que no deben ser ¡ay! como los *minstrels*, de Escocia; ni la playa majestuosa, ni el sol blando y sereno; lo que asombra allí es, el tamaño, la cantidad, el resultado súbito de la actividad humana, esa inmensa válvula de placer abierta a un pueblo inmenso, esos comedores que, vistos de lejos, parecen ejércitos en alto, esos caminos que a dos millas de distancia no son caminos, sino largas alfombras de cabezas; ese vertimiento diario de un pueblo portentoso en una playa portentosa; esa movilidad, ese don de avance, ese acometimiento, ese cambio de forma, esa febril rivalidad de la riqueza, ese monumental aspecto del conjunto que hacen digno de competir aquel pueblo de baños con la majestad de la tierra que lo soporta, del mar que lo acaricia y del cielo que lo corona, esa marea creciente, esa expansividad anonadora e incontrastable, firme y frenética, y esa naturalidad en lo maravilloso; eso es lo que asombra allí.

Otros pueblos—y nosotros entre ellos—vivimos devorados por un sublime demonio interior, que nos empuja a la persecución infatigable de un ideal de amor o gloria; y cuando asimos, con el placer con que se ase un águila, el grado del ideal que perseguíamos, nuevo afán nos inquieta, nueva ambición nos espolea, nueva aspiración nos lanza a nuevo vehemente anhelo, y sale del águila presa una rebelde mariposa libre, como desafiándonos a seguirla y encadenándonos a su revuelto vuelo.

No así aquellos espíritus tranquilos, turbados sólo por el ansia de la posesión de una fortuna. Se tienden los ojos por aquellas playas reverberantes; se entra y sale por aquellos corredores, vastos como pampas; se asciende a los picos de aquellas colosales casas, altas como montes; sentados en silla cómoda, al borde de la mar, llenan los paseantes sus pulmones de aquel aire potente y benigno; mas es fama que una melancólica tristeza se apodera de los hombres de nuestros pueblos hispanoamericanos que allá viven, que se buscan en vano y no se hallan; que por mucho que las primeras impresiones hayan halagado sus sentidos, enamorado sus ojos, deslumbrado y ofuscado su razón, la angustia de la soledad les posee al fin, la nostalgia de un mundo espiritual superior los invade y aflige; se sienten como corderos sin madre y sin pastor, extraviados de su manada; y, salgan o no a los ojos, rompe el espíritu espantado en raudal amarguísimo de lágrimas, porque aquella gran tierra está vacía de espíritu.

Pero ¡qué ir y venir! ¡qué correr del dinero! ¡qué facilidades para todo goce! ¡qué absoluta ausencia de toda tristeza o pobreza visibles! Todo está al aire libre: los grupos bulliciosos; los vastos comedores; ese original amor de los norteamericanos, en que no entra casi ninguno de los elementos que constituyen el pudoroso, tierno y elevado amor de nuestras tierras; el teatro, la fotografía, la casilla de baños; todo está al aire libre. Unos se pesan, porque para los norteamericanos es materia de gozo positivo, o de dolor real, pesar libra más o libra menos; otros, a cambio de 50 céntimos, reciben de manos de una alemana fornida un sobre en que está escrita su buena fortuna; otros, con incomprensible deleite, beben sendos vasos largos y estrechos como obuses, de desagradables aguas minerales.

Montan éstos en amplios carruajes que los llevan a la suave hora del crepúsculo, de Manhattan a Brighton; atraca aquél su bote, donde anduvo remando en compañía de la risueña amiga que, apoyándose con ademán resuelto sobre su hombro, salta, feliz como una niña, a la animada playa; un grupo admira absorto a un artista que recorta en papel negro que estampa luego en cartulina blanca, la silueta del que quiere retratarse de esta manera singular; otro grupo celebra la habilidad de una dama que en un tenduchín que no medirá más de tres cuartos de vara, elabora curiosas flores con pieles de pescado; con grandes risas aplauden otros la habilidad del que ha conseguido dar un pelotazo en la nariz a un desventurado hombre de color que, a cambio de un jornal miserable, se está día y noche con la cabeza asomada por un agujero hecho en un lienzo esquivando con movimientos ridículos y extravagantes muecas los golpes de los tiradores; otros barbudos y venerandos, se sientan gravemente en un tigre de madera, en un hipogrifo, en una esfinge, en el lomo de un constrictor, colocados en círculos, a guisa de caballos, que giran unos cuantos minutos alrededor de un mástil central, en cuyo torno tocan descompuestas sonatas unos cuantos sedicientes músicos. Los menos ricos, comen cangrejos y ostras sobre la playa, o pasteles y carnes en aquellas mesas gratis que ofrecen ciertos grandes hoteles para estas comidas; los adinerados dilapidan sumas cuantiosas en infusiones de fucsina, que les dan por vino; y en macizos y extraños manjares que rechazaría sin duda nuestro paladar pagado de lo artístico y ligero.

Aquellas gentes comen cantidad; nosotros clase.

Y este dispendio, este bullicio, esta muchedumbre, este hormiguero asombroso, duran desde Junio a Octubre, desde la mañana hasta la alta noche, sin intervalo, sin interrupción, sin cambio alguno.

De noche, ¡cuánta hermosura! Es verdad que a un pensador asombra tanta mujer casada sin marido; tanta madre que con el pequeñuelo al hombro pasea a la margen húmeda del mar, cuidadosa de su placer, y no de que aquel aire demasiado penetrante ha de herir la flaca naturaleza de la criatura; tanta dama que deja abandonado en los hoteles a su chicuelo, en brazos de una áspera irlandesa, y al volver de su largo paseo, ni coge en brazos, ni besa en los labios, ni satisface el hambre a su lloroso niño.

Mas no hay en ciudad alguna panorama más espléndido que el de aquella playa de Gable, en las horas de noche. ¿Veíanse cabezas de día? Pues más luces se ven en la noche. Vistas a alguna distancia desde el mar, las cuatro poblaciones, destacándose radiosas en la sombra, semejan como si en cuatro colosales grupos se hubieran reunido las estrellas que pueblan el cielo y caído de súbito en los mares.

Las luces eléctricas que inundan de una claridad acaricia-
dora y mágica las plazuelas de los hoteles, los jardines ingleses,
los lugares de conciertos, la playa misma en que pudieran
contarse a aquella luz vivísima los granos de arena parecen
desde lejos como espíritus superiores inquietos, como espíritus risueños y diabólicos que traveseasen por entre las enfer-
mizas luces de gas, los hilos de faroles rojos, el globo chino,
la lámpara veneciana. Como en día pleno, se leen por todas
partes periódicos, programas, anuncios, cartas. Es un pueblo
de astros; y así las orquestas, los bailes, el vocerío, el ruido de
olas, el ruido de hombres, el coro de risas, los halagos del
aire, los altos pregones, los trenes veloces, los carruajes ligeros,
hasta que llegadas ya las horas de la vuelta, como monstruo
que vaciase toda su entraña en las fauces hambrientas de otro
monstruo, aquella muchedumbre colosal, estrujada y compacta se agolpa a las entradas de los trenes que repletos de
ella, gimen, como cansados de su peso, en su carrera por la
soledad que van salvando, y ceden luego su revuelta carga a los
vapores gigantescos, animados por arpas y violines que llevan
a los muelles y riegan a los cansados paseantes, en aquellos
mil carros y mil vías que atraviesan, como venas de hierro, la
dormida Nueva York.

## CELEBRACIÓN Y TRAGEDIA DEL VERANO

¡Oh, sagrado verano, estación de poetas y de héroes, de amores
que fecundan: viajes que fortifican, canciones que aletean,
cielo que protege, estrellas que hablan! ¡Oh, estación de desborde y alegría, que echa de la ciudad, como de cárcel, y llena
de buscadores de placer los vapores de ríos y ferrocarriles, las

claras playas, bordadas de hoteles, los afamados manantiales entre montañosos edificios sofocados, y los discretos retiros, abiertos en lejanas y fragantes selvas! ¡Oh verano, día del sol, padre de emociones, de movimientos y de ideas! Como se dan a la libertad los pueblos oprimidos, así a la luz los pueblos invernosos. Verano no es el de New York: es fiebre. Tras él, no hay bolsa llena, ni corazón sin rocío, ni cuerpo sin apetito de reposo. Vanse las gentes por campos y por ríos sorbiendo aire, como quien sorbe vida: todo es pareja, aurora y amorío. Aun la noche es alba. Los hoteles: campamento; las playas, hervideros; los ferrocarriles, boas repletos, jamás desocupados; no cierra la ciudad de día ni de noche sus fauces de muelles.

Coney Island, vertedero veraniego de New York, isla de baños no es, ni sus hoteles lo son, que aquellos baños parecen ejércitos moisíacos o ríos; y aquellas cocinas, estómago de monstruo; y la isla entera con sus tres pueblos vecinos, gigantesca copa de champaña, en cuya hirviente espuma descuaja el sol alegre sus múltiples colores. ¡Ay! allá en la ciudad, en los barrios infectos de donde se ven salir por sobre los techos de las casas, como harapientas banderas de tremendo ejército en camino, mugrientas manos descarnadas; allá en las calles húmedas donde hombres y mujeres se amasan y revuelven, sin aire y sin espacio, así como bajo la superficie de las raíces se desenvuelven pesadamente los gusanos torpes y deformes en que se va trocando la vida vegetal; allá en los edificios tortuosos y lóbregos donde la gente de hez o de penuria vive en hediondas celdas, cargadas de aire pardo y pantanoso; allí, como los maizales jóvenes al paso de la langosta, mueren los niños pobres en centenas al paso del verano. Como los ogros a los niños de los cuentos: así el *cholera infantum* les chupa la vida: una boa no los dejará como el verano de New York deja a los niños pobres: como roídos, como mondados, o como vaciados y enjutos. Sus ojitos parecen cavernas; sus cráneos, cabezas calvas de hombres viejos; sus manos, manojos de yerbas secas. Se arrastran como los gusanos: se exhalan en quejidos. ¡Yo digo que éste es un crimen público, y que el deber de remediar la miseria innecesaria es un deber del Estado! A veces, una barca compasiva lleva a una playa vecina a buscar aires, a costa de algunas buenas gentes, a un centenar de madres: ¡oh pobres niños! parecen lirios rotos, sacados del cieno. Las casas, son caras; las madres, ineducadas; los padres, dados a ver boxear y a beber; las industrias, pocas para los industriales; las fábricas, que padecen de plétora de productos, no han menester de nuevos fabricadores; la tarifa prohibitiva, que produce salarios ficticios altos, carga de tal modo las materias primas que, provisto el consumo doméstico, las manufacturas no pueden salir a batallar en otras tierras con los productos más baratos rivales. Y así de sus propios errores, y de la dureza e indiferencia de los acomodados, se aíslan; aíran, disgustan y envilecen los pobres; y de padres sombríos, y de aire fétido, se mueren los niños.

Coney Island, en verano, es como una almohada de flores en que reclina la ciudad a cada tarde su cabeza encendida, donde golpea el cerebro hinchado. De los libros de comercio, se va a los muelles que llevan a Coney Island. Minutos tiene cada hora no más que vapores. ¡Qué gozo de los ojos, el de ir encontrando por el río, como sus nobles dioses seculares, majestuosos vapores blancos; el de no ver en el doble animado camino de agua y tierra, ni playa desaseada, ni mugrientas aldeas, ni abandonados y sombríos caminos! ¡Qué fortaleza y dignidad ponen en el carácter, el río ancho, el cielo vasto, el campo cultivado, el ferrocarril alado, las ciudades limpias!

¡Qué saludable comercio, luego de los menudos y dolorosos de la vida diaria, el del hombre y la naturaleza!

En Coney Island se vacía New York: de día, es inmensa feria; de noche, tal parece que se dieron cita todas las estrellas en un lugar del cielo, y desgajadas cayeron de súbito en tres cestos gigantes de luces sobre la isla. ¡Hoffman alegre! De un pueblecillo a otro, ferrocarriles; a la margen del mar, ancha calzada; por sobre los bordes de las olas, otra vía férrea; en columnas de hierro por el aire, otra. Frente a cada hotel, cobijada por grandísima concha, ora suena a Lohengrin, ora remeda llanto de chicuelos o cacarear de gallinas, con gran aplauso de la gente burda, una ruidosa orquesta: con cañones a veces se acompañan, y otras, con yunques.—¡No me parece mal esta última música! Y cada pueblecillo de los tres de la isla, que lo es de hoteles y de gente que pasa, vocea, atrae, salpica, aturde, desperdicia colores, se disloca. En torres azules, banderas alegres; por sobre las húmedas blancas arenas, clamoreando de júbilo, recogidos los trajes alados, buscan las olas y las huyen, millaradas de niños, con los pies desnudos: bajo un paraguas rojo, como si a sí propios no se vieran, dos amantes joviales; de cómicos bañistas ríen en la repleta baranda, los espectadores perezosos.

Esta máquina es de hacer seda; ved el hilo, ved la trama, ved el coloreo, ved el estampado, ved ya el pañuelo, que a nuestros ojos hacen, y os dan por unos reales. Este que da voces y alza manos, llama a los que pasan a que vean cómo tiene anillos de plata en los dedos de los breves pies, y de rica y no desairada labor de filigrana de oro cubiertas las orejas, una linda manceba de Madrás, de negra tez, contorneadas formas, joyante y lacia cabellera, y tierna mirada. En aquel chiribitil pintado, saca una flaca moza de una maquinilla,—¡oh, mala caricatura

de la gitana gente!,—un sobre en que una hada de electro-
plata, que corona la máquina, dice a sus tributarios la buena-
ventura. Unos se pesan; otros, del velocípedo se caen; otros,
en el rifle se ensayan; aquellos, hombres y mujeres, van como
mordidos de sed y de hambre a hacer apuestas en las carreras
de caballos; a este paso, y al otro, fuentes de soda aromosa, de
pesada cerveza, de champaña de burlas; de sidra sana y leal,
que allí se ve como la enjugan de las manzanas encarnadas,
fuentes de leche, que de grandes vacas de cuero, como Baco
coronadas de pámpanos, sacan, oprimiendo blandamente los
resortes de la mecánica ubre, ágiles mujeres, pulcras y graves.

Por ahí van niños y gente niña, a ver cómo con todo su
gentío y colores se refleja la isla en la cámara oscura; allá
suben, a cien varas de la tierra, en un elevado, que lleva al tope
de colosal armazón de hierro, a los que, en tal sobra de vida,
hallan la tierra escasa: por aquel muelle, que como lengua,
que tendiera a hacer calzada traidora de insectos, monstruoso
hormiguero, echa la isla en calles de doscientos metros por
sobre el mar, gentes que corren; beben refrescos, aplauden
títeres, ríen, vitorean, serpean: acá se cuelgan de un grifo de
madera, cabalgan en un gallo; se sientan entre las dos gibas
de un dromedario, se montan sobre la cola de un pez, a que
les den vuelta en son de música, el mocerío y la gente de servir,
que lleva allí parvadas de niñuelos.

Todo es carro que anda, cinta que revolotea, cristal que
chispea, ruido de mar humano, gruesa alegría física.

Y allí, al fin, tras aquellos vallados de madera, ante diez mil
novelescas gentes, hombres del Oeste de larga melena, mano
implacable, fieltro gallardo, y cuerpo nervioso, fingen entre
volcánicos hurras, con su cohorte de indios y vaqueros, que de
las selvas se han traído aquellas románticas y terribles hazañas

de los que al testuz de los búfalos, y al enconado diente de los indios, arrebatan las comarcas vírgenes.

¡Allá se ven, los que cazan el ciervo! Este ahora viene, disparando a todo correr de su caballo, sobre una cincuentena de palomas volantes que va matando a bala. Acá se acercan los indios cantando su lastimera selvática canturria, al lento paso de sus potros de guerra, y de súbito, como de invisible muro, despedido tropel armado de partesanas, dando gritos que vibran en el aire como espadas carniceras, desbándanse en escape desatado, tendidos sobre el cuello de sus brutos; y acorralan contra un tronco solitario al hombre blanco moribundo que vacía en las emplumadas cabezas y en los pechos amarillos sus pistolas. ¡Presto! ¡presto! que arremeten a redimir a su compañero sorprendido, los exploradores bravos, y los indios culebrean por entre los vengadores; y se les escapan de los brazos y se asen por los talones de los costados de sus animales; huyen por entre el humo negro y denso tiroteo, encogidos debajo de los vientres de sus alígeros caballos. ¡Hurra! ¡hurra! que ya indios y exploradores y vaqueros, en paz y brazo a brazo, lacean de pies y manos y cabeza al padre búfalo fuerte, que a modo de recia maza golpea con sus impotentes belfos la tierra, en tanto que las músicas suenan, los caballeros de la larga melena sacuden al aire sano del mar sus hermosos sombreros, venden los mansos indios, por entre la concurrencia, sus retratos; y jadea y jadea y rechina a las puertas del hipódromo, elevando por sobre los hombres, como un saludo, su penacho de humo la bufante y lucífera locomotora!

¡Oh, verano clemente, padre de gozos y de pensamientos, que pones manto de oro y corona de astros al espíritu!— Porque con él no vienen solamente estos reboses de júbilo, y desperezos y alborotos del cuerpo en el invierno entumecido,

y frivoleos y son de amores de la acre y solitaria vejez de la ciudad, y de la adocenada muchedumbre. Con el verano, que aligera la mente, invita a mudar de casa y echarse a los caminos, y
lleva al alma el sol, surgen las convenciones de filósofos y reve-
rendos, los congresos a la sombra de los árboles, las juntas en
aldehuelas pintorescas de asociaciones científicas y morales,
las asambleas acá ordenadas y prudentes de los trabajadores
vigilantes y desocupados, y esos populosos campamentos de
oración, en que sesenta mil seres humanos, doblan a veces,
como los galos de Velleda ante los dólmenes, en medio de la
selva cargada de cánticos, las pecadoras y trémulas rodillas.

## 4

# Un bandido entre dos poetas

## WALT WHITMAN

"Parecía un dios anoche, sentado en su sillón de terciopelo
rojo, todo el cabello blanco, la barba sobre el pecho, las cejas
como un bosque, la mano en un cayado". Esto dice un diario de hoy del poeta Walt Whitman, anciano de setenta años
a quien los críticos profundos, que siempre son los menos,
asignan puesto extraordinario en la literatura de su país y de
su época. Sólo los libros sagrados de la antigüedad ofrecen
una doctrina comparable, por su profético lenguaje y robusta
poesía, a la que en grandiosos y sacerdotales apotegmas emite,
a manera de bocanadas de luz, este poeta viejo, cuyo libro
pasmoso está prohibido.

 ¿Cómo no, si es un libro natural? Las universidades y latines
han puesto a los hombres de manera que ya no se conocen;
en vez de echarse unos en brazos de los otros, atraídos por

lo esencial y eterno, se apartan, piropeándose como placeras, por diferencias de mero accidente; como el budín sobre la budinera, el hombre queda amoldado sobre el libro o maestro enérgico con que le puso en contacto el azar o la moda de su tiempo; las escuelas filosóficas, religiosas o literarias, encogullan a los hombres, como al lacayo la librea; los hombres se dejan marcar, como los caballos y los toros, y van por el mundo ostentando su hierro; de modo que, cuando se ven delante del hombre desnudo, virginal, amoroso, sincero, potente—del hombre que camina, que ama, que pelea, que rema,—del hombre que, sin dejarse cegar por la desdicha, lee la promesa de final ventura en el equilibrio y la gracia del mundo; cuando se ven frente al hombre padre, nervudo y angélico de Walt Whitman, huyen como de su propia conciencia y se resisten a reconocer en esa humanidad fragante y superior el tipo verdadero de su especie, descolorida, encasacada, amuñecada.

Dice el diario que ayer, cuando ese otro viejo adorable, Gladstone, acababa de aleccionar a sus adversarios en el Parlamento sobre la justicia de conceder un gobierno propio a Irlanda, parecía él como mastín pujante, erguido sin rival entre la turba, y ellos a sus pies como un tropel de dogos. Así parece Whitman, con su "persona natural", con su "naturaleza sin freno en original energía", con sus "miríadas de mancebos hermosos y gigantes", con su creencia en que "el más breve retoño demuestra que en realidad no hay muerte", con el recuento formidable de pueblos y razas en su "Saludo al mundo", con su determinación de "callar mientras los demás discuten, e ir a bañarse y a admirarse a sí mismo, conociendo la perfecta propiedad y armonía de las cosas"; así parece Whitman, "el que no dice estas poesías por un peso"; el que "está satisfecho, y ve, baila, canta y ríe"; el que "no tiene cátedra, ni pulpito, ni escuela", cuando se le compara a esos poetas y filósofos canijos, filósofos de un detalle o de un solo aspecto; poetas de aguamiel, de patrón, de libro; figurines filosóficos o literarios.

Hay que estudiarlo, porque si no es el poeta de mejor gusto, es el más intrépido, abarcador y desembarazado de su tiempo. En su casita de madera, que casi está al borde de la miseria, luce en una ventana, orlado de luto, el retrato de Víctor Hugo; Emerson, cuya lectura purifica y exalta, le echaba el brazo por el hombro y le llamó su amigo; Tennyson, que es de los que ven las raíces de las cosas, envía desde su silla de roble en Inglaterra, ternísimos mensajes al "gran viejo"; Robert Buchanan, el inglés de palabra briosa, "¿qué habéis de saber de letras—grita a los norteamericanos,—si estáis dejando correr, sin los honores eminentes que le corresponden, la vejez de vuestro colosal Walt Whitman?"

"La verdad es que su poesía, aunque al principio causa asombro, deja en el alma, atormentada por el empequeñecimiento universal, una sensación deleitosa de convalecencia. Él se crea su gramática y su lógica. Él lee en el ojo del buey y en la savia de la hoja." "¡Ese que limpia suciedades de vuestra casa, ése es mi hermano!" Su irregularidad aparente, que en el primer momento desconcierta, resulta luego ser, salvo breves instantes de portentoso extravío, aquel orden y composición sublimes con que se dibujan las cumbres sobre el horizonte.

Él no vive en Nueva York, su "Manhattan querida", su "Manhattan de rostro soberbio y un millón de pies", a donde se asoma cuando quiere entonar "el canto de lo que ve a la libertad"; vive, cuidado por "amantes amigos", pues sus libros y conferencias apenas le producen para comprar pan, en una

casita arrinconada en un ameno recodo del campo, de donde
en su carruaje de anciano le llevan los caballos que ama a
ver a los "jóvenes forzudos" en sus diversiones viriles, a los
"camaradas" que no temen codearse con este iconoclasta que
quiere establecer "la institución de la camaradería", a ver los
campos que crían, los amigos que pasan cantando del brazo,
las parejas de novios, alegres y vivaces como las codornices.
Él lo dice en sus "Calamus", el libro enormemente extraño
en que canta el amor de los amigos: "Ni orgías, ni ostentosas
paradas, ni la continua procesión de las calles, ni las ventanas
atestadas de comercios, ni la conversación con los eruditos
me satisface, sino que al pasar por mi Manhattan los ojos que
encuentro me ofrezcan amor; amantes, continuos amantes es
lo único que me satisface". Él es como los ancianos que anuncia al fin de su libro prohibido, sus *Hojas de yerba*: "Anuncio
miríadas de mancebos gigantescos, hermosos y de fina sangre;
anuncio una raza de ancianos salvajes y espléndidos."

Vive en el campo, donde el hombre natural labra al Sol que
lo curte, junto a sus caballos plácidos, la tierra libre; mas no
lejos de la ciudad amable y férvida, con sus ruidos de vida, su
trabajo graneado, su múltiple epopeya, el polvo de los carros,
el humo de las fábricas jadeantes, el Sol que lo ve todo, "los
gañanes que charlan a la merienda sobre las pilas de ladrillos,
la ambulancia que corre desalada con el héroe que acaba de
caerse de un andamio, la mujer sorprendida en medio de la
turba por la fatiga augusta de la maternidad". Pero ayer vino
Whitman del campo para recitar, ante un concurso de leales
amigos, su oración sobre aquel otro hombre natural, aquella
alma grande y dulce, "aquella poderosa estrella muerta del
Oeste", aquel Abraham Lincoln. Todo lo culto de Nueva York
asistió en silencio religioso a aquella plática resplandeciente,

que por sus súbitos quiebros, tonos vibrantes, hímnica fuga, olímpica familiaridad, parecía a veces como un cuchicheo de astros. Los criados a leche latina académica o francesa, no podrían, acaso, entender aquella gracia heroica. La vida libre y decorosa del hombre en un continente nuevo ha creado una filosofía sana y robusta que está saliendo al mundo en epodos atléticos. A la mayor suma de hombres libres y trabajadores que vio jamás la Tierra, corresponde una poesía de conjunto y de fe, tranquilizadora y solemne, que se levanta, como el Sol del mar, incendiando las nubes; bordeando de fuego las crestas de las olas; despertando en las selvas fecundas de la orilla las flores fatigadas y los nidos. Vuela el polen; los picos cambian besos; se aparejan las ramas; buscan el Sol las hojas, exhala todo música; con ese lenguaje de luz ruda habló Whitman de Lincoln.

## Canto a Lincoln

Acaso una de las producciones más bellas de la poesía contemporánea es la mítica trenodia que Whitman compuso a la muerte de Lincoln. La Naturaleza entera acompaña en su viaje a la sepultura el féretro llorado. Los astros lo predijeron. Las nubes venían ennegreciéndose un mes antes. Un pájaro gris cantaba en el pantano un canto de desolación. Entre el pensamiento y la seguridad de la muerte viaja el poeta por los campos conmovidos, como entre dos compañeros. Con arte de músico agrupa, esconde y reproduce estos elementos tristes en una armonía total de crepúsculo. Parece, al acabar la poesía, como si la Tierra toda estuviese vestida de negro, y el muerto la cubriera desde un mar al otro. Se ven las nubes; la Luna cargada que anuncia la catástrofe, las alas largas del pájaro gris. Es mucho más hermoso, extraño y profundo que "El Cuervo" de Poe. El poeta trae al féretro un gajo de lilas. Su obra entera es eso.

Ya sobre las tumbas no gimen los sauces; la muerte es "la cosecha, la que abre la puerta, la gran reveladora"; lo que está siendo, fue y volverá a ser; en una grave y celeste primavera se confunden las oposiciones y penas aparentes; un hueso es una flor. Se oye de cerca el ruido de los soles que buscan con majestuoso movimiento su puesto definitivo en el espacio; la vida es un himno; la muerte es una forma oculta de la vida; santo es el sudor y el entozoario es santo; los hombres, al pasar, deben besarse en la mejilla; abrácense los vivos en amor inefable; amen la yerba, el animal, el aire, el mar, el dolor, la muerte; el sufrimiento es menos para las almas que el amor posee; la vida no tiene dolores para el que entiende a tiempo su sentido; del mismo germen son la miel, la luz y el beso; ¡en la sombra que esplende en paz como una bóveda maciza de estrellas, levántase con música suavísima, por sobre los mundos dormidos como canes a sus pies, un apacible y enorme árbol de lilas!

## La poesía es indispensable a los pueblos

Cada estado social trae su expresión a la literatura, de tal modo, que por las diversas fases de ella pudiera contarse la historia de los pueblos, con más verdad que por sus cronicones y sus décadas. No puede haber contradicciones en la Naturaleza; la misma aspiración humana a hallar en el amor, durante la existencia, y en lo ignorado después de la muerte, un tipo perfecto de gracia y hermosura, demuestra que en la vida total han de ajustarse con gozo los elementos que en la porción actual de vida que atravesamos parecen desunidos y hostiles. La literatura que anuncie y propague el concierto final y dichoso de las contradicciones aparentes; la literatura que, como espontáneo consejo y enseñanza de la Naturaleza, promulgue la identidad en una paz superior de los dogmas y pasiones rivales que en el estado elemental de los pueblos los dividen y ensangrientan; la literatura que inculque en el espíritu espantadizo de los hombres una convicción tan arraigada de la justicia y belleza definitivas que las penurias y fealdades de la existencia no las descorazonen ni acibaren, no sólo revelará un estado social más cercano a la perfección que todos los conocidos, sino que, hermanando felizmente la razón y la gracia, proveerá a la Humanidad, ansiosa de maravilla y de poesía, con la religión que confusamente aguarda desde que conoció la oquedad e insuficiencia de sus antiguos credos.

¿Quién es el ignorante que mantiene que la poesía no es indispensable a los pueblos? Hay gentes de tan corta vista mental, que creen que toda la fruta se acaba en la cáscara. La poesía, que congrega o disgrega, que fortifica o angustia, que apuntala o derriba las almas, que da o quita a los hombres la fe y el aliento, es más necesaria a los pueblos que la industria misma, pues ésta les proporciona el modo de subsistir, mientras que aquélla les da el deseo y la fuerza de la vida. ¿A dónde irá un pueblo de hombres que hayan perdido el hábito de pensar con fe en la significación y alcance de sus actos? Los mejores, los que unge la Naturaleza con el sacro deseo de lo futuro, perderán, en un aniquilamiento doloroso y sordo, todo estímulo para sobrellevar las fealdades humanas; y la masa, lo vulgar, la gente de apetitos, los comunes, procrearán sin santidad hijos vacíos, elevarán a facultades esenciales las que deben servirles de meros instrumentos y aturdirán con el bullicio de una prosperidad siempre incompleta la aflicción irremediable del alma, que sólo se complace en lo bello y grandioso.

La libertad debe ser, fuera de otras razones, bendecida, porque su goce inspira al hombre moderno—privado a su aparición de la calma, estímulo y poesía de la existencia,—aquella paz suprema y bienestar religioso que produce el orden del mundo en los que viven en él con la arrogancia y serenidad de su albedrío. Ved sobre los montes, poetas que regáis con lágrimas pueriles los altares desiertos.

Creíais la religión perdida, porque estaba mudando de forma sobre vuestras cabezas. Levantaos, porque vosotros sois los sacerdotes. La libertad es la religión definitiva. Y la poesía de la libertad el culto nuevo. Ella aquieta y hermosea lo presente, deduce e ilumina lo futuro, y explica el propósito inefable y seductora bondad del Universo.

Oíd lo que canta este pueblo trabajador y satisfecho; oíd a Walt Whitman. El ejercicio de sí lo encumbra a la majestad, la tolerancia a la justicia, y el orden a la dicha. El que vive en un credo autocrático es lo mismo que una ostra en su concha, que sólo ve la prisión que la encierra y cree, en la oscuridad, que aquello es el mundo; la libertad pone alas a la ostra. Y lo que, oído en lo interior de la concha, parecía portentosa contienda, resulta a la luz del aire ser el natural movimiento de la savia en el pulso enérgico del mundo.

## El universo de Whitman

El mundo, para Walt Whitman, fue siempre como es hoy. Basta con que una cosa sea para que haya debido ser, y cuando ya no deba ser, no será. Lo que ya no es, lo que no se ve, se prueba por lo que es y se está viendo; porque todo está en todo, y lo uno explica lo otro; y cuando lo que es ahora no sea, se probará a su vez por lo que esté siendo entonces. Lo infinitésimo colabora para lo infinito, y todo está en su puesto, la tortuga, el buey, los pájaros, "propósitos alados". Tanta fortuna es morir como nacer, porque los muertos están vivos; "¡nadie puede decir lo tranquilo que está él sobre Dios y la muerte!" Se ríe de lo que llaman desilusión, y conoce la amplitud del tiempo; él acepta absolutamente el tiempo. En su persona se contiene todo: todo él está en todo; donde uno se degrada, él se degrada; él es la marea, el flujo y reflujo; ¿cómo no ha de tener orgullo en sí, si se siente parte viva e inteligente de la Naturaleza? ¿Qué le importa a él volver al seno de donde partió, y convertirse, al amor de la tierra húmeda, en vegetal útil, en flor bella? Nutrirá a los hombres, después de haberlos amado. Su deber es crear; el átomo que crea es de esencia divina; el acto en que se crea es exquisito y sagrado. Convencido de la identidad del Universo, entona el "Canto de mí mismo". De todo teje el canto de sí: de los credos que contienden y pasan, del hombre que procrea y labora, de los animales que le ayudan, ¡ah! de los animales, entre quienes "ninguno se arrodilla ante otro, ni es superior al otro, ni se queja". Él se ve como heredero del mundo.

Nada le es extraño, y lo toma en cuenta todo, el caracol que se arrastra, el buey que con sus ojos misteriosos lo mira, el sacerdote que defiende una parte de la verdad como si fuese la verdad entera. El hombre debe abrir los brazos, y apretarlo todo contra su corazón, la virtud lo mismo que el delito, la suciedad lo mismo que la limpieza, la ignorancia lo mismo que la sabiduría; todo debe fundirlo en su corazón, como en un horno; sobre todo, debe dejar caer la barba blanca. Pero, eso sí, "ya se ha denunciado y tonteado bastante"; regaña a los incrédulos, a los sofistas, a los habladores; ¡procreen en vez

de querellarse y añadan al mundo! ¡Créese con aquel respeto
con que una devota besa la escalera del altar!

Él es de todas las castas, credos y profesiones, y en todas
encuentra justicia y poesía. Mide las religiones sin ira; pero
cree que la religión perfecta está en la Naturaleza. La religión
y la vida están en la Naturaleza. Si hay un enfermo, "idos", dice
al médico y al cura, "yo me apegaré a él, abriré las ventanas, le
amaré, le hablaré al oído; ya veréis cómo sana; vosotros sois
palabra y yerba, pero yo puedo más que vosotros, porque soy
amor". El Creador es "el verdadero amante, el camarada perfecto"; los hombres son "camaradas", y valen más mientras más
aman y creen, aunque todo lo que ocupe su lugar y su tiempo
vale tanto como cualquiera; mas vean todos el mundo por sí,
porque él, Walt Whitman, que siente en sí el mundo desde
que éste fue creado, sabe, por lo que el sol y el aire libre le
enseñan, que una salida de sol le revela más que el mejor libro.
Piensa en los orbes, apetece a las mujeres, se siente poseído
de amor universal y frenético; oye levantarse de las escenas de
la creación y de los oficios del hombre un concierto que le
inunda de ventura, y cuando se asoma al río, a la hora en
que se cierran los talleres y el sol de puesta enciende el agua,
siente que tiene cita con el Creador, reconoce que el hombre
es definitivamente bueno y ve que de su cabeza, reflejada en
la corriente, surgen aspas de luz.

Pero ¿qué dará idea de su vasto y ardentísimo amor? Con
el fuego de Safo ama este hombre al mundo. A él le parece el
mundo un lecho gigantesco. El lecho es para él un altar. "Yo
haré ilustres, dice, las palabras y las ideas que los hombres
han prostituido con su sigilo y su falsa vergüenza; yo canto y
consagro lo que consagraba el Egipto". Una de las fuentes de
su originalidad es la fuerza hercúlea con que postra a las ideas

como si fuera a violarlas, cuando sólo va a darles un beso, con la pasión de un santo. Otra fuente es la forma material, brutal, corpórea, con que expresa sus más delicadas idealidades. Ese lenguaje ha parecido lascivo a los que son incapaces de entender su grandeza; imbéciles ha habido que cuando celebra en "Calamus", con las imágenes más ardientes de la lengua humana, el amor de los amigos, creyeron ver, con remilgos de colegial impúdico, el retorno a aquellas viles ansias de Virgilio por Cebetes y de Horacio por Giges y Licisco. Y cuando canta en "Los Hijos de Adán" el pecado divino, en cuadros ante los cuales palidecen los más calurosos del "Cantar de los Cantares", tiembla y se encoge, se vierte y dilata, enloquece de orgullo y virilidad satisfecha, recuerda al dios del Amazonas, que cruzaba sobre los bosques y los ríos esparciendo por la tierra las semillas de la vida: "¡mi deber es crear!" "Yo canto al cuerpo eléctrico", dice en "Los Hijos de Adán"; y es preciso haber leído en hebreo las genealogías patriarcales del Génesis; es preciso haber seguido por las selvas no holladas las comitivas desnudas y carnívoras de los primeros hombres, para hallar semejanza apropiada a la enumeración de satánica fuerza en que describe, como un héroe hambriento que se relame los labios sanguinosos, las pertenencias del cuerpo femenino. ¿Y decís que este hombre es brutal? Oíd esta composición que, como muchas suyas, no tiene más que dos versos: "Mujeres Hermosas". "Las mujeres se sientan o se mueven de un lado para otro, jóvenes algunas, algunas viejas; las jóvenes son hermosas, pero las viejas son más hermosas que las jóvenes." Y esta otra: "Madre y Niño". Ve el niño que duerme anidado en el regazo de su madre. La madre que duerme, y el niño: ¡silencio! Los estudió largamente, largamente. Él prevé que, así como ya se juntan en grado extremo la virilidad y la ternura en los hombres de genio superior, en la paz deleitosa en que descansará la vida han de juntarse, con solemnidad y júbilo dignos del Universo, las dos energías que han necesitado dividirse para continuar la faena de la creación.

Si entra en la yerba, dice que la yerba le acaricia, que "ya siente mover sus coyunturas"; y el más inquieto novicio no tendría palabras tan fogosas para describir la alegría de su cuerpo, que él mira como parte de su alma, al sentirse abrasado por el mar. Todo lo que vive le ama: la tierra, la noche, el mar le aman; "¡penétrame, oh mar, de humedad amorosa!" Paladea el aire. Se ofrece a la atmósfera como un novio trémulo. Quiere puertas sin cerradura y cuerpos en su belleza natural; cree que santifica cuanto toca o le toca, y halla virtud a todo lo corpóreo; él es "Walt Whitman, un cosmos, el hijo de Manhattan, turbulento, sensual, carnoso, que come, bebe y engendra, ni más ni menos que todos los demás. Pinta a la verdad como una amante frenética, que invade su cuerpo y, ansiosa de poseerle, lo liberta de sus ropas. Pero cuando en la clara medianoche, libre el alma de ocupaciones y de libros, emerge entera, silenciosa y contemplativa del día noblemente empleado; medita en los temas que más la complacen: en la noche, el sueño y la muerte; en el canto de lo universal, para beneficio del hombre común; en que "es muy dulce morir avanzando" y caer al pie del árbol primitivo, mordido por la última serpiente del bosque, con el hacha en las manos.

Imagínese qué nuevo y extraño efecto producirá ese lenguaje henchido de animalidad soberbia cuando celebra la pasión que ha de unir a los hombres. Recuerda en una composición del "Calamus" los goces más vivos que debe a la Naturaleza y a la patria; pero sólo a las olas del océano halla dignas de corear, a la luz de la luna, su dicha al ver dormido junto a sí al amigo que ama. Él ama a los humildes, a los caídos, a los heridos, hasta a los malvados. No desdeña a los grandes, porque para él sólo son grandes los útiles. Echa el brazo por el hombro a los carreros, a los marineros, a los labradores. Caza y pesca con ellos, y en la siega sube con ellos al tope del carro cargado. Más bello que un emperador triunfante le parece el negro vigoroso que, apoyado en la lanza detrás de sus percherones, guía su carro sereno por el revuelto Broadway. Él entiende todas las virtudes, recibe todos los premios, trabaja en todos los oficios, sufre con todos los dolores. Siente un placer heroico cuando se detiene en el umbral de una herrería y ve que los mancebos, con el torso desnudo, revuelan por sobre sus cabezas los martillos, y dan cada uno a su turno. Él es el esclavo, el preso, el que pelea, el que cae, el mendigo. Cuando el esclavo llega a sus puertas perseguido y sudoroso, le llena la bañadera, lo sienta a su mesa; en el rincón tiene cargada la escopeta para defenderlo; si se lo vienen a atacar, matará a su perseguidor y volverá a sentarse a la mesa, ¡como si hubiera matado una víbora!

Walt Whitman, pues, está satisfecho; ¿qué orgullo le ha de punzar, si sabe que se para en yerba o en flor? ¿Qué orgullo tiene un clavel, una hoja de salvia, una madreselva? ¿Cómo no ha de mirar él con tranquilidad los dolores humanos, si sabe que por sobre ellos está un ser inacabable a quien aguarda la inmersión venturosa en la Naturaleza? ¿Qué prisa le ha de azuzar, si cree que todo está donde debe, y que la voluntad de un hombre no ha de desviar el camino del mundo? Padece, sí, padece; pero mira como un ser menor y acabadizo al que en él sufre, y siente por sobre las fatigas y miserias a otro ser que no puede sufrir, porque conoce la universal grandeza. Ser como es le es bastante y asiste impasible y alegre al curso, silencioso o loado, de su vida. De un solo bote echa a un lado, como ex-crecencia inútil, la lamentación romántica: "¡no he de pedirle al Cielo que baje a la Tierra para hacer mi voluntad!" Y qué majestad no hay en aquella frase en que dice que ama a los animales "porque no se quejan". La verdad es que ya sobran los acobardadores; urge ver cómo es el mundo para no conver-tir en montes las hormigas; dése fuerzas a los hombres, en vez de quitarles con lamentos las pocas que el dolor les deja; pues los llagados ¿van por las calles enseñando sus llagas? Ni las dudas ni la ciencia le mortifican. "Vosotros sois los primeros, dice a los científicos; pero la ciencia no es más que un depar-tamento de mi morada, no es toda mi morada; ¡qué pobres parecen las argucias ante un hecho heroico! A la ciencia, salve, y salve al alma, que está por sobre toda la ciencia". Pero donde su filosofía ha domado enteramente el odio, como mandan los magos, es en la frase, no exenta de la melancolía de los vencidos, con que arranca de raíz toda razón de envidia; ¿por qué tendría yo celos, dice, de aquel de mis hermanos que haga lo que yo no puedo hacer? "Aquel que cerca de mí muestra un pecho más ancho que el mío, demuestra la anchura del mío". "¡Penetre el Sol la Tierra, hasta que toda ella sea luz clara y dulce, como mi sangre. Sea universal el goce. Yo canto la eter-nidad de la existencia, la dicha de nuestra vida y la hermosura implacable del Universo. Yo uso zapato de becerro, un cuello espacioso y un bastón hecho de una rama de árbol!".

## Poesía de la nueva humanidad

Y todo eso lo dice en frase apocalíptica. ¿Rimas o acentos? ¡Oh, no! su ritmo está en las estrofas, ligadas, en medio de aquel caos aparente de frases superpuestas y convulsas, por una sabia composición que distribuye en grandes grupos musicales las ideas, como la natural forma poética de un pueblo que no fabrica piedra a piedra, sino a enormes bloqueadas.

El lenguaje de Walt Whitman, enteramente diverso del usado hasta hoy por los poetas, corresponde, por la extrañeza y pujanza, a su cíclica poesía y a la humanidad nueva, congregada sobre un *continente* fecundo con portentos tales, que en verdad no caben en liras ni serventesios remilgados. Ya no se trata de amores escondidos, ni de damas que mudan de galanes, ni de la queja estéril de los que no tienen la energía necesaria para domar la vida, ni la discreción que conviene a los cobardes. No de rimillas se trata, y dolores de alcoba, sino del nacimiento de una era, del alba de la religión definitiva, y de la renovación del hombre; trátase de una fe que ha de sustituir a la que ha muerto y surge con un claror radioso de la arrogante paz del hombre redimido; trátase de escribir los libros sagrados de un pueblo que reúne, al caer del mundo antiguo, todas las fuerzas vírgenes de la libertad a las ubres y pompas ciclópeas de la salvaje Naturaleza; trátase de reflejar en palabras el ruido de las muchedumbres que se asientan, de las ciudades que trabajan y de los mares domados y los ríos esclavos. ¿Apareará consonantes Walt Whitman y pondrá en mansos dísticos estas montañas de mercaderías, bosques de espinas, pueblos de barcos, combates donde se acuestan a abonar el derecho millones de hombres y Sol que en todo impera, y se derrama con límpido fuego por el vasto paisaje?

¡Oh! no; Walt Whitman habla en versículos, sin música aparente, aunque a poco de oírla se percibe que aquello suena como el casco de la tierra cuando vienen por él, descalzos y gloriosos, los ejércitos triunfantes. En ocasiones parece el lenguaje de Whitman el frente colgado de reses de una carnicería; otras parece un canto de patriarcas, sentados en coro, con la suave tristeza del mundo a la hora en que el humo se pierde en las nubes; suena otras veces como un beso brusco, como un forzamiento, como el chasquido del cuero reseco que revienta al Sol; pero jamás pierde la frase su movimiento rítmico de ola. Él mismo dice cómo habla: "en alaridos proféticos"; "éstas son, dice, unas pocas palabras indicadoras de lo futuro". Eso es su poesía, índice; el sentido de lo universal pervade el libro y le da, en la confusión superficial, una regularidad grandiosa; pero sus frases desligadas, flagelantes, incompletas, sueltas, más que expresan, emiten; "lanzo mis imaginaciones sobre las canosas montañas"; "di, Tierra, viejo nudo montuoso, ¿qué quieres de mí?" "hago resonar mi bárbara fanfarria sobre los techos del mundo".

No es él, no, de los que echan a andar un pensamiento pordiosero, que va tropezando y arrastrando bajo la opulencia visible de sus vestiduras regias. Él no infla tomeguines para que parezcan águilas; él riega águilas, cada vez que abre el puño, como un sembrador riega granos. Un verso tiene cinco sílabas; el que le sigue cuarenta, y diez el que le sigue. Él no esfuerza la comparación, y en verdad no compara, sino que dice lo que ve o recuerda con un complemento gráfico e incisivo, y dueño seguro de la impresión de conjunto que se dispone a crear, emplea su arte, que oculta por entero, en reproducir los elementos de su cuadro con el mismo desorden con que los observó en la Naturaleza. Si desvaría, no disuena, porque así vaga la mente sin orden ni esclavitud de un asunto a sus análogos; mas luego, como si sólo hubiese aflojado las riendas sin soltarlas, recógelas de súbito y guía de cerca, con puño de domador, la cuadriga encabritada, sus versos van galopando, y como engullendo la tierra a cada movimiento; unas veces relinchan ganosos, como cargados sementales; otras, espumantes y blancos, ponen el casco sobre las nubes; otras se hunden, osados y negros, en lo interior de la tierra, y se oye por largo tiempo el ruido. Esboza; pero dijérase que con fuego. En cinco líneas agrupa, como un haz de huesos recién roídos, todos los horrores de la guerra. Un adverbio le basta para dilatar o recoger la frase, y un adjetivo para sublimarla. Su método ha de ser grande, puesto que su efecto lo es; pero pudiera creerse que procede sin método alguno; sobre todo en el uso de las palabras, que mezcla con nunca visto atrevimiento, poniendo las augustas y casi divinas al lado de las que pasan por menos apropiadas y decentes. Ciertos cuadros no los pinta con epítetos, que en él son siempre vivaces y profundos, sino por sonidos, que compone y desvanece con destreza cabal, sosteniendo así con el turno de los procedimientos el interés que la monotonía de un modo exclusivo pondría en riesgo. Por repeticiones atrae la melancolía, como los salvajes. Su cesura, inesperada y cabalgante, cambia sin cesar, y sin conformidad a regla alguna, aunque se percibe un orden sabio en sus evoluciones, paradas y quiebros. Acumular le parece el mejor modo de describir, y su raciocinio no toma jamás las formas pedestres del argumento ni las altisonantes de la oratoria, sino el misterio de la insinuación, el fervor de la certidumbre y el giro ígneo de la profecía. A cada paso se hallan en su libro estas palabras nuestras: *viva, camarada, libertad, americanos*. Pero ¿qué pinta mejor su carácter que las voces francesas que, con arrobo perceptible, y como para dilatar su significación, incrusta en sus versos?: *ami, exalté, accoucheur, nonchalant, ensemble*; *ensemble*, sobre todo, le seduce, porque él ve el cielo de la vida de los pueblos, y de los mundos. Al italiano ha tomado una palabra: ¡*bravura*!

Así, celebrando el músculo y el arrojo; invitando a los transeúntes a que pongan en él, sin miedo, su mano al pasar; oyendo, con las palmas abiertas al aire, el canto de las cosas; sorprendiendo y proclamando con deleite fecundidades gigantescas; recogiendo en versículos édicos las semillas, las batallas y los orbes; señalando a los tiempos pasmados las colmenas radiantes de hombres que por los valles y cumbres americanos se extienden y rozan con sus alas de abeja la fimbria de la vigilante libertad; pastoreando los siglos amigos hacia el remanso de la calma eterna, aguarda Walt Whitman, mientras sus amigos le sirven en manteles campestres la primera pesca de la primavera rociada con champaña, la hora feliz en que lo material se aparte de él, después de haber revelado al mundo un hombre veraz, sonoro y amoroso, y en que, abandonado a los aires purificadores, germine y arome en sus ondas, "¡desembarazado, triunfante, muerto!".

## JESSE JAMES, GRAN BANDIDO

Estos días que para Nueva York fueron de fiesta, han sido de agitación grande en Missouri, donde había un bandido de frente alta, hermoso rostro y mano hecha a matar, que no robaba bolsas sino bancos; ni casas sino pueblos; ni asaltaba balcones sino trenes. Era héroe de la selva. Su bravura era tan grande, que las gentes de su tierra se la estimaban por sobre sus crímenes. Y no nació de padre ruin, sino de clérigo, ni parecía villano, sino caballero, ni casó con mala mujer, sino con maestra de escuela. Y hay quien dice que fue cacique político, en una de sus estaciones de reposo, o que vivía amparado de nombre falso, y vino como cacique a elegir Presidente a la última convención de los demócratas. Están las tierras de Missouri y las de Kansas llenas de recio monte y de cerradas arboledas. Jesse James y los suyos conocían los recodos de la selva, los escondrijos de los caminos, los vados de los pantanos, los árboles huecos. Su casa era armería, y su cinto otra, porque llevaba a la cintura dos grandes fajas, cargadas de revólveres. Empezó a vivir cuando había guerra, y arrancó la vida a mucho hombre barbado, cuando él aún no tenía barba. En tiempo de Alba, hubiera sido capitán de tercio en Flandes. En tiempos de Pizarro, buen teniente suyo. En estos tiempos, fue soldado, y luego fue bandido. No fue de aquellos soldados magníficos de Sheridan, que lucharon porque fuera toda esta tierra una, y el esclavo libre, y alzaron el pabellón del Norte en las tenaces fortalezas confederadas. Ni de aquellos otros soldados pacientes, de Grant silencioso, que acorraló a los rebeldes aterrados, como sereno cazador a jabalí hambriento. Fue de los guerrilleros del Sur, para quienes era la bandera de la guerra escudo de rapiña. Su mano fue instrumento de matar. Dejaba en tierra al muerto, y cargado de botín, iba a hacer reparto generoso con sus compañeros de proezas, que eran tigres menores que lamían la mano de aquel magno tigre.

Y acabó la guerra, y empezó un formidable duelo. De un lado eran los jóvenes bandidos, que se entraban a caballo en las ciudades, llamaban a las puertas de los bancos, sacaban de ellos en pleno día todos los dineros, y ebrios de peligro que como el vino embriaga, huían lanzando vítores entre las poblaciones consternadas, que se apercibían del crimen cuando ya estaba rematado, y perseguían a los criminales flojamente, y volvían a las puertas del banco vacío, donde parecían aún verse, como figuras de oro que vuelan, las de los bravos jinetes, a los ojos fantásticos del vulgo, embellecidos con la hermosura del atrevimiento. Y de otro lado eran los jueces inhábiles, en aquellas comarcas de ciudades pequeñas y de bosques grandes; los soldados de la comarca, que volvían siempre heridos, o quedaban muertos; los pueblos inquietos, que, ciegos a veces por ese resplandor que tras de sí deja la bravura, veían en el ladrón osado a un caballero del robo, y dejaban latir los corazones conmovidos, cual se conmueven siempre, cuando la buena doctrina del alma no los purifica, ante todo acto extraordinario, aunque sea vil. ¡Así, ante los toros que mueren a mano de los hombres en el circo enrojecido, suelen las damas de España lanzar al aire los grandes abanicos, y descalzarse del pie breve, para arrojarlo al matador, el chapín de seda, y enviarle la rosa roja que prende su mantilla, y batir palmas! Una vez estaba Missouri en feria, y no menos de treinta millares de hombres en la inmensa villa, todos de apuesta y de almuerzo, todos de juegos y de carreras de caballos. Y de súbito, corre miedo pánico. Era que Jesse James había sabido de la fiesta, y cuando tenían las gentes puestos los ojos en las cañas ligeras de los caballos corredores, cayó con los suyos sobre la casilla de la feria, dio en tierra con los guardianes, y huyó con los copiosos dineros de la entrada. Lo que pareció a los de Missouri crimen que debía ser perdonado por lo hazañoso y gigantesco. Y otras veces esos malvados hundían los codos en sangre. Alzaban en una curva del camino, los hierros de la vía. Ocultábanse, montados en sus veloces caballos, en el soto. Y el tren venía y caía. Y allí era matar a cuantos hiciesen frente al robo inicuo. Allí el llevarse a raudales los dineros. Allí el cargar a sus caballos de grandes barras de oro. Allí el clavar en tierra a cuantos podían mover el tren. Si había taberna rica, y bravo del lugar, a la taberna del lugar iban, a armar guerra los bandidos, porque no se dijese que fatigaba caballo ni manejaba armas, hombre más bravo que los de James. Si se danzaba en las villas texanas con las hermosas del partido, con el cabo de sus pistolas llamaba Jesse James a la casa de la fiesta, y como de él era la mayor bravura, de él había de ser la más hermosa. Enviaron a cazarle espía famoso, y con un cartel sobre el pecho, atravesado de balazos, hallaron al espía; el cual cartel decía que así habían de morir los que enviaran a la caza. ¡Es aquella de las apartadas comarcas de esta tierra, vida singularísima que desenvuelve en los hombres, en la selva libre, todos los apetitos, todas las suntuosidades, todos los impulsos y todas las elegancias de la fiera! Bien es que el cazador de búfalos, hecho a retar al animal pujante, y a sentarse, como en su propio asiento, en los ijares de la gran res vencida, deje crecer y colgar por los hombros su cabello largo, y tenga el pie robusto hecho a hollar troncos, y la mano a doblarlos, y el corazón a la tempestad, y los ojos empapados de esa mirada solemne y triste de quien mira mucho a la naturaleza y a lo desconocido.

Mas, ¿dónde hallan, como quieren hallar diarios y cronistas, hazañas de caballero manchego en ese ensangrentador de los caminos? Bien es que le mató un amigo suyo por la espalda, y por dineros que le ofreció para que le matase, el Gobernador. Bien es que merezca ser echado de la casa de Gobierno, quien para gobernar haya de menester, en vez de vara de justicia, de puñal de asesino. Bien es que da miedo y vergüenza que allá en la casa de la ley, cerca de puerta excusada y en noche oscura, ajustaran el jefe del Estado y un salteador mozo el precio de la vida de un bandido. ¿Pues, qué respeto merece el Juez, si comete el mismo crimen que el criminal? Sombra era la del soto en que aguardaban a los trenes que habían de robar los de la banda de James, y sombra la del gabinete de gobierno, en que el guardador de la ley ajustó el precio del caudillo de la banda. Y los corregidores que le persiguieron en vida, le sepultaron en féretro suntuosísimo, que de su bolsa pagarán, o de la del Estado: el cadáver fue a ser puesto en tierra de la heredad materna, en tren especial, y no en tren diario: llevaban los cordones del féretro del bandolero los corregidores del lugar y millares de personas, con los ojos húmedos de llanto, acudieron a ver caer en la fosa a aquel que rompió tantas veces con la bala de su pistola el cráneo de los hombres, con la misma quietud serena con que una ardilla quiebra una avellana. Y los empleados de la policía del lugar quedaron arrebatándose la yegua veloz en que montó el bandido.

## EN TIERRAS DE INDIOS

Solía James ir a ampararse, luego de cometer sus crímenes, en tierras de indios. De indios se habla ahora, y se teme su guerra; porque les han reconocido cuando se les han cansado ya los brazos desnudos de pelear por el dominio de los ríos y bosques patrios que los hombres blancos violan, su derecho a ocupar ciertos trozos de tierra, y a alimentarse y vestirse por unos cuantos años, que unas veces son más y otras menos, con los dineros que en pago de las comarcas que hurtó de ellos, paga de buen grado el Gobierno de los blancos. Pero en estas reservas todo es miseria; y hay agentes encargados de distribuir los haberes indios, que parecen los leones de la fábula de Fedro, que toman para sí la mayor parte; y es tal el hambre en algunas agencias, que ya los indios, azuzados de ella, tienen puestas las manos cerca de sus arreos de batallar.

Y hay junto a ellos, ganados ricos, y los roban. ¿No han de pagar los ocupadores de su tierra el precio de la tierra a los dueños de quienes la tomaron?

Son los *crows* los que amenazan guerra ahora, y tienen listos sus mil guerreros y sus cuatro mil caballos de batalla. ¿Qué es de aquellos cinco pesos y medio que para el vestido de cada indio acordaron los blancos en formal tratado dar cada año? ¿Y de los mil quinientos pesos para la escuela? ¿Y de los seis mil quinientos más para médico, y maestro de cultivo, y carpintero, y herrero, y mecánico? ¿Y de los sesenta y cinco millares más que para carne y harina da el Gobierno? En bancos e instituciones que andan en manos de agentes, quedan, como en crisoles, estas buenas sumas. Y es en vano que los *crows* ingeniosos, que no tienen menos de catorce mil caballos, y numerosos búfalos, y muchas cabezas de ganado, aprendan artes de los blancos, y les venzan en la del ahorro. Quieren hurtarles aún más tierra, muy cara para ellos, que viven de ella, y ya los *pies negros* y los *vientres gruesos*, y los *sioux* temidos y los valerosos *arapajos*, acarician el lomo de sus caballos pequeños y veloces, y sienten de nuevo la embriaguez del bosque, y limpian coléricos sus armas.

No así los vivaces *cheyenes*, tratados con blandura. El amor encorva la frente de los tigres. Eran esos *cheyenes*, cuatro años hace, peleadores tremendos. Como defendían su tierra, no dormían, y caían sobre los blancos, que se dormían al cabo, porque no defendían más que su vida. Brazo a brazo cazaban las ovejas salvajes, las rebeldes *mussiennes*; y no eran de lienzo sus vestidos, sino de pieles frescas. Y el general Miles los venció de veras, porque fue bueno con ellos. ¡Qué fiesta el primer carro que vieron! Se echaron sobre el carro en tropel, como niños sobre juguetes. Subiéronse en montón. ¡Qué gozo, ver dar vueltas a la rueda! ¡Qué alegre el hombre salvaje, de aquel triunfo sobre la distancia! Así es el hombre americano: ni la grandeza le sorprende, ni la novedad le asusta. Cuanto es bueno, es suyo. Le es familiar cuanto es grande. No hubo a poco *cheyene* que no quisiera su carro, y que no unciera a él su caballo de pelear. Pero gustaban mucho de correr caballos, por cuanto no ve el hombre ingenuo, que vive del aire de la selva y de las migajas de su caza perezosa, que la vida sea más que risa y huelga. Y el buen Miles les vendió los caballos de correr, mas no los de los carros, y les compró vacas y bueyes. Como arrieros comenzaron a ganar salarios. Y luego se hicieron de mejores trajes, y de casas fuertes, y de habilidad de agricultores, para lo que les mandó Miles un buen maestro de campo, que les enseñó a arar, y a sembrar, y a levantar cercas.

¡Oh, qué maravilla, cuando brotó el maíz! Sentábanse, acurrucados en el suelo, a verlo crecer. Y a la par que a la brisa de la tarde abría el viento las hojas aún pegadas al tallo del maizal; acariciaba el *cheyene* pensativo la cabeza de su hijo, reclinada en sus rodillas. Crecían a la par, arbusto y hombre. Llenos ya del placer de poseer, se enamoraban de sus plantas, que les parecían sus hijos, y como criaturas de sus manos, el cual es amor saludable y fecundo. Y hoy ya piensan en hacerse de escuela, para lo que guardan en sus arcas muy buenos dineros; y no hay mercader que no quiera mercadear con ellos, porque palabra de indio es oro; y no hay traficante que engañe a un *cheyene*, porque ya el cazador de *mussiennes* lleva libros de cuentas, y si gasta dos pesos en zapatos, dibuja un zapato, y saca de él una línea, y a la cabeza de ella hace dos círculos, que son los dos pesos; y si compra en un mismo día una libra de azúcar, que le place saborear, y una hoz de segar, en peso y medio, dibujará la hoz y el papel de la libra, y juntará en lo alto en una línea las dos que saca de ellos, y pondrá en el remate un círculo grande, que es el peso, y uno pequeño, que es el medio: y si algo queda a deber en ese viaje, pondrá al fin de su apunte tantos círculos cuantos pesos sean los de la deuda. Y así viven, ya dueños de sí, y dueños de su tierra, en que han hecho muy lindas haciendas. ¡En verdad que no es de tierra de Europa de donde han de venir nuestros cultivadores! Somos como notario olvidadizo que lleva en sí, y anda buscando fuera, las gafas con que ve.

Y para terminar: el Presidente Arthur sensatísimo, niega su firma al acuerdo loco, por el que los representantes cierran esta nación, cuya gloria y poder viene de ser casa de todos los hombres, a los hombres chinos, por no perder en las elecciones próximas los votos de los celosos irlandeses, cuyo trabajo burdo y caro no les da modo de competir con el trabajo chino, barato y perfecto. Viril y cuerdamente envía Arthur su veto. Dícenle que perderá con ello su partido, a lo que ha respondido con nobleza que ganará con ello la nación. Un millonario ha muerto.

## EL POETA OSCAR WILDE EN NUEVA YORK

Vivimos, los que hablamos lengua castellana, llenos todos de Horacio y de Virgilio, y parece que las fronteras de nuestro espíritu son las de nuestro lenguaje. ¿Por qué nos han de ser fruta casi vedada las literaturas extranjeras, tan sobradas hoy de ese ambiente natural, fuerza sincera y espíritu actual que falta en la moderna literatura española? Ni la huella que en Núñez de Arce ha dejado Byron, ni la que los poetas alemanes imprimieron en Campoamor y Bécquer, ni una que otra traducción pálida de alguna obra alemana o inglesa, bastan a darnos idea de la literatura de los eslavos, germanos y sajones, cuyos poemas tienen a la vez del cisne níveo, de los castillos derruidos, de las robustas mozas que se asoman a su balcón lleno de flores, y de la luz plácida y mística de las auroras boreales. Conocer diversas literaturas es el medio mejor de libertarse de la tiranía de algunas de ellas; así como no hay manera de salvarse del riesgo de obedecer ciegamente a un sistema filosófico, sino nutrirse de todos, y ver como en todos palpita un mismo espíritu, sujeto a semejantes accidentes, cualesquiera que sean las formas de que la imaginación humana, vehemente o menguada, según los climas, haya revestido esa fe en lo inmenso y esa ansia de salir de sí, y esa noble inconformidad con ser lo que es, que generan todas las escuelas filosóficas.

He ahí a Oscar Wilde: es un joven sajón que hace excelentes versos. Es un cismático en el arte, que acusa al arte inglés de haber sido cismático en la iglesia del arte hermoso universal. Es un elegante apóstol, lleno de fe en su propaganda y de desdén por los que se la censuran, que recorre en estos instantes los Estados Unidos, diciendo en blandas y discretas voces cómo le parecen abominables los pueblos que, por el culto de su bienestar material, olvidan el bienestar del alma, que aligera tanto los hombros humanos de la pesadumbre de la vida, y predispone gratamente al esfuerzo y al trabajo. Embellecer la vida es darle objeto. Salir de sí es indomable anhelo humano, y hace bien a los hombres quien procura hermosear su existencia, de modo que vengan a vivir contentos con estar en sí. Es como mellar el pico del buitre que devora a Prometeo. Tales cosas dice, aunque no acierte tal vez a darles esa precisión ni a ver todo ese alcance, el rebelde hombre que quiere sacudirse de sus vestidos de hombre culto, la huella oleosa y el polvillo de carbón que ennegrece el cielo de las ciudades inglesas, sobre las que el sol brilla entre tupidas brumas como opaco globo carmesí, que lucha en vano por enviar su color vivificante a los miembros toscos y al cerebro aterido de los ásperos norteños. De modo que el poeta que en aquellas tierras nace, aumenta su fe exquisita en las cosas del espíritu tan desconocido y desamado. No hay para odiar la tiranía como vivir bajo ella. Ni para exacerbar el fuego poético, como morar entre los que carecen de él. Sólo que, falto de almas en quienes verter la suya desbordante, muere ahogado el poeta.

¡Ved a Oscar Wilde! Es en Chickering Hall, casa de anchos salones, donde en Nueva York acude el público a oír lecturas. Es la casa de los lectores aristocráticos que ya gozan de fama y de fortuna para llamar desahogadamente a ella. En esas salas se combate y defiende el dogma cristiano, se está a lo viejo y se predica lo nuevo. Explican los viajeros sus viajes, acompañados de vistas panorámicas y dibujos en una gran pizarra. Estudia un crítico a un poeta. Diserta una dama sobre la conveniencia o inconveniencia de estos o aquellos trajes. Desenvuelve un filólogo las leyes de la filología. En una de esas salas va a leer Wilde su discurso sobre el gran renacimiento del arte en Inglaterra, del que le llaman maestro y guía, cuando no es más que bravo adepto y discípulo activo y ferviente. El propaga su fe. Otros hubo que murieron de ella. Ya llegaremos a esto. La sala está llena de suntuosas damas y de selectos caballeros. Los poetas magnos faltan, como temerosos de ser tenidos por cómplices del innovador. Los hombres aman en secreto las verdades peligrosas, y sólo iguala su miedo a defenderlas, antes de verlas aceptadas, la tenacidad y brío con que las apoyan luego que ya no se corre riesgo en su defensa. Oscar

Wilde pertenece a excelente familia irlandesa, y ha comprado con su independencia pecuniaria el derecho a la independencia de su pensamiento. Este es uno de los males de que mueren los hombres de genio: acontece a menudo que su pobreza no les permite defender la verdad que los devora e ilumina, demasiado nueva y rebelde para que puedan vivir de ella. Y no viven sino en cuanto consienten en ahogar la verdad reveladora de que son mensajeros, de cuya pena mueren. Los carruajes se agolpan a las puertas anchas de la solemne casa de las lecturas. Tal dama lleva un lirio, que es símbolo de los reformistas. Todas han hecho gala de elegancia y riqueza en el vestir. Como los estetas son en Inglaterra los renovadores del arte, quieren que sean siempre armónicos los colores que se junten en la ornamentación o en los vestidos, el escenario es siempre nítido.

Una silla vacía, de alto espaldar y gruesos brazos, como nuestras sillas de coro, espera al poeta. De madera oscura es la silla, y de marroquí oscuro su respaldo y su asiento. De castaño más suave es el lienzo que ocupa la pared del fondo. Junto a la silla, una mesa elegante sostiene una artística jarra, en que brilla, como luz presa, el agua pura. ¡Ved a Oscar Wilde! No viste como todos vestimos, sino de singular manera. Ya enuncia su traje el defecto de su propaganda, que no es tanto crear lo nuevo, de lo que no se siente capaz, como resucitar lo antiguo. El cabello le cuelga cual el de los caballeros de Elizabeth de Inglaterra, sobre el cuello y los hombros; el abundoso cabello, partido por esmerada raya hacia la mitad de la frente. Lleva frac negro, chaleco de seda blanco, calzón corto y holgado, medias largas de seda negra, y zapatos de hebilla. El cuello de su camisa es bajo, como el de Byron, sujeto por caudalosa corbata de seda blanca, anudada con abandono. En la resplandeciente pechera luce un botón de brillantes, y del chaleco le cuelga una artística leopoldina. Que es preciso vestir bellamente, y él se da como ejemplo. Sólo que el arte exige en todas sus obras unidad de tiempo, y hiere los ojos ver a un galán gastar chupilla de esta época, y pantalones de la pasada, y cabello a lo Cromwell, y leontinas a lo petimetre de comienzos de este siglo. Brilla en el rostro del poeta joven honrada nobleza. Es mesurado en el alarde de su extravagancia. Tiene respeto a la alteza de sus miras, e impone con ellas el respeto de sí. Sonríe como quien está seguro de sí mismo. El auditorio, que es granado, cuchichea. ¿Qué dice el poeta?

Dice que nadie ha de intentar definir la belleza, luego de que Goethe la ha definido: que el gran renacimiento inglés en este siglo une al amor de la hermosura griega, la pasión por el renacimiento italiano, y el anhelo de aprovechar toda la belleza que ponga en sus obras ese espíritu moderno; dice que la escuela nueva ha brotado, como la armoniosa eufonía del amor de Fausto y Helena de Troya, del maridaje del espíritu de Grecia, donde todo fue bello, y el individualismo ardiente, inquisidor y rebelde de los modernos románticos. Homero precedió a Fidias; Dante precedió a la renovación maravillosa de las artes de Italia; los poetas siempre preceden. Los prerrafaelistas, que fueron pintores que amaron la belleza real, natural y desnuda, precedieron a los estetas, que aman la belleza de todos los tiempos, artística y culta. Y Keats, el poeta exuberante y plástico, precedió a los prerrafaelistas. Querían estos sectarios de los modos de pintar usados por los predecesores del melodioso Rafael, que hiciesen a un lado los pintores cuanto sabían del arte y venían enseñando los maestros y con la paleta llena de colores, se diesen a copiar los objetos directamente de la Naturaleza. Fueron sinceros hasta ser brutales. Del odio a la convención de los demás, cayeron en la convención propia. De su desdén de las reglas excesivas, cayeron en el desdén de toda regla. Mejorar no puede ser volver hacia atrás; pero los prerrafaelistas, ya que fueron incapaces de fundar, volcaron al menos ídolos empolvados. Tras de ellos, y en gran parte merced a ellos, empezaron a tenerse por buenas en Inglaterra la libertad y la verdad del arte. "No preguntéis a los ingleses—decía Oscar Wilde—quiénes fueron aquellos beneméritos prerrafaelistas: no saber nada de sus grandes hombres es uno de los requisitos de la educación inglesa. Allá en 1847, se reunían los admiradores de nuestro Keats para verle sacudir de su lecho de piedra la poesía y la pintura. Pero hacer esto es perder en Inglaterra todos sus derechos de ciudadano. Tenían lo que los ingleses no perdonan jamás que se tenga: juventud, poder y entusiasmo. Los satirizaron, porque la sátira es el homenaje que la medianía celosa paga siempre al genio, lo que debía tener muy contento de sí a los reformadores, porque estar en desacuerdo con las tres cuartas partes de los ingleses en todos los puntos es una de las más legítimas causas de propia satisfacción, y debe ser una ancha fuente de consuelos en los momentos de desfallecimiento espiritual".

Oíd ahora a Wilde hablar de otro armoniosísimo poeta, William Morris, que escribió *El Paraíso Terrenal*, y hacía gala de su belleza suma y condición sonora de sus versos, vibrantes y transparentes como porcelana japonesa. Oíd a Wilde decir que Morris creyó que copiar de muy cerca a la Naturaleza es privarla de lo que tiene de más bello, que es el vapor, que, a modo de halo luminoso, se desprende de sus obras. Oídle decir que a Morris deben las letras de Inglaterra aquel modo preciso de dibujar las imágenes de la fantasía en la mente y en el verso, a tal punto, que no conoce poeta alguno inglés que haya excedido, en la frase nítida y en la imagen pura, a Morris. Oídle recomendar la práctica de Teófilo Gautier, que creía que no había libro más digno de ser leído por un poeta que el diccionario. "Aquellos reformadores—decía Wilde—venían cantando cuanto hallaban de hermoso, ya en su tiempo, ya en cualquiera de los tiempos de la tierra". Querían decirlo todo, pero decirlo bellamente. La hermosura era el único freno de la libertad. Les guiaba el profundo amor de lo perfecto. No ahogaban la inspiración, sino le ponían ropaje bello. No querían que fuese desordenada por las calles, ni vestida de mal gusto, sino bien vestida. Y decía Wilde: "No queremos cortar las alas a los poetas, sino que nos hemos habituado a contar sus innumerables pulsaciones, a calcular su fuerza ilimitada, a gobernar su libertad ingobernable. Cántelo todo el bardo, si cuanto canta es digno de sus versos. Todo está presente ante el bardo. Vive de espíritus, que no perecen. No hay para él forma perdida, sí asunto caducado. Pero el poeta debe, con la calma de quien se siente en posesión del secreto de la belleza, aceptar lo que en los tiempos halle de irreprochablemente hermoso, y rechazar lo que no ajuste a su cabal idea de la hermosura. Swinburne, que es también gran poeta inglés, cuya imaginación inunda de riquezas sin cuento sus rimas musicales, dice que el arte es la vida misma, y que el arte no sabe nada de la muerte. No desdeñemos lo antiguo, porque acontece que lo antiguo refleja de modo perfecto lo presente, puesto que la vida, varia en formas, es perpetua en su esencia, y en lo pasado se la ve sin esa 'bruma de familiaridad' o de preocupación que la anubla para los que vamos existiendo en ella. Mas no basta la elección de un adecuado asunto para conmemorar las almas: no es el asunto pintado en un lienzo lo que encadena a él las miradas, sino el vapor del alma que surge del hábil empleo de los colores. Así el poeta, para ser su obra noble y durable, ha da adquirir ese arte de la mano, meramente técnico, que da a sus cantos ese perfume espiritual que embriaga a los hombres. ¡Qué importa que murmuren los críticos! El que puede ser artista no se limita a ser crítico, y los artistas, que el tiempo confirma, sólo son comprendidos en todo su valer por los artistas. Nuestro Keats decía que sólo veneraba a Dios, a la memoria de los grandes hombres y a la belleza. A eso venimos los estetas: a mostrar a los hombres la utilidad de amar la belleza, a excitar al estudio de los que la han cultivado, a avivar el gusto por lo perfecto, y el aborrecimiento de toda fealdad; a poner de nuevo en boga la admiración, el conocimiento y la práctica de todo lo que los hombres han admirado como hermoso. Mas, ¿de qué vale que ansiemos coronar la forma dramática que intentó nuestro poeta Shelley, enfermo de amar al cielo en una tierra donde no se le ama? ¿De qué vale que persigamos con ahínco la mejora de nuestra poesía convencional y de nuestras artes pálidas, el embellecimiento de nuestras casas, la gracia y propiedad de nuestros vestidos? No puede haber gran arte sin una hermosa vida nacional, y el espíritu comercial de Inglaterra la ha matado. No puede haber gran drama sin una noble vida nacional, y esa también ha sido muerta por el espíritu comercial de los ingleses". Aplausos calurosos animaron en este enérgico pasaje al generoso lector, objeto visible de la curiosidad afectuosa de su auditorio.

Y decía luego Oscar Wilde a los norteamericanos: "Vosotros, tal vez, hijos de pueblo nuevo, podréis lograr aquí lo que a nosotros nos cuesta tanta labor lograr allá en Bretaña.

Vuestra carencia de viejas instituciones sea bendita, porque es una carencia de trabas; no tenéis tradiciones que os aten ni convenciones seculares e hipócritas con que os den los críticos en rostro. No os han pisoteado generaciones hambrientas. No estáis obligados a imitar perpetuamente un tipo de belleza cuyos elementos ya han muerto. De vosotros puede surgir el esplendor de una nueva imaginación y la maravilla de alguna nueva libertad. Os falta en vuestras ciudades, como en vuestra literatura, esa flexibilidad y gracia que da la sensibilidad a la belleza. Amad todo lo bello por el placer de amarlo. Todo reposo y toda ventura vienen de eso. La devoción a la belleza y a la creación de cosas bellas es la mejor de todas las civilizaciones: ella hace de la vida de cada hombre un sacramento, no un número en los libros de comercio. La belleza es la única cosa que el tiempo no acaba. Mueren las filosofías, extínguense los credos religiosos; pero lo que es bello vive siempre, y es joya de todos los tiempos, alimento de todos y gala eterna. Las guerras vendrán a ser menores cuando los hombres amen con igual intensidad las mismas cosas, cuando los una común atmósfera intelectual. Soberana poderosa es aún, por la fuerza de las guerras, Inglaterra: y nuestro renacimiento quiere crearle tal sobcranía, que dure, aun cuando ya sus leopardos amarillos estén cansados del fragor de los combates, y no tiña la rosa de su escudo la sangre derramada en las batallas. Y vosotros también, americanos, poniendo en el corazón de este gran pueblo este espíritu artístico que mejora y endulza, crearéis para vosotros mismos tales riquezas, que os harán olvidar, por pequeñas, estas que gozáis ahora, por haber hecho de vuestra tierra una red de ferrocarriles, y de vuestras bahías el refugio de todas las embarcaciones que surcan los mares conocidos a los hombres!".

Esas nobles y juiciosas cosas dijo en Chickering Hall el joven bardo inglés, de luenga cabellera y calzón corto. Mas, ¿qué evangelio es ése, que ha alzado en torno de los evangelistas tanta grita? Esos son nuestros pensamientos comunes: con esa piedad vemos nosotros las maravillas de las artes; no la sobra, sino la penuria, del espíritu comercial hay en nosotros. ¿Qué peculiar grandeza hay en esas verdades, bellas, pero vulgares y notorias, que, vestido con ese extraño traje, pasea Oscar Wilde por Inglaterra y los Estados Unidos? ¿Será maravilla para los demás lo que ya para nosotros es código olvidado? ¿Será respetable ese atrevido mancebo, o será ridículo? ¡Es respetable! Es cierto que, por temor de parecer presuntuoso, o por pagarse más del placer de la contemplación de las cosas bellas, que del poder moral y fin trascendental de la belleza, no tuvo esa lectura que extractamos aquella profunda mira y dilatado alcance que placerían a un pensador. Es cierto que tiene algo de infantil predicar reforma tan vasta, aderezado con un traje extravagante que no añade nobleza ni esbeltez a la forma humana, ni es más que una tímida muestra de odio a los vulgares hábitos corrientes.

Es cierto que yerran los estetas en buscar, con peculiar amor, en la adoración de lo pasado y de lo extraordinario de otros tiempos, el secreto del bienestar espiritual en lo porvenir. Es cierto que deben los reformadores vigorosos perseguir el daño en la causa que lo engendra, que es el excesivo amor al bienestar físico, y no en el desamor del arte, que es su resultado. Es cierto que en nuestras tierras luminosas y fragantes tenemos como verdades trascendentales esas que ahora se predican a los sajones como reformas sorprendentes y atrevidas. Mas, ¡con qué amargura no se ve ese hombre joven; cómo parece aletargado en los hijos de su pueblo ese culto ferviente de lo hermoso, que consuela de las más grandes angustias y es causa de placeres inefables! ¡Con qué dolor no ha de ver perdida para la vida permanente la tierra en que nació, que paga culto a ídolos perecederos! ¡Qué energía no ha menester para sofocar la censura de dibujantes y satíricos que viven de halagar los gustos de un público que desama a quien le echa en cara sus defectos! ¡Qué vigor y que pujanza no son precisos para arrostrar la cólera temible y el desdén rencoroso de un pueblo frío, hipócrita y calculador! ¡Qué alabanza no merece, a pesar de su cabello luengo y sus calzones cortos, ese gallardo joven que intenta trocar en sol de rayos vívidos, que hiendan y doren la atmósfera, aquel opaco globo carmesí que alumbra a los melancólicos ingleses! El amor al arte aquilata al alma y la enaltece: un bello cuadro, una límpida estatua, un juguete artístico, una modesta flor en lindo vaso, pone sonrisas en los labios donde morían tal vez, pocos momentos ha, las lágrimas. Sobre el placer de conocer lo hermoso, que mejora y fortifica, está el placer de poseer lo hermoso, que nos deja contentos de nosotros mismos. Alhajar la casa, colgar de cuadros las paredes, gustar de ellos, estimar sus méritos, platicar de sus bellezas, son goces nobles que dan valía a la vida, distracción a la mente y alto empleo al espíritu. Se siente correr por las venas una savia nueva cuando se contempla una nueva obra de arte. Es como tener de presente lo venidero. Es como beber en copa de Cellini la vida ideal.

Y ¡qué pueblo tan rudo aquel que mató a Byron! ¡Qué pueblo tan necio, como hecho de piedra, aquel que segó los versos en los labios juveniles del abundoso Keats! El desdén inglés hiela, como hiela los ríos y los lagos ingleses el aire frío de las montañas. El desdén cae como saeta despedida de labios fríos y lívidos. Ama el ingenio, que complace; no el genio, que devora. La luz excesiva le daña, y ama la luz tibia. Gusta de los poetas elegantes, que le hacen sonreír; no de los poetas geniosos, que le hacen meditar y padecer. Opone siempre las costumbres, como escudo ferrado, a toda voz briosa que venga a turbar el sueño de su espíritu. A ese escudo lanzan sus clavas los jóvenes estetas; con ese escudo intentan los críticos ahogar en estos labios ardientes las voces generosas. Selló ese escudo, antes que la muerte, los labios de Keats. De Keats viene ese vigoroso aliento poético, que pide para el verso música y espíritu, y para el ennoblecimiento de la vida el culto al arte. De Keats vino a los bardos de Inglaterra aquel sutil y celoso amor de la forma, que ha dado a los sencillos pensamientos griegos. En Keats nace esa lucha dolorosa de los poetas ingleses, que lidian, como contra ejército invencible, por despertar el amor de la belleza impalpable y de las dulces vaguedades espirituales en un pueblo que rechaza todo lo que hiera, y no adule o adormezca sus sentidos. ¿Adónde ha de ir en aquella tierra un poeta sino al fondo de sí mismo? ¿Qué ha de hacer, sino plegarse en su alma, como violeta herida de casco de caballo? En Keats, las ideas, como agua de mar virgen, se desbordaban de las estrofas aladas y sonantes. Sus imágenes se atropellaban, como en Shakespeare; sólo que Shakespeare las domaba y jugueteaba con ellas; y Keats era a veces arrebatado por sus imágenes. Aquel sol interior calcinó el cuerpo. Keats, que adoraba la belleza, fue a morir a su templo: a Roma. ¡Puede su fervoroso discípulo, que con desafiar a sus censores da pruebas de majestuosa entereza, y con sus nobles versos invita a su alma a abandonar el mercado de las virtudes, y cultivarse en triste silencio, avivar en su nación preocupada y desdeñosa el amor al arte, fuente de encantos reales y de consuelos con que reparar al espíritu acongojado de las amarguras que acarrea la vida!

**5**

# Oradores, filántropos, futbolistas

## HENRY GARNET, NOTABLE ORADOR NEGRO

En tanto que esos amigos de las glorias americanas se reunían para ver que no se honrase a quien era digno de honor, otros hombres agradecidos al bien que del reverendo Henry Garnet recibieron, decidían vestir de luto por su muerte la iglesia que fue suya; y contar en solemne ceremonia la humildad, la elocuencia, la grandeza, la firmeza, el empuje del afamado orador negro. En un día solemnísimo, los rayos de sol que penetran por las ventanas altas del Capitolio de Washington iluminaban la frente bronceada y vasta de un hombre altivo que decía con voz serena frases magnánimas y elocuentes: era Henry Gamet, el primer hombre negro que se sentaba, como sacerdote venerable, entre los hombres blancos que cobija la cúpula del severo Capitolio. En otro día no olvidado, un joven imponente decía vehementísimas y cultas palabras ante la Sociedad Antiesclavista de Nueva York, que admiró lo aprovechado de su mocedad, lo evangélico de su frase, lo acabado de su modo de decir, la virilidad de su apostura: era Henry Gamet, que vuelto de trabajoso colegiaje lucía por vez primera en público sus facultades oratorias. ¿Y ese grumete mísero, que limpia vajillas y cubiertos, y hace oficios menores, y va de mozo de cámara en un vaporcillo que da viajes a Cuba? Es Henry Garnet, que enseña a los hombres perezosos, soberbios e impacientes, cómo se puede, de negrillo camarero, hijo de esclavos fugitivos que anduvieron desnudos por la nieve y padecieron frío y hambre en los bosques, ir a pastor de iglesia: a maestro, a miembro del congreso de Frankfort, a abogado del trabajo libre de Inglaterra, a caudillo de su raza, a representante de una nación de cincuenta millones de vasallos en tierra extranjera, a orador en cuya frente limpia y altiva juguetea, como acariciándosela enamorada, la serena y grandiosa luz del Capitolio. Venían los negros, perseguidos en los Estados del Sur, a Nueva York, y llamaban, como a la casa del patriarca, a la de Gamet, que les aderezaba para vivir su casa y su iglesia: y le oían como a Mesías, y le obedecían como a Moisés. Era fama, cuando ya estaba Garnet privado del uso de una pierna y entrado en latines, que traía revuelta con sus bravas ideas antiesclavistas en la Academia de Canaan, que llegó a ser fortaleza de estas ideas, repleta de vehementes soldados,—y los partidarios de la esclavitud juntaron noventa y cinco yuntas de bueyes, y las uncieron a la Academia, y la arrancaron de cuajo, en tanto que balas matadoras tajaban el aire en busca de "aquel negro atrevido de frente alta". No era su lenguaje truncado e imperfecto como el de casi todos los hombres de su raza en esta tierra, sino atildado y ejemplar; sus ojos, decían honradez; sus labios, verdad; todo él, respeto. Lo tributaba y lo inspiraba. En un grupo de hombres, parecía él el jefe. Fue sacerdote en Washington, y lució como virtuoso y elocuente sacerdote. Lo fue en Nueva York, en propia iglesia, y cada año le traía a sus feligreses más amorosos y sumisos. Con el brazo derecho paraba todo golpe que el negro injusto dirigiese al blanco que había ayudado a libertarlo, y con el brazo izquierdo desviaba de la cabeza de los negros todo golpe que a ellos enderezasen los blancos que los desdeñan sin razón, porque les ven víctimas del mal que les hicieron. Garnet, que ha muerto de ministro de los Estados Unidos en Liberia, ni se avergonzaba de las miserias de su raza, ni las compartía. Odiaba el odio. Amaba vivamente a los blancos y a los negros. Ha muerto amado.

## LORENZO DELMÓNICO, CREADOR DE RESTAURANTES

A la par que la tierra de Michigan abría su seno para dar sepultura a pobres héroes y a bravos y a infelices ignorados, en Nueva York moría un anciano cuyo apellido goza ya universal fama, más que por especiales títulos suyos a la celebridad, porque de citarlo o recitarlo cobraban renombre de elegantes o ricos los hombres a la moda:—Delmónico ha muerto. ¿Quién que haya venido a Nueva York no ha tenido citas, no ha saboreado café, no ha mordido una fina galleta, no ha gustado espumoso champaña, o Tokay puro, en uno de los restaurantes de Delmónico? Allí las comidas solemnes; de allí, los refrescos de bodas; en aquella casa, como en la venta ganó Quijote título de caballero antiguo, se gana desde hace treinta años título de caballero moderno. En estos tiempos prodigar es vencer; deslumbrar es mandar; y aquélla es la casa natural de los deslumbradores y los pródigos; en ricas servilletas las botellas húmedas; en fuentes elegantes manjares selectos; en leves cristales perfumados vinos; en platos argentados panecillos suaves: todo es servido y preparado allí con distinción suprema. El creador de esta obra ha muerto: un italiano modesto, tenaz y honrado, que comenzó en un rinconcillo de la ciudad baja vendiendo pasteles y anunciando refrescos, ha desaparecido respetado y amado, después de medio siglo de faena, dejando a sus parientes dos millones de pesos. Los ahorró con su perspicaz inteligencia, su humildad persistente, su infatigable vigilancia. Cincuenta años estuvo,—y era millonario, y aún estaba detrás de su escritorio,—inspeccionando las entradas; por entre las mesas, riñendo a los criados y resplandeciente en toda su figura la dignidad hermosa del trabajo. Mientras que su sobrino iba con el alba a los grandes mercados, él, en pie con el día, elegía los vinos que habían de sacarse de sus magnas bodegas, que eran cosa monárquica de abundante y de rica. Este hombre venía siendo símbolo de este progreso gigantesco: en cada pliegue nuevo de la inmensa ciudad, allá alzaba él bandera y llevaba su nuevo restaurante. Por el número de sus establecimientos se miden los grados de desenvolvimiento de Nueva York; y cada nueva casa de Delmónico era más favorecida, más suntuosa, más refinada, más coqueta que la anterior: $100,000 pagaba por alquiler de establecimientos; quince mil pagaba al mes de sueldos a 500 empleados. Dejaba de la mano el negro y recio tabaco que fumaba y ha acelerado su muerte, para firmar un cheque a beneficio de tanto oscuro pariente, y tanto pobre francés y suizo de quienes cuidó siempre con especial solicitud. Fábulas parecen las ganancias de Delmónico,—y cosas de fábula parecían a los neoyorquinos, las maravillas y delicadezas culinarias que él les había enseñado a saborear:—salsas, ornamentos y aderezos eran cosas desconocidas para los norteamericanos, que en sus periódicos se confiesan deudores a Delmónico del buen gusto y elegante modo que ha reemplazado, con los actuales hoteles, al burdo tamaño y tono áspero de los manjares, y su preparación y servicio, en otros tiempos. En casa de Delmónico fue donde se sirvió aquel banquete afamado de Morton-Pets, en que se pagó a $250 el cubierto; y los de a $100 el cubierto eran banquetes diarios: fue Delmónico quien preparó una artística mesa, no con esos incómodos florones, monumentos frutales, y deformes adornos con que generalmente se preparan, sino con un risueño lago en que nadaban cisnes nevados y avecillas lindas, por lo que aún se llama aquél el banquete de los cisnes. En Delmónico han comido Jenny Lind, la sueca maravillosa; Grant, que después de un banquete recibió a sus visitantes bajo un dosel; Dickens, a quien un vaso de brandy era preparación necesaria para una lectura pública, y dos botellas de champaña, bebida escasa para un *lunch* común. Luis Napoleón, antes de acicalarse con el manto de las abejas, comía allí; allí los grandes políticos, allí los grandes mercaderes, allí el chispeante James Brady, que entre escogidos invitados, celebraba en comida de solteros cada uno de sus triunfos de abogado; y el hijo del zar, y célebres actores, y nobles ingleses, y cuanto en las tres décadas últimas ha llegado a Nueva York de notable y poderoso. Una corona singular yacía a los pies del muerto, que decía en grandes letras de flores: "La Sociedad Culinaria Filantrópica". Y muchos hombres ilustres, que lo fueron más por este tributo varonil y honrado, asistieron a los funerales del virtuoso y extraordinario cocinero, ya por esa singular afinidad que atrae a los hombres hacia los que satisfacen sus placeres, ya por espontánea admiración de las dotes notables de energía, pertinacia, inteligencia y modestia que adornaron a aquel rico humilde, que no abjuró jamás de su delantal de dril y su servilleta blanca. Es la época serena: la de la glorificación y triunfo del trabajo.

## HENRY BERGH, DEFENSOR DE LOS ANIMALES

Cuando, movidos a bondad por el terror, compartían los cocheros con sus caballos el *brandy* que reparaba sus fuerzas idas en el temporal de nieve; cuando al caer exhausto su percherón sobre la nevada, salta un carrero del pescante, le afloja los arneses, le pone por almohada la collera, lo abriga con la manta que carga para protegerse los pies, y se quita el propio sobretodo para echárselo encima al animal, que le lame la mano; cuando los gorriones, desalojados por el vendaval de los aleros, eran tratados como huéspedes favoritos en las casas, y reanimados con mimo al fuego de las chimeneas; cuando un gato chispeante, loco de frío, hallaba refugio en los brazos de un transeúnte hospitalario,—moría en Nueva York, pensando en las pobres bestias, un hombre alto y flaco, de mucho corazón y no poco saber, que pasó lo mejor de su vida predicando benevolencia para con los animales. Que no se latiguease a los caballos. Que no se diese de puntapiés a los perros. Que no se ejercitaran los niños en enfurecer a los gatos. Que no clavasen a los murciélagos en las cercas, y les diesen de fumar. Que puesto que el hombre no quiere convencerse de que no necesita de carne para vivir bravo y robusto, ya que ha de matar reses, las mate bien, sin dolor, pronto. Que el que trae tortugas vivas al mercado, no las tenga tres días sin comer como las tiene, sino aunque hayan de morir después, les dé algas y agua. Si las serpientes han de alimentarse con conejos vivos, que se mueran de hambre las serpientes.

Henry Bergh no era hombre vanidoso, que quisiera, por el escabel de la virtud, subir a donde la gente lo viese y celebrase; ni pobretón disimulado, que so capa de filantropía buscara en el oficio de hacer bien, manera fácil de robustecer la bolsa; sino bonísima persona, y manchego de raza pura que no podía ver abuso de fuerza sin oponerle el brazo. Dinero no le hacía falta porque nació rico. Por fama tampoco era, porque como su virtud no era útil a los hombres, no se veía agasajado sino lapidado por ellos.

Jamás se abría un diario sin encontrar una befa a este buen amigo de los animales; que en Inglaterra aprendió a servirse de la ley para amparar a los que no tienen manera de pagar a sus favorecedores, por lo que son éstos pocos siendo el favor por lo común no tanto mano tendida como mano que se tiende, para que el favorecido deje caer en ella, en presencia del mundo, como sus celebraciones y sus lágrimas. Volvió Bergh de su viaje a Inglaterra, con aquel cuerpo larguirucho a que quitaban ridiculez la ternura inefable de los ojos, y la crianza hidalga, y fundó, con poca ayuda que no fuese la propia, una "sociedad para la protección de los animales", que pronto tuvo poder legal; tanto, que Bergh mismo fungía de fiscal asesor, y podía, por serlo, parar en las calles el látigo levantado sobre un caballo infeliz, y perseguir ante el juez al castigador. Con ciento cincuenta mil pesos en oro que le dejó el francés Luis Bonard, pudo la sociedad levantar casa suya, cuyo portal arábigo corona un caballo dorado.

Mientras más se burlaban de él, más predicaba Bergh, con tal éxito que ya apenas hay Estado de la Unión que no tenga en sus leyes las que él propuso contra el maltrato a las bestias, por cuanto el maltratarlas, sobre ser inicuo, abestia al hombre. Él perseguía cuanto en el hombre nutre la ferocidad. Mientras más sangre coma y beba, decía Bergh, más necesitará el hombre verter sangre. Los pueblos tienen hombres feroces, como el cuerpo tiene gusanos. Se han de limpiar los pueblos, como el cuerpo. Se ha de disminuir la fiera. Él ahuyentó a los peleadores de perros. Él hizo multar y prender a los que concurrían a las peleas, y a los que de cerca o de lejos apostaban. Él extinguió las riñas de gallos. Él acabó con los combates de ratas. Desde muy temprano salía a recorrer los lugares de la ciudad donde trabaja más el caballo, que era su animal favorecido, y con tan sincera bondad procuraba inspirarla a los carreros, que éstos llegaron a ver como amigo a aquel "caballero flaco" que salió llorando del juzgado el día en que un abogado alquilón lo llenó de injurias porque pidió el favor de la ley para que un carnicero no hiciese padecer a las tortugas el horror del hambre.

Y como la bondad no anda sola, sino que es precisamente lo que en el mundo necesita más estímulo, no se contentaba Bergh con decir que debía tratarse bien a las bestias, sino que imaginaba las novedades necesarias para su buen trato, y hoy inventaba el carro donde se lleva sin sacudidas al caballo enfermo, y mañana el pescante para alzar de zanjas o cuevas al caballo desfallecido, y luego las palomas de barro, que por todas partes han sustituido ya a las vivas en el tiro de paloma. Los aficionados a la pesca le parecían gente harto fácil de entretener, y de poco más seso que los propios pescados. "No son los carreros, decía, los que me dan más quehacer, sino esos copiamodas majaderos de la Quinta Avenida, que quieren traer a este pueblo humano la bárbara caza de la zorra. Pues lo que dice la hija de la Angot es verdad, porque si habíamos de hacer nuestra independencia para imitar ahora las cacerías en que los lores antiguos se enseñaban a cazar hombres, no valía la pena de cambiar de gobierno".

Así vivió este hombre, consolando niños, fundando para su amparo una sociedad ya rica y fuerte, haciendo bien a aquellos que no podían agradecérselo, mejorando a sus semejantes. Su benevolencia fue más loable porque vivió siempre enfermo. Los versos eran su ocupación en las horas de ocio, y deseando hallar el sentimiento donde todavía impera,—concurría asiduamente al teatro. Escribió dramas, y se los silbaron, sin que por eso se le agriara el alma noble contra el arte en que le fue negada la excelencia a que llegó sin esfuerzo en las más difíciles virtudes. Escribir es, en cierto modo, tarea de hembra. No se debiera escribir con letras, sino con actos.

## UN PARTIDO DE FÚTBOL Y UNA LECTURA DE MARK TWAIN

Esa buena gente de New York, de la raza nativa, más astuta que pródiga, que hace gala de su moderación y sanidad, llenaba ayer mismo un salón de conferencias donde aparecían a recitar y leer trozos de sus obras dos de los escritores más famosos de los Estados Unidos. "Mark Twain" es el nombre de pluma de uno de ellos, que en persona real se llama Samuel Clemens. George Cable era el otro, un Pérez Galdós neorleanés, como él minucioso, trabajador como él, como él patético. No son hijos de libros, sino de la naturaleza. Esos literatos de librería son como los segundones de la literatura, y como la luz de los espejos. Es necesario que debajo de las letras sangre un alma.

Debajo de mis ventanas pasa ahora, en una ambulancia, en trozos unidos apenas por un resto de ánima, el capitán de uno de los bandos de jugadores de pelota de pies. Dicen que el juego ha sido cosa horrible. Era en arena abierta, como en Roma. Luchaban, como Oxford y Cambridge en Inglaterra, los dos colegios afamados, Yale y Princeton. Mujeres, abrigadas en pieles de foca, ricas en pedrería, hubo a millares. Naranjo era el color de Yale, y el de Princeton azul; y cada hombre llevaba su color en el ojal de la levita, y cada mujer una cinta al cuello. Caballeros y damas, de seda exterior vestidos, mas sin seda interior, se apretaban contra las cuerdas que cerraban la arena. Detrás de ellos, coronados de gente, doble fila de coches, como en las corridas de caballos. El cielo sombrío, como no queriendo ver. Los gigantes entrando en el circo, con la muerte en los ojos. Llevan el traje del juego: chaqueta de cañamazo, calzón corto, zapatilla de suela de goma: ¡todo estaba a los pocos momentos tinto en la sangre propia y en la ajena!

A las dos comenzó el juego: a las seis no era aún terminado. Los de un bando se proponen entrar a puntapiés la bola en el campo hostil: y los de éste deben resistirlo, y volver la bola al campo vecino. Este pega: aquel acude a impedir que la bola entre: otros se juntan a forzarla: otros acuden a rechazarla: uno se echa sobre la bola, para impedir que entre en su campo: los diez, los veinte, todos los del juego, trenzados los miembros como los luchadores del circo, batallan a puño, a pie, a rodilla, a diente. Se asen por las quijadas: se oprimen las gargantas: se buscan las entrañas, como para sacárselas del cuerpo; resuenan, como duelas de caja rota, los huesos de los pechos. Se patean, se cocean, se desgarran. Y cuando se apartan del montón, el infeliz capitán del Yale, caída la mandíbula, apretados los dientes, lívido y horrendo, se arrastra por la arena hecha lodo, como una foca herida: gira sobre su cabeza, apoyado en un calcañal, con el cuerpo en bomba; se revuelca sobre su estómago; muerde la tierra; se mesa el pecho, como si quisiera arrancárselo a tajadas; y lo recogen del suelo, con un tobillo junto de la barba.

Agoniza en la arena, y lo sacan en brazos. El juego sigue, y el vítor, y el aplaudir de las mujeres. A otro le cuelga el brazo dislocado. A otros les corre la sangre por los rostros. Y pujan, y arremeten, y se revuelven y retuercen sobre la bola, y uno se queda exánime, cuando el montón clarea, con los brazos tendidos, y la vida en vilo. Dos jugadores se arrodillan a su lado, le sacuden el pecho, le golpean sobre el corazón; cambian con él alientos: ya está en pie, tambaleando. Las mujeres lo saludan y vocean: todo el aire es pañuelo. Toma otro su lugar, y sigue el juego. Si el día no acabase, no cesaría. Yale vence. No se pregunte por los nombres de los combatientes, muchos de ellos de casas famosas. El lucimiento mental se desdeña, y se apetece el brío del músculo. En los colegios befan a los aplicados, y admiran y regalan a los fuertes. Alarmados, comienzan este año los colegios a poner coto a estos alardes físicos. Ya no habrá este año en Harvard pelota de pies.

Lo mejor de New York ha ido al salón. No es de perder la noche en que se presentan en público el humorista célebre, y el novelista perspicaz del Sur.—Mark Twain escribe libros de reír, henchidos de sátira, en donde lo cómico no viene de presentar gente risible y excesiva, sino de poner en claro, con cierta picardía de inocente, las contradicciones, ruindades e hipocresías de la gente común, y en contrastar, con arte sumo, lo que se afecta pensar y sentir, y lo que se piensa y siente.

Pero lo hace de tan suelta manera, y con tan poco aire de dómine, que la gente se ríe de sí misma, al verse sorprendida en su interior, como niño a quien al punto de hurtar fresas de la cesta, alcanza a ver la madre cariñosa. Sus ideas le vienen directamente de la vida: y aunque bien se ve en sus libros la maña del letrado, no es de aquellos que por parecer culto, monda, tijeretea y recorta sus ideas, como si dama alguna en tren de baile fuera más bella que la Venus de Milo.

No es Mark Twain, a pesar de su fama, en el mundo de las letras, luz mayor; pero brilla con la suya, que es hoy cualidad rara, y merece su renombre, que es mucho, en Europa y América. No lo trajeron a vivir de la mano, ni le dieron mujer hermosa y buena, ni le pusieron casa y coche, como era en nuestras tierras regalonas uso, no bien salía del aula, con la muceta encarnada o amarilla, el caballero joven de la casa.

Empezó de impresor. Las aventuras le hablaban al oído, y se hizo hombre de mar: lo lleva aún en el rostro sonrosado y fresco. En el Mississippi tomó su nombre de escribir, porque lo original le cautivaba. "Mark Twain", decía la voz de mando muchas veces: "En dos brazas", y no bien empezó, con su burlón desembarazo a contar lo que había visto por el mundo y a sacar de dentro del hombre visible, el hombre verdadero, lo firmó con el grito del Mississippi: "Mark Twain". Luego anduvo, de secretario de un hermano, por tierras de minas, donde la gente se acuesta sobre una veta de oro, y se despierta con un puñal al pecho.

Ha estado en los talleres encendidos, donde el país se fragua: con los que yerran, con los que enamoran, con los que roban, con los que viven en soledad y la pueblan; con los que construyen. El vagar le placía, y luego que había visto al hombre en un lugar, se iba de él, ganoso de observarlo en otro. Tiene el hábito de guiñar los ojos, como para ver mejor, o para que no le adivinen en la mirada sus pensamientos. Conoce a los hombres, y el empeño que ponen en ocultar o disfrazar sus defectos; y se divierte en contar las cosas de manera que el hombre real, hipócrita, servil, cobarde, lascivo, caiga de la última frase de su cuento, como de las manos de un payaso el polichinela con que juega. Y se asoma a su frase a verlo caer.

Dibuja con carbón, pero con líneas rápidas y firmes. Entiende el poder de los adjetivos, los adjetivos que ahorran frases, y los apila sobre un carácter de manera que el hombre descrito echa a andar, como si estuviera vivo. De la práctica de ver le ha venido la seguridad en describir. Hay espíritus crédulos y ardientes, que lo ven todo, a la luz de sus propias llamas, o entre sus propias nubes, disparatado, enorme o deforme, falso o confuso: hay otros espíritus, como el de Mark Twain, incrédulos de puro experimentados, y aquietados, en fuerza acaso del padecimiento: y éstos lo ven todo en su tamaño natural, por más que a veces, como el defecto de su cualidad, no les sea dable adivinar las alas de las cosas. Le han dado fama, y cuatrocientos mil pesos de provecho, sus libros de viajes. Dice sus chistes como quien no los quiere decir, y los produce sin intención de causar mal.

No le gusta enseñarse, para que los hombres no se recaten de él, y le escondan el carácter que él con arte de buen cazador, les excita y espía. Debe tener, y creo que tiene, la melancolía incurable de todos los que conocen a los hombres profundamente. Casó con mujer rica, y ha estado en las Islas Sandwich, por toda Europa, por Egipto, por la Palestina. Lo insensato y lo hipócrita le mueven inevitablemente la pluma. Su chiste tiene de su propia vida la originalidad y la burdez.

Lo ha ejercitado mucho tiempo entre gente elemental, y él ha debido ser calavera entre ellos, por lo que en todas sus páginas asoma el vulgo. Más tiene de Kock que de Chamfort. Pero sobre ellos tiene un exquisito sentido de la naturaleza, que a estar servido con más delicados pinceles, habría engendrado copias gloriosas. Su propia persona, chisteando y burlando, empequeñece sus vívidas pinturas.

No vaya a ver a Atenas de noche, si no quiere ir, el que lea el cuadro en que Mark Twain la pinta, que es tal, que se la ve: ni vaya a las Pirámides: acomete el contar cómo, estando en el tope de una de ellas, apostó uno de los guías que bajaría de allí y subiría a la cumbre de la pirámide próxima, y de ella volvería a la cumbre en que estaban, en diez minutos. Y echa a correr el árabe veloz; lo pinta bajando a trancos; lo suelta en la llanura ardiente: ya lo ve como un perro: ya lo ve como una paloma: ya lo ve como una mosca: no lo ve ya: ve un punto negro rampando pirámide arriba: sube: llega: saluda: baja: echa a correr de nuevo: ya toca a la base de la pirámide: ya vuelve como el viento: ya está otra vez en el tope y ha ganado la apuesta: no han pasado aún diez minutos. En veinte renglones apenas cuenta Mark Twain todo esto, y aunque no lo describe hilo a hilo, se ve la soledad magnífica, el sol quemante, la pirámide grande, la distancia que las separa, la arena arremolinada, el albornoz que flota.

Escribe novelas, todavía no bien cuajadas. Recita, como de mala gana y de corrido, incidentes de su vida o episodios de sus obras: sale de bastidores como cojeando y aburrido: dice su cuento al público como pudiera a sus propios hijos para entretenerlos y verse libre de ellos. En estas recitaciones, al chiste del pensamiento añade el que irresistiblemente produce el contraste de sus cuadros cómicos y exageradas descripciones con el tono malhumorado, nasal e imperturbable con que las recita. No logra efecto en chistes cortos, sino que los diluye y extiende por la masa, porque su picor no está en la felicidad de la expresión, que suele ser violenta cuando la rebusca o dilata; sino en la justicia de su crítica, y en la manera con que contrapone las apariencias y los sentimientos. Dejarse caer y vagabundear le han complacido y servido siempre, y en los títulos de sus mejores libros se revelan este método y tendencias suyos: "Los Inocentes en Viaje"; "Los Inocentes en Casa"; "Un Vagabundo en Viaje", que lleva por cierto un tirabeque ingeniosísimo.

A veces, sobre un átomo, alza y hace danzar, con prodigios de equilibrista, una tromba de chistes. El *Fígaro* de París se regala en sus libros, y lo traduce y celebra: por la finesa de estilo no es, que él conoce a su pueblo y no se quiere fino, sino por la sutileza de la observación. Peina melena cana: los ojos acusan experiencia, profundidad y picardía; la nariz, aguileña y luenga, preside un mostacho marcial: el resto del rostro, de color sano, lo lleva lampiño: echa la cabeza hacia adelante, como quien escudriña: y es subido de espaldas, como si hubiera decidido encogerse para siempre de hombros. Así es Mark Twain, o Samuel Clemens, el primer humorista norteamericano.

## HERBERT SPENCER Y LA FUTURA ESCLAVITUD

Por su cerrada lógica, por su espaciosa construcción, por su lenguaje nítido, por su brillantez, trascendencia y peso, sobresale entre esos varios tratados aquel en que Herbert Spencer quiere enseñar cómo se va, por la excesiva protección a los pobres, a un estado socialista que sería a poco un estado corrompido, y luego un estado tiránico. Lo seguiremos de cerca en su raciocinio, acá extractando, allá supliendo lo que apunta; acullá, sin decirlo, arguyéndolo. Pero ¡cómo reluce este estilo de Spencer!

*La Futura Esclavitud* se llama este tratado de Herbert Spencer. Esa futura esclavitud, que a manera de ciudadano griego que contaba para poco con la gente baja, estudia Spencer, es el socialismo. Todavía se conserva empinada y como en ropas de lord la literatura inglesa; y este desdén y señorío, que le dan originalidad y carácter, la privan, en cambio, de aquella más deseable influencia universal a que por la profundidad de su pensamiento y melodiosa forma tuviera derecho. Quien no comulga en el altar de los hombres, es justamente desconocido por ellos.

¿Cómo vendrá a ser el socialismo, ni cómo éste ha de ser una nueva esclavitud? Juzga Spencer como victorias crecientes de la idea socialista, y concesiones débiles de los buscadores de popularidad, esa nobilísima tendencia, precisamente para hacer innecesario el socialismo, nacida de todos los pensadores generosos que ven como el justo descontento de las clases llanas les lleva a desear mejoras radicales y violentas, y no hallan más modo natural de curar el daño de raíz que quitar motivo al descontento. Pero esto ha de hacerse de manera que no se trueque el alivio de los pobres en fomento de los holgazanes; y a esto sí hay que encaminar las leyes que tratan del alivio, y no a dejar a la gente humilde con todas sus razones de revuelta.

So pretexto de socorrer a los pobres—dice Spencer,—sácanse tantos tributos, que se convierte en pobres a los que no lo son. La ley que estableció el socorro de los pobres por parroquias hizo mayor el número de pobres. La ley que creó cierta prima a las madres de hijos ilegítimos, fue causa de que los hombres prefiriesen para esposas estas mujeres a las jóvenes honestas, porque aquéllas les traían la prima en dote. Si los pobres se habitúan a pedirlo todo al Estado, cesarán a poco de hacer esfuerzo alguno por su subsistencia, a menos que no se los allane proporcionándoles labores el Estado. Ya se auxilia a los pobres en mil formas. Ahora se quiere que el gobierno les construya edificios. Se pide que así como el gobierno posee el telégrafo y el correo, posea los ferrocarriles. El día en que el Estado se haga constructor, cree Spencer que, como que los edificadores sacarán menos provecho de las casas, no fabricarán, y vendrá a ser el fabricante único el Estado; el cual argumento, aunque viene de arguyente formidable, no se tiene bien sobre sus pies. Y el día en que se convierta el Estado en dueño de los ferrocarriles, usurpará todas las industrias relacionadas con éstos, y se entrará a rivalizar con toda la muchedumbre diversa de industriales; el cual raciocinio, no menos que el otro, tambalea, porque las empresas de ferrocarriles son pocas y muy contadas, que por sí mismas elaboran los materiales que usan. Y todas esas intervenciones del Estado las juzga Herbert Spencer como causadas por la marea que sube, e impuestas por la gentualla que las pide, como si el loabilísimo y sensato deseo de dar a los pobres casa limpia, que sanea a la par el cuerpo y la mente, no hubiera nacido en los rangos mismos de la gente culta, sin la idea indigna de cortejar voluntades populares; y como si esa otra tentativa de dar los ferrocarriles al Estado no tuviera, con varios inconvenientes, altos fines moralizadores; tales como el de ir dando de baja los juegos corruptores de la bolsa, y no fuese alimentada en diversos países, a un mismo tiempo, entre gentes que no andan por cierto en tabernas ni tugurios.

Teme Spencer, no sin fundamento, que al llegar a ser tan varia, activa y dominante la acción del Estado, habría este de imponer considerables cargas a la parte de la nación trabajadora en provecho de la parte páupera. Y es verdad que si llegare la benevolencia a tal punto que los páuperos no necesitasen trabajar para vivir—a lo cual jamás podrán llegar,—se iría debilitando la acción individual, y gravando la condición de los tenedores de alguna riqueza, sin bastar por eso a acallar las necesidades y apetitos de los que no la tienen. Teme además el cúmulo de leyes adicionales, y cada vez más extensas, que la regulación de las leyes anteriores de páuperos causa; pero esto viene de que se quieren legislar las formas del mal, y curarlo en sus manifestaciones; cuando en lo que hay que curarlo es en su base, la cual está en el enlodamiento, agusanamiento y podredumbre en que viven las gentes bajas de las grandes poblaciones, y de cuya miseria—con costo que no alejaría por cierto del mercado a constructores de casas de más rico estilo, y sin los riesgos que Spencer exagera—pueden sin duda ayudar mucho a sacarles las casas limpias, artísticas, luminosas y aireadas que con razón se trata de dar a los trabajadores, por cuanto el espíritu humano tiene tendencia natural a la bondad y a la cultura, y en presencia de lo alto, se alza, y en la de lo limpio, se limpia. A más que, con dar casas baratas a los pobres, trátase sólo de darles habitaciones buenas por el mismo precio que hoy pagan por infectas casucas.

Puesto sobre estas bases fijas, a que dan en la política inglesa cierta mayor solidez las demandas exageradas de los radicales y de la Federación Democrática, construye Spencer el edificio venidero, de veras tenebroso, y semejante al de los peruanos antes de la conquista y al de la Galia cuando la decadencia de Roma, en cuyas épocas todo lo recibía el ciudadano del Estado, en compensación del trabajo que para el Estado hacía el ciudadano.

Henry George anda predicando la justicia de que la tierra pase a ser propiedad de la nación; y la Federación Democrática anhela la formación de "ejércitos industriales y agrícolas conducidos por el Estado". Gravando con más cargas, para atender a las nuevas demandas, las tierras de poco rendimiento, vendrá a ser nulo el de éstas, y a tener menos frutos la nación, a quien en definitiva todo viene de la tierra, y a necesitarse que el Estado organice el cultivo forzoso. Semejantes empresas aumentarían de terrible manera la cantidad de empleados públicos, ya excesiva. Con cada nueva función, vendría una casta nueva de funcionarios. Ya en Inglaterra, como en casi todas partes, se gusta demasiado de ocupar puestos públicos, tenidos como más distinguidos que cualesquiera otros y en los cuales se logra remuneración amplia y cierta por un trabajo relativamente escaso: con lo cual claro está que el nervio nacional se pierde. ¡Mal va un pueblo de gente oficinista!

Todo el poder que iría adquiriendo la casta de funcionarios, ligados por la necesidad de mantenerse en una ocupación privilegiada y pingüe, lo iría perdiendo el pueblo, que no tiene las mismas razones de complicidad en esperanzas y provechos, para hacer frente a los funcionarios enlazados por intereses comunes. Como todas las necesidades públicas vendrían a ser satisfechas por el Estado, adquirirían los funcionarios entonces la influencia enorme que naturalmente viene a los que distribuyen algún derecho o beneficio. El hombre que quiere ahora que el Estado cuide de él para no tener que cuidar él de sí, tendría que trabajar entonces en la medida, por el tiempo y en la labor que pluguiese al Estado asignarle, puesto que a éste, sobre quien caerían todos los deberes, se darían naturalmente todas las facultades necesarias para recabar los medios de cumplir aquellos. De ser siervo de sí mismo, pasaría el hombre a ser siervo del Estado. De ser esclavo de los capitalistas, como se llama ahora, iría a ser esclavo de los funcionarios. Esclavo es todo aquel que trabaja para otro que tiene dominio sobre él; y en ese sistema socialista dominaría la comunidad al hombre, que a la comunidad entregaría todo su trabajo. Y como los funcionarios son seres humanos, y por tanto abusadores, soberbios y ambiciosos, y en esa organización tendrían gran poder, apoyados por todos los que aprovechasen o esperasen aprovechar de los abusos, y por aquellas fuerzas viles que siempre compra entre los oprimidos el terror, prestigio o habilidad de los que mandan, este sistema de distribución oficial del trabajo común llegaría a sufrir en poco tiempo de los quebrantos, violencias, hurtos y tergiversaciones que el espíritu de individualidad, la autoridad y osadía del genio, y las astucias del vicio originan pronta y fatalmente en toda organización humana. "De mala humanidad—dice Spencer—no pueden hacerse buenas instituciones". La miseria pública será, pues, con semejante socialismo, a que todo parece tender en Inglaterra, palpable y grande. El funcionarismo autocrático abusará de la plebe cansada y trabajadora. Lamentable será, y general, la servidumbre.

Y en todo este estudio apunta Herbert Spencer las consecuencias posibles de la acumulación de funciones en el Estado, que vendrían a dar en esa dolorosa y menguada esclavitud; pero no señala con igual energía, al echar en cara a los páuperos su abandono e ignominia, los modos naturales de equilibrar la riqueza pública dividida con tal inhumanidad en

Inglaterra, que ha de mantener naturalmente en ira, desconsuelo y desesperación a seres humanos que se roen los puños de hambre en las mismas calles por donde pasean hoscos y erguidos otros seres humanos que con las rentas de un año de sus propiedades pueden cubrir a toda Inglaterra de guineas.

Nosotros diríamos a la política: ¡Yerra, pero consuela! Que el que consuela, nunca yerra.

## 6

# Presidentes, magnicidas, vaqueros

## MONSEÑOR CAPEL, EL TERRORISTA ROSSA Y LA ASESINA ISEULT

Se ve aquí todavía, como se acaba de ver en la elección presidencial, una especie de poder subcutáneo, lento de puro pudoroso, que en las horas de crisis y pervertimiento público, aparece, opera, sujeta los dioses a sus altares, dispensa a los profanadores, y con sus vestidos sencillos de paño burdo, se vuelve amenazante a su asiento.

Mas lo que viene de Europa arrolla y sobrenumera a lo que de aquí se mantiene; y en vista de las grandes hordas descontentas, deseadoras y convencidas de su poder que enseñan de todas partes el puño cerrado, y ya muy a menudo en virtud del falso sistema económico que permitió su importación excesiva, se quedan sin empleo, y en vista también de la indiferencia religiosa, que viene de la omnímoda preocupación de la riqueza, y del pensamiento libre, que amenaza a la vez a todas las formas de cultos, el trascendentalísimo problema humano que aquí ahora se formula, es éste:—¿Se agruparán, más en espíritu y forma y la mayor parte en espíritu, todas las Iglesias, autoritarias por esencia, alrededor de la más autoritaria, mirada hoy como baluarte único contra la próxima arremetida social, o sensibles al fin al inminente peligro, ya por mucho tiempo descuidado, frente a la Iglesia Romana, y alguna hija cercana que se le allegue, se congregarán, en enorme y arrolladora rebeldía, a una sacudida alarmada de ese espíritu del país, que parece ir de vencida, todas las Iglesias, desde el episcopalismo al abeísmo, que mantienen el derecho inalienable del hombre al ejercicio de su propia razón?

¿Y cuánto problema secundario, cada uno considerable, arranca de éste? ¿La Iglesia Romana, al enseñorearse de un pueblo de prácticas más libres y gratas al hombre que las de otro alguno, se suavizará beneficiosamente con ellos, o se valdrá meramente de ellas para luego, ya segura de su dominio, cercenarlas?

¿Y la entrega voluntaria del gobierno de sí, verificada de propio asentimiento y en paz aparente, en un pueblo fundado y mantenido con el fin de demostrar la capacidad del hombre para entenderse y regirse, no será el golpe más rudo de eco secular que haya jamás recibido, desde que el primer espíritu generoso se rebeló contra el primer déspota de tribu, la dignidad humana?

¿Dónde está, pues, en esta fábrica portentosa, en esta nación a que su enormidad misma defiende y asegura, la hendidura por donde se está escapando, con prisa que da miedo, el gran esfuerzo humano? ¿Todas las libertades, todas las abundancias, hasta todos los favores políticos que vienen de

una posición geográfica privilegiada, no rodearon a este país
al nacer, como hadas buenas y le presagiaron no vil poder
marcial, sino nueva y espléndida manera de fortuna? ¿Quién
sino aquella cohorte de patriarcas norteamericanos, que de
las alas ensangrentadas de la Libertad fabricó riendas, y a la
redención humana, que andaban en poesía, la puso en práctica, y llamó a la puerta del hombre, y le entregó las llaves de
sí mismo, y le dijo: levántate, y manda?—Y ¿qué valdrá más,
aunque de lo que va dicho a esto parezca que hay gran salto,
sin haberlo; qué valdrá más para un pueblo nuevo que quiere
constituirse de un modo grandioso y durable, honroso para sí
y la historia humana, puesto que sin utilidad para ésta no hay
honra alguna en ser grande; qué valdrá más: desarrollarse con
lentitud juiciosa y por allegamientos moderados en analogía
con su propio espíritu, o alcanzar en poco tiempo tamaño
y fuerzas que pasmen, por la desbaratada acumulación de
elementos desemejantes y enormes, comidos hasta la médula
por odios y preocupaciones hereditarias, que se harán dueños
de un país antes de haber tenido tiempo de confundirse con
su espíritu y amarlo? ¿Pues nación es el conjunto de hombres
febriles e indiferentes en una tierra en que han nacido de ocasión, o viven de poco ha, sin más intento que el de acaparar
presto la mayor suma de fortuna, o es aquella apretadísima
comunión de los espíritus, por largas raíces, por el enlace de
las gentes, por el óleo penetrante de los dolores comunes, por
el gustosísimo vino de las glorias patrias, por aquella alma
nacional que se cierne en el aire, y con él se respira, y se va
aposentando en las entrañas, por todos los sutiles y formida-
bles hilos de la historia atados, como la epidermis a la carne?
De eso, las cohortes que vencen; las literaturas que perpetúan;
las nacionalidades que perduran y resplandecen.—¡No está

el nutrirse bien, en esto de pueblo, en hartarse de alimentos, sino en digerirlos!

¿Cuándo hubo monjes en los Estados Unidos? Pues ya, en ceremonia pública y con más celebraciones que censuras, un joven de buena casa y fortuna, miembro de una Iglesia no muy reñida con la Católica, renuncia a las alegrías humanas, se rasa la barba, y se hace monje. ¿Quién que lee con atención la "North American Review", donde con imparcialidad notable se van presentando los problemas que más preocupan al público, no ve que el religioso, con ser el político tan interesante, no está sobre él, sino dentro de él, y con extraño silencio o asentimiento resucitan debates teológicos, se acentúa la creencia en la necesidad de una Iglesia autoritaria, se enderezan argumentaciones sobre la bondad y racionalidad del infierno? En los periódicos, ¿quién no tropieza, aunque sean de gente protestante, con muy marcadas muestras de simpatía a ese blandílocuo prelado, que porque la tiene buena, figura entre las cabezas de la Iglesia, y en dos años que lleva en este país, ha logrado vincular, como si trabajase en materia blanda, no sólo en influyentes conversos, sino en gran parte del público común, ideas de autoridad y represión que a maravilla concuerdan con aquel cansancio del cuidado de sí que engendra, más que otro alguno en los hombres, el exclusivo afán de riquezas, y con los sustos en que ponen a la gente que tiene que perder las sacudidas y amenazas de lo que no halla camino de ganar? Monseñor Capel está en la casa de los ricos, en el púlpito de las catedrales, en el escenario de los teatros, en el retrete de las esposas afligidas, en la sala triste de la niña exaltada, que sin conocer todavía la santidad del amor humano, arde por consumirse en el divino. Lógico, culto, fértil, elocuente, suave, diestro, está Monseñor Capel: venerado y agasajado en todas partes. Si duerme, no se sabe; pero no lo parece. No hay día sin acto suyo. Está en los tiempos y trabaja con ellos. No gusta de sermones sino de conferencias. Cardenal como es, más que en la iglesia, predica en el teatro. Se dan fiestas noche tras noche, y no hay ramo de flores más oloroso que sus cumplimientos. Seda es su túnica y su lenguaje. No saca sus argumentos de la Biblia, ni de los Concilios, ni de las Encíclicas papales; sino de los sucesos corrientes, de los riesgos que acusan, de la necesidad de remediarlos. No presenta la Iglesia como una institución nacida de revelaciones, y mantenida por eterna virtud de autoridad; sino como el mejor sistema represor de los extravíos y peligros modernos.

Las preocupaciones, las azuza en privado; en público, no hace más que elegantes y estrechos razonamientos. Y el acero de Toledo penetra bien en la carne; pero no mejor que en las mentes desprevenidas, que son las más, y aun en las que no lo estén, la frase templada y bruñida de este reavivador infatigable, que ve que el combate está en la tierra, y pie en ella lo libra contra el siglo, de lo mejor de su panoplia misma, tomándole las armas. De manera que si hoy se preguntase quién ejerce en este país un poder oculto más enérgico y trascendental, el que respondiese que monseñor Capel era, no iría errado. A su aliento, se ha levantado todo un ejército de lidiadores.

En Roma, concilio de obispos americanos. Aquí, con asistencia respetuosa de toda la prensa, concilio en Baltimore; sabia presentación de la utilidad de la Iglesia como poder político, más que nunca necesario en el actual desbarajuste; donaciones cuantiosas para Escuelas Normales de Sacerdotes, base permanente de un ancho sistema de escuelas nacionales religiosas; y las arcas, ya llenas; y las órdenes, dadas; y los carpinteros, levantando enfrente de las escuelas públicas, donde ninguna religión se ofende ni apadrina, mas se mantiene el sentimiento religioso, las escuelas católicas, donde se enseñará la subordinación de todos los fines humanos a las ordenanzas de la Iglesia. Y en una caricatura del *Puck*, que es aquí un semanario cómico, con láminas de colores, un gatillo, a quien en la primera lámina da a beber leche una niña, con permiso de su maestra, que le guarda el libro,—en la lámina última se ha convertido en aterradora fiera; la maestra, rota a un lado; el libro, bajo la garra; la niña, subyugada y temblorosa.

De Europa vienen, no sólo suecos andariegos e italianos mansos; sino irlandeses coléricos, rusos ardientes, alemanes exasperados. El irlandés, que se ve cortejado por la importancia política que le da lo numeroso de su voto, y con ella le asegura buena porción de los presupuestos e innúmeras ventajas privadas que vienen de ella, mira ésta como tierra donde es necesitado, y no olvidado jamás de su terruño, parte de buen grado su hacienda entre el cura que le maneja el alma, y los capataces políticos que alardean de públicos enemigos de Inglaterra. El alemán que en buena porción es ciudadano pacífico, en otra, perniciosa y activa, es fanático propagador de medidas violentas que pongan de una vez los cimientos de las casas en las nubes, y los trabajadores socialistas en los lugares de los empresarios que los emplean. El ruso, sangrándole todavía las espaldas de los golpes del *knut*, trae a estas inquietudes alemanas su palabra deslumbrante y fatídica como las estepas: y entre esos odios brilla, con su frente blanca y sus ojos azules, como el ángel de la iniquidad. De alemanes está lleno el Oeste; y el Este de irlandeses: de alemanes, que azuzan a los trabajadores descontentos; de irlandeses, que alientan, más que a los defensores esforzados de su tierra en el Parlamento inglés, a los que asaltan, en unión con gente de París, el Parlamento, y Westminster, y la Torre de Londres.

De la noble Francia, que paga siempre con sobrada sangre propia sus errores, no ha de decirse que viene a perturbar la casa ajena. De Europa vienen, pues, con los artesanos que trabajan, los odios que fermentan. Viene una población rencorosa e híbrida, que ni en sí misma, ni en la que engendra produce hijos legítimos y sanos del país cuyo gobierno, sin embargo, les pertenece; y más que en el provecho de una nación que no aman, y de la que, por estar ella misma trabajada, no alcanzan cuanto apetecen, usan sus privilegios de ciudadanía en satisfacer sus pasiones extranjeras, en propalar ideas nacidas en otras tierras de problemas extraños, y en valerse de la inesperada libertad para cumplir más prontamente sus designios. Su trabajo, generalmente bien remunerado, les da modo de mantener en constante empleo a los que, por convicción o por oficio, se ocupan, no en estudiar y perseguir las causas económicas de las injustas diferencias de provechos entre empresarios y empleados, sino en excitar a los obreros, en preparación de un levantamiento formidable aún lejano, a actos de violencia que por el terror arranquen de los empresarios las concesiones que la razón a veces no alcanza, aun cuando en verdad sea la causa de su resistencia en muchos casos, no el deseo de un inmoderado provecho, sino la angustia en que tiene en todo este pueblo hoy a los fabricantes la venta cada día menor de sus productos, elaborados a un precio demasiado alto para exportarse con utilidad, en cantidad que excede en mucho a las necesidades ya bien suplidas del mercado doméstico.

Estos buenos establecimientos, que ven así mermar sus beneficios, y acumularse en almacenes que no se depletan sus artículos, o suspenden sus trabajos, dejando en inmediata penuria, presa de los horrores del invierno, a pueblos enteros de trabajadores, a quienes el imperfecto sistema actual de salarios no permite allegar ahorros, o, para poder continuar produciendo, reducen en una porción siempre importante, el sueldo de sus operarios, a lo que éstos, necesitados de más de lo que ganan, con todos sus esfuerzos se resisten. Y hoy, en silencio, están cerradas centenares de enormes fábricas: poblaciones completas hay de trabajadores sin empleo.

Y allí, en vez de la prudencia que aconseja no pedir más de lo posible, o esperar para rebelarse época y estación más clementes, las asociaciones socialistas envían sus azuzadores profesionales, que alzar la gente no logran; mas envenenarla sí.—Otras más temibles ligas que estas de alemanes frenéticos tienen tratados, en centenares de miles de miembros, los trabajadores norteamericanos: y a haber Gracos pronto, que ya los habrá, ésta será cuestión como la de Roma, y más grave que aquélla; y si no se viene pronto, como es de esperar que se venga por aquel poder genuino de que hablábamos, a una original y justa distribución de los provechos de la industria, se verán frente a frente con el voto primero, o de cualquier otro modo, los trabajadores unidos de una parte, con todas las cohortes de agitadores en su bando, y de otra los que, a pesar de la moderación con que entablarán aquéllos sus demandas, determinan resistir sus pretensiones. Así, ceñidos por los deberes de una asociación propia, la de los Caballeros del Trabajo, bastante fuerte y rica para auxiliar en horas como éstas a sus mismos miembros desocupados, la gente alemana halla pasto entre los obreros norteamericanos que—¿cómo no?—en el ejercicio seguro de su libertad han aprendido a desarmar la violencia, pero en las ciudades, donde el trabajo, en su mayor parte extranjero, ya viene de Europa ofendido y codicioso, la propaganda sí prende; las asociaciones de destrucción, prosperan; químicos expertos enseñan en libros y lecciones prácticas, la manera de elaborar compuestos explosivos, y en esta última semana, como toda esta gente inquieta es sombra y secuela de Europa, a las explosiones de dinamita en Londres siguieron aquí sucesos, que por encima de todos los demás, han escandalizado, y en cierto modo alarmado, el espíritu público. A la verdad, que no hay peor país para ejercitar la violencia que aquel donde se practica el derecho. Lo innecesario de la ofensa la hace más abominable.

¿Quiérense en una nuez estos acontecimientos extraordinarios? O'Donovan Rossa, feniano de fama, publica en dos cuartos tétricos, un periódico en que mantiene la legitimidad de aplicar a edificios y personas en la tierra inglesa, y a sus buques en la mar, sustancias explosivas, como manera de asegurar a Irlanda las libertades que apetece; y Rossa en esto, más que criminal, es aberrado.

La barba, tiénela roja; y el color, pálido. El ojo, que se le enciende en un fuego enfermizo, le vacila, como si no tuviera detrás la razón. Mas Rossa no es sólo el defensor de estas ideas, sino el jefe en América de los que las aplican, y el peticionario y receptor de las sumas que en este género vil de guerrear se emplean, y el organizador de los planes tremendos que alguna vez, y siempre con ejecutores sobrados, se ha llevado a camino. En una casuja, con los escalones del pórtico destartalados, tiene Rossa su oficina de crímenes; y cara noble, por allí jamás entra: que el patriotismo se detiene allí donde para salvar a la patria es necesario deshonrarla. Y esa casuja ha conmovido a New York en estos días, y a toda Inglaterra. Poco tiempo hace, hicieron venir a New York con alevosía a un capitán Phelan, que tuvo que hacer en la tentativa de volar un vapor inglés, y reveló a un periódico algunos detalles del suceso: Phelan vino, y a la oficina de Rossa, que cayó toda sobre él, éste con puños, otro con botas, otro a cuchilladas, de las que le dio once: de una le pasó el cuello, de otra le rebanó un brazo. El Phelan, momentos después, ya preso el asesino, le disparó a quemarropa con el brazo libre su pistola; y hoy andan en tribunales, y cada día hay que quitarle a Phelan del bolsillo, porque no mate ante los jueces a Short, un gran revólver de marina, de los que parece tener abundancia.

Pero todavía no se habían secado las manchas de sangre en los cuartos de Rossa; todavía se estaban recogiendo del suelo los pedazos de una rica vidriera que en venganza de los dueños de una tienda de ropas saltaron con una sustancia desconocida algunos de sus empleados; todavía se escuchaba el tumulto de los dos bandos de socialistas alemanes que, reunidos en un mismo salón a censurar y encomiar las explosiones en Londres, a puñetazos y puntapiés echaron abajo de la plataforma a la policía que subió a ella para poner orden en el concurso; cuando Rossa mismo, cogido con maña en un lazo de los de su naturaleza, cayó herido sobre las losas de la calle por la bala de una mujer inglesa. "¡Felón eres, y enemigo de mi tierra, y como a felón te mato!"

La mujer, está presa: Rossa, con una bala en un hombro, ya en pie, y vociferante; de poco menos que de can, lo trataban los diarios más generosos al dar cuenta del suceso: no hay mano sin retrato de esta nueva Corday, como la llaman; no ha tenido New York, de Guiteau acá, sensación más durable. Mas ¡ay! que no parece el caso comparable al de la sensible francesa. Una vida quebrada, dada a lo romántico, y sin salida apetecible para su dueña, halló, avivada acaso por una indignación real, manera con este suceso de quedar en el mundo

con la notoriedad y prominencia, antes en vano procurada.
De la historia de la mujer, esto se revela.

Ella es Iseult Dudley, de alto cuerpo y de finas maneras.
Tendrá 24 años. Tiene cierta belleza, esa belleza lívida que da
a los rostros el espiritu capaz de semejantes resoluciones. Usa
anteojos azules, porque tiene un ojo imperfecto. El cabello lo
lleva en dos sobre la frente, y recogido en un nudo sobre la
nuca. Habla cultamente, como quien lee y escribe y ha visto
mundo. Su vida es la de aquellas criaturas que apetecen más
de lo que por su posición social o mérito verdadero les es
dable alcanzar. Como enfermera recibida, con muy buen di-
ploma, vino aquí de Inglaterra hace poco tiempo, y en Inglaterra lo había sido, y muy estimada, mas de ánimo inquieto, y
sólo unos meses, ya al fin de su carrera dolorosa marcada por
dos tentativas de suicidio.

Un hijo habría tenido, y parece que de persona principal,
al cual hijo no amaba natural, sino frenéticamente.

Se le murió, y pasaba semanas, día sobre noche, junto a su
tumba en el cementerio. Quién era el padre no se sabe; unos
dicen que un ministro; otros que un militar francés; pero
ella, en más de una ocasión y lugar, ha mostrado, cuando no
bolsa amplia, aquellos gustos y alardes de persona determinada a poseerla. Osada en ejercicios corporales; ardiente en
amistades y antipatías; protegida por personas que tenían este
deber, concebían con ella verdadera lástima; arrebatada hasta
la epilepsia, ya por la muerte de su hijo, a quien, estando en
pobreza, erigió una tumba de cincuenta libras esterlinas, ya
por cualquier otro accidente que echaba en tierra sus esperanzas; acosada por un afán enfermizo de ver reconocida, en
su profesión y fuera de ella, la superioridad que en cierto
modo tiene; exaltable la mente al punto de haber querido

sacársela dos veces de su quicio; compelida a buscar en un trabajo rudo, que por otra parte desempeñaba con celo, una existencia inferior a la que juzgaba merecer; abandonando,— presa de estas inquietudes, los empleos en que comenzaba a hacerse valer,—¿qué mucho que ella, nunca especialmente dada a cosas políticas, buscase, en la oportunidad que a su mente inclinada a lo violento ofrecían los sucesos de Londres y la connivencia probable de Rossa, manera de prestar con un ardid un servicio de policía que la señalase y abriese camino, y que desesperada de lograr su objeto, u obedeciendo a la idea, nunca en ella nueva, de llamar sobre sí la atención de una manera ruidosa, disparase sobre él, con tal cuidado que el escándalo ha sido grande, y el daño tan corto? Patriotismo no es, ni extraviado siquiera; porque a estas determinaciones se llega, como a la cumbre de un monte, después de larga subida, y no de pronto: y para el crimen, sólo arma la mano un patriotismo tan vivo y absorbente que pare en locura. Se cansaba de esperar oportunidad de señalarse, y halló ésta buena. Ni fue determinación de momento, porque ella, que vio a Rossa dos veces, en la entrevista a que el disparo puso fin, quiso que él firmara, por una imaginaria cantidad con cuyo ofrecimiento le atraía, un recibo en que Rossa atestiguaba haber tomado la cantidad para emplearla en gastos de explosiones contra Inglaterra, y con tal arte estaba hecho el documento, que sólo él, dadas las leyes americanas, hubiera sido razón suficiente para perseguir en los Estados Unidos a Rossa, por lo que mucha gente cree, y los fenianos declaran, que esta mujer, para hacer lo que ha hecho, estaba en la paga del Gobierno inglés. Cosa muy rara es la policía secreta; y la mujer que nos seduce, y el amigo que nos aprieta a su corazón, son a veces empleados de la policía, y esta criatura desgraciada, mas con

artes y apariencias de dama e inteligencia no común, pudo
acaso ser empleada para atraer a Rossa a firmar el recibo: mas
lo del disparo, que a tan poco riesgo penal la expone, y le da
las ventajas de la notoriedad buscada antes por ella en vano,
de fijo que fue su idea propia.

## WILLIAM F. CODY, "BÚFALO BILL"

"Búfalo Bill" se ve ahora escrito en colosales letras de colores,
en todas las esquinas, cercados de madera, postes de anuncios y muros muertos de New York. Por las calles andan los
*sandwiches*—que así les llaman, de los *sandwiches* o empare-
dados,—embutidos entre dos grandes cartelones, los cuales,
como dos paredes, les cuelgan por el pecho y por la espalda;
y con los movimientos del hombre que los pasea impasible
por las calles, ante la muchedumbre que ríe, y lee, relucen al
Sol las letras que dicen en colores salientes y esmaltados: "El
gran Búfalo Bill".

"Búfalo Bill" es el apodo de un héroe del Oeste. Ha vivido
en selvas muchos años, entre la gente ruda de las minas y los
búfalos, menos temibles que aquellos. Sabe correr y abatir búfalos y cómo se les cerca, aturde, burla, enreda y enlaza. Sabe
deslumbrar a los rufianes y hacerse reconocer su principal;
porque cuando uno de ellos salta sobre Búfalo Bill con el
puñal al aire, ya cae con el de Búfalo Bill clavado en el pecho
hasta la tetilla; o, si le echan encima una bala, la de Búfalo
Bill, que es tirador destrísimo, la topa en el camino, y la de-
vuelve sobre el pecho del contrario; es tal tirador, que dispara
sobre una bala en el aire, y la para y desvanece. De los indios
y de sus hábitos y astucias, y de su modo de guerrear, lo sabe

todo; y como ellos, ve en la sombra, y con poner el oído en tierra, sabe cuántos enemigos vienen, y a qué distancia están, y si son gente peatona o de a caballo. Y en la pelea lo mismo se las ha a pistoletazos en una taberna con los vaqueros turbulentos, que no duermen tranquilos si no han enterrado, con sus botas de cuero y sus espuelas, a algún vaquero comarcano o incauto viajador,—que con los indios vocingleros y ágiles que caen en tropel arrebatado, tendidos sobre el cuello de sus cabalgaduras y floreando el rifle matador, sobre el hombre blanco, que de la arremetida se guarece detrás del vientre de su caballo o el tronco de un árbol vecino. Todos esos terrores y victorias lleva Búfalo Bill en los claros, melancólicos, relampagueantes ojos. Las mujeres lo aman, y pasa entre ellas como apetecible tipo de hermosura. Siempre que se le ve por las calles, solo no se le ve, sino acompañado de una mujer hermosa. Los niños lo miran como a hombre hecho de sol, que está alto y brilla, y los seduce con su destreza y apostura. Le cuelgan los cabellos castaños, que de acá y allá se le platean, por las espaldas vigorosas. Usa sombrero de fieltro blando, de ala ancha; calza botas.

Ahora está sacando ventaja de su renombre y pasea los Estados Unidos a la cabeza de un numeroso séquito de vaqueros, indios tiradores, caballos, gamos, ciervos, búfalos, con todos los cuales representa, ya al fuego del Sol, por las tardes, dentro de un cercado vasto como una llanura; ya a la luz eléctrica, durante las primeras horas de la noche, todas las riesgosas y románticas escenas que han dado especial fama al Oeste. Pone ante los ojos de los ávidos neoyorkinos, en cuadros animados y reales, las maravillas y peligros de aquella vida inquieta y selvática. Ya son los vaqueros, con sus calzones de cuero flecado en las franjas, su chaquetilla corta, su pañuelo al cuello y su recio sombrero mexicano, que se acercan, más como caídos que como sentados, sobre sus vivaces caballejos, pronta a lanzar por el aire la cuerda en el arzón de su silla de esqueleto recogida, y a salirse de su bolsa burda la pistola con que dirimen sus más leves contiendas. Miran la muerte esos bravos bribones, sin casa y sin hijos, como una copa de cerveza; y la dan o la toman: entierran al que matan, o, heridos en el pecho, se rebujan en su manta para morir.

Ya se alejan los vaqueros después de lucir sus artes y enseñarse; y los indios vienen a distancia corta de un viajero blanco, que va como si no supiera que lo siguen. Adelantan los indios en hilera, todos de frente, cabalgando a paso lento, refrenando sus *ponies* impacientes, que apenas les dan rienda los salvajes, se desatarán contra el enemigo blanco, como si a ellos les estuviera encomendada la venganza de la raza que los monta: ¡parece que el dolor de los hombres penetra en la Tierra, y como que, cuando de ella o sobre ella nace, trae consigo a la vida el dolor de que todo en torno suyo está empapado! Así es de esbelto, delgado y nervioso, el caballo *pony*, como el indio; y de astuto y rencoroso. Flecha viva parece; como si un arma no fuera invención casual de la gente que la usa, sino expresión, concreción y símbolo de sus caracteres físicos y espirituales, y de los trances de su historia. Cantando vienen los delgados indios un cantar arrastrado, monótono e hiriente, que se entra por el alma y que la aflige. De cosa que se va parece el llanto, y que se hunde adolorida por las entrañas de la Tierra. Cuando se extingue queda vibrando en el oído, como una rama en que acaba de morir una paloma.

De repente se llena de humo el aire; vocerío diabólico sucede a la canturria lastimera, a escape van los *ponies*, y al nivel de sus cabezas las de los indios; si un cuchillo pudiera pasarse por debajo de sus cascos voladores, no chocaría con casco alguno; caen todos dando voces, disparo a una, envueltos en humo polvoroso, enrojecido a veces por un fogonazo, sobre el viajero blanco, que, pie a tierra, vacía sobre los indios, como vomita un cañón metralla, todos sus cartuchos; con los dientes sujeta la pistola y con las dos manos la carga. Por entre las orejas de los caballos y debajo de sus vientres disparan los salvajes; espíritus parecen, por los que las balas sin dañarles atraviesan; ya el hombre blanco, que es Búfalo Bill, no tiene más cartuchos en su cinto; supónese, al verlo vacilar, que está lleno de heridas; los indios le van cercando, como los buitres, a un águila aún viva; él se abraza al cuello de su caballo, que le ha servido, con su cuerpo, de mampuesto y muere.

Los de combate se truecan en alaridos estridentes de victoria; no parece que los indios han dado muerte a un hombre blanco, sino a todos ellos; de comedia lo están haciendo en el circo, para que lo vea la gente del Este; pero tan arraigado lo tienen en el alma, que la comedia parece de veras. Ya se lo llevan; ya lo han puesto atravesado sobre una silla que desocupó un indio muerto en la refriega; y ya se van, alegres y vocingleros, cuando asoma con sus mulillas de colleras encascabeladas y sus voces y restallidos de látigo, una diligencia cargada de hombres blancos. ¡A la pelea! ¡A la pelea! El viejo carruaje se trueca en trinchera; el pescante en almena de castillo; cada ventana lo es de fuego; los salvajes defienden en vano su cadáver; otra vez todo es humo, chispazo, bala y pólvora; los *ponies* al fin huyen y en brazos de sus bravos vengadores es llevado el cadáver del viajero a la diligencia. Ebrio el público aplaude, que esto se ha ganado de Roma acá; antes se aplaudía

al gladiador que mataba, y ahora al que salva. El látigo resta-
lla; las músicas suenan; los himnos retumban y desaparece la
diligencia desvencijada en una nube turbia de polvo.

Y así van representando los hombres de Búfalo Bill las escenas que, a lo vivo, conmueven aún las regiones selvosas del
Oeste. Desalado viene un jinete. Una bala cruza el aire; pero
no más aprisa; desata la valija que trae atada a la grupa; saca
de los estribos ambos pies, fuertemente espoleados, y al pasar
junto a otro caballo, ya en silla, que un hombre tiene de la
rienda, salta a él el jinete fantástico, con sus sacos de cuero, y
en el caballo fresco sigue la carrera, mientras arropan y reani-
man al rocín cansado; es el correo de antaño; así, cuando no
había ferrocarriles, lo era el hombre.

Ora es una manada de búfalos, que vienen con los testuces
montuosos rasando la tierra; los vaqueros, a escape, con sus caballos los fondean, con sus gritos los aturden, con sus diestras
lazadas los sujetan de los cuernos, los atan por la pierna que
el público elige o los echa al suelo y cabalgan sobre ellos, que
rugen y se sacuden en vano su jinete. Y suele haber vaquero
hábil que, después de haberle asegurado un lazo al cuerno,
acelera aún, de súbito, a su cabalgadura, para que haga onda
la cuerda del lazo, y con un rápido movimiento hace con
ella lazada, que le pasa alrededor del hocico, y de un halón
robusto aprieta a él como una jáquima.

Y la fiesta se acaba entre millares de balazos con que hábi-
les tiradores rompen en el aire palomas de barro, y coros de
hurras, que se van extinguiendo lentamente, a medida que
la gran concurrencia entra, de vuelta a sus hogares, en los ferrocarriles, y las luces eléctricas, derramando su claridad por
el circo vacío, remedan una de esas escenas magníficas que
deben acontecer en las entrañas de la Naturaleza.

## CHARLES GUITEAU, ASESINO DEL PRESIDENTE GARFIELD

¡Qué sanos libros, esos que escribe el alma! ¡Qué repugnante libro, ese que ha escrito en su prisión el menguado Guiteau! Pero atrae los ojos, como los atraen los fenómenos. El libro es una autobiografía, dictada a un empleado del *Herald*,— este omnipotente periódico,—autobiografía tal que la oía a veces el escribiente con irreprimible disgusto y con justa ira. ¡Con qué regalo se detenía en los menores accidentes de su vulgar vida! ¡Qué importancia imagina que va atada a la más necia de sus confesiones! Es la vida de un ambicioso, que llega con el deseo a donde no llega con los medios intelectuales y morales de satisfacerlo. Le devoraba ansia de notoriedad y vida cómoda. Todo lo suyo es raquítico, impotente, soberbio, extravagante. No se somete a trabajos humildes. Aspira a grandes premios con mezquinos merecimientos. En todas partes es desestimado por inepto, por vanidoso y por díscolo: su lenguaje es rastrero; sus propósitos pueriles y enfermizos; leyéndolo se imagina un hombre de mirada viscosa, color pálido y cráneo deprimido. Este hombre es una imperfección moral, como hay imperfecciones físicas. Enseñarse, ofrecerse, alabarse, proponerse,—eran sus oficios. Como periodista, quiere ponerse a la cabeza de un periódico como el de Horacio Greeley; cosa posible, cuando se es Horacio Greeley; como esposo, martiriza, expulsa y abandona a su esposa; como creyente, aspira a demostrar la venida del segundo Cristo en un libro indigesto y monótono "La verdad o el compañero de la Biblia"; como lector, habla a salas desiertas; como orador político, fue su única gloria asaltar una vez la plataforma en una junta de hombres de color; como abogado, es perseguido por probada estafa; como escritor de campaña electoral, publica y reparte como anuncio un discurso suyo, que envía a los cuatro vientos, y ellos se llevan: "Garfield contra Hancock"; como desvergonzado, atrévese a enviar a Garfield después de las elecciones en que fue proclamado Presidente este singular telegrama: "Los hemos barrido como yo esperaba. ¡Gracias a Dios!—Vuestro respetuosamente—Carlos Guiteau"; y en otra entrevista, en la única que alcanzó de Garfield, osa darle el discurso en el que, con mengua de todo decoro, había unido a las palabras del título impreso, por una línea de tinta, estas palabras manuscritas "Consulado de París", que no era menor puesto el que de Garfield pretendía. ¡Más ni Ministro en Austria, ni Cónsul en París, logró ser el osado vagabundo! ¡Con qué frialdad pedía a Blaine que removiese, en honor suyo, al Cónsul actual! A este punto su vida, y de este asalto a la fortuna robustamente rechazado, la ira toma en este espíritu malvado la forma del asesinato. Y entonces describe con repulsiva complacencia cómo "viendo en los periódicos que la tenacidad del Presidente iba a dividir el partido republicano, dar el gobierno a los demócratas y encender una nueva guerra", concibió la idea de "remover a Garfield", para que el poder recayese en "su amigo Arthur". Se concibió héroe. Creyó que cambiaría el curso de la tierra, y dejaría con su valor estáticos y deslumbrados a los hombres. Preparó una segunda edición de su libro. "El compañero de la Biblia", porque creyó que "por la notoriedad que alcanzaría él por el acto de remover al Presidente", esta edición se vendería copiosamente. Empezó una tarea de zorra y de hiena. Espió durante días enteros todos los movimientos de su víctima. Compró el mayor revólver que hubo a mano; le probó a orillas del río; quedó satisfecho de su gran ruido y de su grande estrago; lo envolvió cuidadosamente en papel para que no se le humedeciera; durmió tranquilamente, despertó a las cuatro de la mañana, y "se sintió bien en alma y cuerpo". Y se encarniza en dar idea de su serenidad. Almorzó bien, y volvió a sentirse bien en cuerpo y alma. Revisó su revólver; aguardó a su víctima; le disparó el primer tiro; lo vio vivo y le disparó el segundo. Y cuando describe la manera con que un policía ciego de ira, se le echó encima y le estrujó el brazo, queda de sus mismas viles palabras la impresión misma que queda en los ojos: de ver a una hedionda sabandija aplastada por la pata de un mastín. ¡Concibió este hombre la única gloria que su ruin mente era capaz de concebir, y sacrificó a ella fríamente, por el beneficio de su fama y provecho, una criatura privilegiada y admirable!

Y dice en su autobiografía, de una manera descosida y violenta, que revela intención de ser tenido por víctima de extravío mental, que hace veinte años comenzó a creer y cree que será electo por un acto de Dios Presidente de los Estados Unidos y ofrece para entonces al pueblo americano "una administración de primera clase": no sufrirá política de sección ni nada que no sea recto: su objeto será "dar satisfacción a todo el pueblo americano y hacerlo feliz, próspero y temeroso de Dios". ¡Faltan en ese hombre los gérmenes normales y las corrientes naturales y cálidas de la vida! Parece un árbol seco en que han anidado los gusanos. Se concibe un gran criminal, con gran entereza, gran maldad, y constante propósito: mas no a ese raquítico culpable, que al delito de haber cometido su extraordinario crimen, une el de la debilidad de disfrazar su real carácter. Para él el asesinato del Presidente fue un negocio, de que esperó nombre y dinero. Sospecha ya que ni el nombre logrado es el que anhela, ni el bienestar a que en consecuencia de su acto aspiraba, se le anuncia. ¡Y procura torcer las consecuencias de este mal negocio! La autobiografía termina con un cómico anuncio: "Busco una esposa, y no veo razón para no mostrar aquí este deseo mío. Solicito una elegante y acaudalada dama católica, de menos de treinta años, que pertenezca a una elevada familia. Esta señora puede dirigirse a mí con la más absoluta confianza". Bien hizo Holland, el poeta que acaba de morir, en escribir aquel ardiente verso: "¡Que una criatura tan miserable haya podido exterminar a una tan noble criatura!"

Un cuñado de Guiteau ha venido a defenderle. Parece un hombre justo, no aguijado del deseo de lograr impura reputación o hacerse de mayor crédito profesional, sino movido de ánimo compasivo, por su corazón humano, y por lealtades de familia. Desdén y misericordia muestra por Guiteau. El proceso le daba ocasión para largas demoras, y enojosos trámites: mas parece que no desea usarlos. Juzga a Guiteau demente; y acumula cartas antiguas, documentos de vieja fecha, documentos recientes, testimonios personales, cuanto haga a la prueba de demencia. Desea Guiteau pasar como un monomaníaco político y religioso. Su cuñado afecta, o siente, confianza en el veredicto de los jueces. Hablarle, verle, oírle, basta,—dice el abogado.

—"¿Cuáles serán vuestros testigos?"

—"Guiteau el primero"—responde. "Que los jueces le interroguen, que lo vigilen, que lo escuchen, que lean las cartas que a su hermana y a mí nos viene desde hace tiempo escribiendo; el informe que ha redactado desde su prisión para la prensa; el manifiesto que antes de cometer el crimen escribió al pueblo americano, y me dictó ayer de memoria, y la adición al manifiesto en que establece que uno de los objetos del asesinato fue crearse renombre para ayudar a la venta de su libro que ha de salvar a las almas".

De la perspicacia de los jueces, y del extravío mental de Guiteau parece seguro el abogado que viene a Washington, humilde y sin dineros, a disputar su víctima al cadalso. Altas razones de honra nacional ven algunos abogados en esta defensa,—y enseñar a las pasiones buenas enseñanzas,—digna de ser intentada, y de ayudar en ella al modesto abogado de Scoville.

Mas ya está el procesado ante la barra. La sala está llena de juristas y empleados. La multitud, de pie en el fondo del salón, lo ve en silencio. El desdén se mezcla a la lástima. El preso lleva un mal flus muy usado. Grueso y rollizo lo representaban los informes: débil, y de mísera apariencia se le ve ahora ante los jueces.

—"¿Os confesáis culpable, u os creéis inocente?"

El acusado se lleva la mano trémula al bolsillo, y como buscando un papel, dice:

—"Traigo aquí un informe que deseo leer".

—"No es el momento de leerlo. ¿Culpable o inocente?" repite el juez.

—"Inocente", dice Guiteau; y se escapa de sus labios un suspiro.

Se ajusta el día del proceso, que va a ser el 7 de noviembre: quiere el defensor demorarlo; anuncia que lo defenderá por demente, y que negará jurisdicción al tribunal actual. Rodeado de empleados de la Corte, sale, tímido y nervioso, del salón por entre la multitud, que lo ve pasar sin una amenaza, sin un clamor: sin un gesto. Va poseído de visible zozobra. Lo asusta su propio drama. Le abandona la calma con que en la celda dicta su vida y redacta sus informes. Se buscan testigos; se urge al Tribunal para que a su costa los haga venir a Washington, más por demorar el proceso, en espera de lo imprevisto favorable, que por enojar al Tribunal con ello. Vuelve el criminal a su jaula de piedra. El aire de la sala de la Corte, cuyas ventanas habían sido cerradas, era caliente y fétido.

## APUNTES SOBRE GEORGE WASHINGTON

El paso elástico del indio.

Lo de la hachita no es verdad; pies cinco, once; las manos, Laf. dice que era curiosidad.

Huesudo.

Y cdo. quería algo de veras, se le montaba s/ la de arriba la mandíbula de la barba. Y cerrados los labios, mandaba con los ojos.

Tira una piedra, y la echa a la otra orilla.

Están en el campo en saltos. La muchacha al mejor, se apea, salta más, cede la much. al q. por la fza. del amor había dado el mejor salto.

*A great outdoor man.*—Caza y monta.

Cdo. no tiene caballos fieros, entretiene la grandeza dominádoles por gusto los cerreros a los vecinos.

Hace azotar a un negrito porque no le atendió a tpo. s/ caballo sudado.

Sus caballos era lo 1º que veía. Almuerza con miel y maíz, a montar: a la 3, se viste pa. comer. A los postres, s/ 5 maderas.

De Pte. a qn. se ha de dar vino, y a quién no: uno por uno habla de s/ esclavos.

¿Y qué fue ese hombre de bronce q. una mano necia ha adornado con una corona de hojas de oro, como agua de rosas, &?

De los esclavos, esc. siendo Pte., que no se hagan los remolones, que los demás no trabajarán, que cada uno haga cuanto su edad y fuerza le permita, que coman lo q. necesiten, sin *waste and no more*; que no le anden los negritos por la cocina, ni rompiéndole los arbolillos; que maten los puercos, repartan, y el resto *bacon*.

Todo lo apunta en su diario: el honor que le hacen: lo q. cuesta esto y aquello: que lo convidaron a un baile infeliz, un b. de pan y mantequilla. Solían hacer chistes. Lo de Morris. Sn recepción. Mientras oía, en las comidas, repicando s/ el mantel con el cubierto.

Cream-colored chariot.

This is not, to be sure, a nation of thiefs. We appeal to all honest men.

En sus cualidades los representa, y se funden en él todas las fuerzas que producían la revolución; pero por su juicio sereno y desinterés superior domina todas las pasiones que la perturban, que se apartan de él cuando creen seguro el campo, pero vuelven a él aterrados, para que los salve del peligro en que (se) la han puesto.

No es hombre de pasión, sino de justicia: que es el hombre necesario y ansiado, cuando la justicia es de buena fe, en época de grandes pasiones contendientes, cada una de las cuales veía en él por mucho su representante.

Vio (W.) la nación. Cuando muchos no concebian más q. el Estado, concibió (W.) claramente la nación.

Pero tenía tanta paciencia que sabiendo que Jef. era quien lo atacaba en el Nat. Gaz. de Frenean, lo soportaba de Ministro; en el dolor de su gabinete, casi lloraba de rabia ante aquella injusticia. (p. 53).

¿Quién es Wash.? ¿El santo de la historia? (Acumular lo bueno)

¿El padrastro de la Rep.? (Acumular lo malo)

En los casos de duda, buscaba de propósito consejo, de unos y de otros, no porque no supiese (él lo) qué hacer, o no tuviera más simpatía por esto que por aquello, sino porque de ese modo no lo podían tachar si erraba, y conociendo de antemano la razón de las censuras, podía hacer por evitarlas. Hasta en los mínimos detalles quiere que le instruyan.

Se le acobardaba la tropa, y va a huir: él se clava en medio de ellas, sin dar órdenes, y vencen.

*The hunting shirt*: emblema q. le gustaba.

Por horas solo en su tienda, pensando y escribiendo.

Grales. q. consentían en parecer poco menos q. traidores, con tal de hacerle perder una batalla a Wash., y desacreditarlo para sustituirlo.

Aborrecía el tabaco.

"He hath an Indian wisdom."

Perdonaba spre. en sus subalternos el primer delito.

Tan hábil para arreglar presa, en la caza como s/ ejército.

*Particulary polite, to ladies*.

Como tormenta deshecha, y conmovedor, cdo. sabe q. los indios le han roto su tropa quieto

Hasta s/ cocinero Hércules era visto con veneración, y muy celebrado en las calles.

"Never to oppose my private wish to the public will."

Y de su conciencia de q. el hombre tiene el deber de decir lo que piensa, y el de someter su voluntad al público.

Su amor a la ceremonia.

Sus recepciones

Su adorno pers.

Su deseo de averiguar en persona.

Su cuerpo

Persona de más de 6 pies.

Los oficiales juegan barras: la coge, y vence.

El insolente lo va a buscar al árbol donde leía: W. cierra el libro, y lo sacude s/ la tierra. Aplausos. Se vuelve a leer.

Rápido bosquejo de s/ vida: por este estilo: lo nombran coronel; vence; descansa veinte años &.

Porque aunque (Publins?) dice que recibió tanto y cuanto (M. M.) y después de la guerra, la verdad es que no tenía con qué pagar al médico y al *tax-gatherer*.

Decía de sí, "The consciousness of a defective education".

Que era lector de Steele y Addison se veía en su estilo parsimonioso y aun floreado.

En vez de ir a recibir honores afuera, despues de rev., se quedó en s. patria, donde no se sabía lo que venía, y las divisiones eran más que la unión.

Habla con orgullo de la "América Unida", aludiendo, por supuesto, a su América del Norte, sin pensar en q. hubiera otra Am. más.

Mt. Vernon: no había cerezos mejores q. los de su huerto, ni manz. más coloradas.

En los veranos, buscando por el monte vivo los robles y álamos más bellos, los pinos y cicutas, y los hollytrees y magnolias, pa. su h. y su jardín.

En vez de las tortugas que vio W. al pasar, los barcos.

Aquí hubo el desenvolvimiento y cauce de las libertades. mts. que en otros el problema ha sido clarear con un puñado de pensadores, el mundo moderno en sociedades bárbaras.

## WASH.

la madre: a caballo veía sus campos diariamente: no más mayordomía q. la suya propia.

llena la casa de gente en las partidas de caza.

Los que lo rodearon, creían en lo maravilloso.

Se levanta a la madrugada.

los estribos plateados, y las botas, de doble: el látigo, cabo de plata.

muy de moda la mantilla del caballo.

gustaba del pescado.

Brindis: "all our friends".

las mujeres le traían a los hijos, a que los viera,

Deteniendo el caballo en medio de la batalla pa. admirar el modo con q. se batían esos nobles *fellows*, los enemigos.


## EL SUICIDA DE LA BOLSA


¡Un día en Nueva York!

Amanece y ya es fragor. Sacan chispas de las piedras los carros que van dejando a la puerta de cada sótano el pan y la leche. La campanilla anuncia que el repartidor ha dejado el diario en la caja de las cartas. Bajan los ferrocarriles aéreos, llamando al trabajo. Los acomodados salen de la casa, después de recio almuerzo de carne roja, papas salcochadas y té turbio con mucha lonja de pan y mantequilla. Los pobres van en hilera, desde muy mañanita, al brazo el gabán viejo, por si enfría a la vuelta, y de la mano la tina del *lunch*:—un panazo, de mano casera, con buen tajo de carne salada y un pepino en vinagre.

Y abajo de la ciudad la vida ruge: se atropella la gente: los carros, como en las batallas épicas, se traban por las ruedas: sube por el aire seco un ruido de cascada. Unos pasan riendo como el niño que acaba de apresar una mariposa, y entran en la cantina de ónix y oro a celebrar su ganancia en la bolsa con champaña verde que llaman acá "leche de uva". Otro viene lentamente, con los ojos fuera de las órbitas y descolorido, con la barba al pecho: un vagabundo le ofrece en cien pesos un cachorro de terrier para su querida: y echa al vagabundo contra la pared de una puñada: ¡jugó a la baja del trigo y el trigo ha subido! ¿dónde acaba el negocio en las bolsas, y empieza el robo? ¿o todo es robo, y no hay negocio?

Llega el mísero a su despacho luminoso, con las paredes de estuco y el piso de bronce; se sienta delante de la mesa nueva de arce, donde impera en marco de piedras falsas el retrato de una bella tragavidas; apura de un sorbo el *whisky* de la botella de cristal cuajado; se levanta el pelo de la sien; y se dispara un tiro.

Así mueren los pueblos, como los hombres, cuando por bajeza o brutalidad prefieren los goces violentos del dinero a los objetos más fáciles y nobles de la vida: el lujo pudre.—¡Ahí está el hombre, frío! ¡Ahora se ve lo que era, un tahúr! ¿Qué más es el azar de la bolsa, que cualquier otro azar? Ver venir la ruleta ¿dónde es oficio de hombre? La ruleta del trigo, que es lo mismo que la otra. Se ha de hacer lo que decía Mondragón el valenciano: "El que quiera pan, que lo cave, y mientras más blanco, más hondo". Y se ha de sujetar el deseo a límites naturales. Dése obra de espíritu a los pueblos, el verso que enamora, el discurso que atrae, la pintura que deslumbra, el drama que interesa, el paseo que calma, para que la vanidad, que reina en todo, se modere por la virtud de los asuntos en que se emplea. Si no ¡ahí está el hombre, frío, rígido, ceniciento, con el brazo tendido, y el puño lleno de sangre, sobre el retrato de la mala mujer hecho pedazos!

La gente se encoge de hombros: ¡una bestia menos! Y el día sigue su curso. Cada cual va a su interés. Hoy empiezan en Jerome Park las carreras de caballos. Kilrain, el púgil, va a pelear a puño seco con un inglés desconocido, por la gloria de mil pesos. ¡Peleará en Nueva York, o en Indiana, donde hay menos policía,—en Indiana, donde está enojado Harrison, el candidato republicano, porque Blaine quiere ir a lucírsele en su propio Estado, como la cabeza magna y visible de su partido? ¿O peleará en la ciudad de Sioux, donde las peleas gustan mucho,—en Sioux, donde celebran ahora la feria del maíz, en un palacio que está todo hecho de él, con torres normandas, techos a la reina Ana, y portales moriscos, y tan curioso por ser de la paja del maíz las paredes, y de la mazorca la cenefa, y de grano rojo o anaranjado los paneles y ornamentos, como por la desdicha del estilo, que es confuso y retacero; con fustes jónicos y chapiteles corintios, y un balcón a lo hindú bajo un alero holandés, y todo esto empotrado en una gran fábrica de picos, sotabancos, y escaleras revueltas, como en tiempo de Ana la reina. Porque aquí han estado imitando a los ingleses en arquitectura, como en modas y en poesía: por lo cual no ha de copiarse lo que va de aquí, que no es más, en lo artístico, que el desfiguro de lo inglés, con la mezcla violenta de todo lo llamativo y extravagante; cuando lo que de Inglaterra pudieron imitar, fue lo que el inglés toma del griego, que es la moderación, y del latino, que es la elegancia. Pero está curiosísimo el palacio, donde sólo la armazón es de madera, y todo lo demás, de la planta que florece con pasmosa abundancia en Iowa y en Dakota, en Nebraska, la vencedora de las nevazones, y en Minneapolis, milagro de voluntad, que está llegando al cielo: ¿no es hoy comarca opulenta sin más ayuda que la que le dan los brazos puestos al cultivo, este que era ayer bosque enmarañado? Y lo más bello del palacio de maíz es que por fuera lo forraron con los pajones verdes o secos, abiertos a la larga o en cruz, como rosas de vientos, los carpinteros y decoradores; pero por dentro fueron las mismas señoras de Sioux las que lo adornaron, dividiéndose en grupos, cada uno de diez con una dama presidente, elegida por el voto en cada agrupación, y todas trabajando por deslucir a sus rivales, y decorar con novedad y bello efecto de color, sin más que maíz, cebada y trigo: éstas las escaleras, de maíz en rosas, asado en ceniza: aquéllas una esquina, con una semejanza de tela de araña, hecha de granos cosidos en alambre; unas el techo, con florones de hoja de millo, y el centro de espigas; otras las paredes, con figuras curiosas, y hasta un gran paisaje de verdes distintos, donde se ve a la gente campesina en el afán de la cosecha.

# 7

# Pasión política

## DOS PARTIDOS EN PUGNA

Cuello a cuello fueron hasta el último instante en la carrera Blaine y Cleveland: y por muchos días después de la elección no se supo de veras si había de ostentar en el actual período la Casa Blanca, el piñón, símbolo de los republicanos, o el gallo democrático. Garfield por los republicanos y Hancock por los demócratas contendieron por la Presidencia hace cuatro años: es verdad que esta vez votaron 468,000 electores más por Cleveland de los que entonces por Hancock, pero también por Blaine votaron 393,000 más que por aquel discreto, sufrido, buen Garfield. De un solo Estado de los 36 que tiene la República dependía la victoria de uno u otro candidato: del Estado de Nueva York.

El que lo obtuviese ganaba la Presidencia: nada más que por mil votos ganó el Estado, su propio Estado en que gobierna, Cleveland. No en vano, indomable y airoso, no se confiesa vencido Blaine por su adversario, sino por la casualidad; y con sutil conocimiento de los odios y miedos de su pueblo, los azuza todos, los hila en cuerpo de doctrina en un discurso de habilidad admirable, y hace de ellos cartel de batalla con que se propone guiar a su hueste de aquí a cuatro años al Gobierno perdido.

Sabe que el Norte está aún receloso del Sur, y que la administración democrática, por tener en el Sur la gran masa de sus partidarios, y por obediencia a su espíritu y programa, ha de ser benévola con el Sur: lo que Blaine, hábil para manejar a los hombres por sus pasiones, anuncia, seguro de que ha de suceder, y de antemano explota.—Desentrañemos, pues, porque está llena de enseñanza, la elección de Cleveland. Y si antes se pregunta quién es él, diremos que es un caballero del pueblo, y aunque joven, uno de aquellos americanos viejos de mano de hierro y ojo de águila, que no pone ya las botas sobre la mesa, pero que tiene aún puestas las botas. Tiene los desdenes, la penetración, la ingenuidad, la audacia, la dureza, la nativez del pueblo en que ha nacido. Viene del mercader y del explotador. Viene del puritano y del volcador de los fardos de té. Tiene el ojo puesto adelante, como quien está decidido a llegar.

Tiene la inocencia poderosa de los caracteres primarios, que salen derechamente de la Naturaleza, y deben menos a los hombres que al influjo de su propia originalidad, y a su aptitud para domarlos, mezclando hábilmente la astuta sumisión con que se les halaga al desembarazado desdén con que se les atrae y sujeta: que los hombres y las cosas, esquivos para quienes los solicitan, se apegan, por vil esclavitud instintiva, a quien quiere deshacerse de ellos. Los grandes hombres necesitan ser coquetas. Fácil es, sirviendo a intereses o preocupaciones poderosas, subir a grandes puestos a ser como antifaces o portavoces de las fuerzas que encumbran; mas ¿cómo no admirar, cuando se sabe lo desamparada y sola que anda la honradez, a quien no llega al triunfo en virtud de complicidad con los defectos de los hombres, sino contra ellos? ¿Quién está en el fondo de los pueblos, como en el fondo de hombres, que, a despecho de ellos mismos, y con voz determinada e imponente, aconseja al oído lo que en las horas de peligro deben hacer, y los echa por el camino de la salvación, en temporáneo arrebato de virtud, que los sostiene y levanta cuando están al borde ya de la caída? El ángel no visita a Cleveland; lo sublime no le estruja y mantiene en agonía la mente; su espíritu tiene la solidez y llaneza de sus almuerzos: pan y mantequilla, y ancha lonja de carne, y sendo té. Tan sencillo es a veces que parece pueril: pero pensando en él, aunque no fuese más que por el ajuste del hombre a la situación en que adviene, se asoma a los labios—¡qué elogio!—el nombre de Lincoln, que es de los que cuando aparecen, alivian e iluminan. ¿Qué hacen los pueblos que no levantan grandes templos a los redentores de los hombres; y colocan en nichos sus estatuas, y componen con ellos un santoral nuevo, y se reúnen en los días feriados a comentar las virtudes de los héroes? ¿Por Iglesia, claman? ¿Por Iglesia que reemplace a la que se va? ¡Pues he ahí la Iglesia nueva!

Hay dos clases de triunfo: el uno aparente, brillante y temporal: el otro, esencial, invisible y perdurable. La virtud, vencida siempre en apariencia, triunfa permanentemente de este segundo modo. El que la lleva a cuestas, es verdad, tiene que apretarse el corazón con las dos manos para que de puro herido no se le venga al suelo: que tan roto le ponen los hombres el corazón al virtuoso, que si no lo corcose y remienda con la voluntad, saltará deshecho en pedazos más menudos que las gotas de lluvia. Sólo en los momentos de agonía suprema, a que conduce a los pueblos fatalmente la prescindencia de la virtud, acuden los hombres con grande homenaje y alabanza a ella, dispuesta siempre a salvar en la hora de tribulación a los que la olvidan, y no bien se ven por la virtud sacados del apremio, la acusan de gazmoña y estorbosa y de importuna y excesiva, y le empiezan a roer los pies, y la derriban.

Los hombres gustan de ser guiados por los que abundan en sus propias faltas. Véase cómo se apegan con más ardor a las personalidades viciosas, brillantes, que a las personalidades puras, modestas. Sólo en las épocas de crisis, el instintivo conocimiento del gran riesgo y de su incapacidad para librarse de él, les hace aceptar a los grandes honrados. La pureza, de que en lo general carecen, les irrita. En las faltas del que los gobierna, ven como la sanción de las suyas propias. Por una mentirijilla de la conciencia, creen que exculpándolos, se exculpan. Pues que sus pecados no estorban al gobernante para llegar a su alto puesto, no es tan malo el pecar, que el mundo condena y premia. Todos los que han pecado, tienen simpatía secreta por los pecadores. No hay como caer en error para aprender a perdonarlo. Ni hay insolencia mayor que la de la virtud, que con su cara austera, sus vestidos humildes y sus manos blancas, va haciendo resaltar por la fuerza del contraste, las villanerías y mañas criminales de la gente, que cuando la virtud no está cerca no parecen de tanta fealdad, como que, por tenerlas todos por igual, en nadie sobresalen: así es que, en cuanto la virtud asoma, los caminos se quedan sin piedras, porque todos dan sobre ella.

Para el poder, sobre todo, es mal camino la virtud. Los hombres no siguen sino a quien los sirve, ni dan ayuda, a no ser constreñidos, sino en cambio de la que reciben. La autoridad que por su condición de ciudadano en un pueblo de gobierno electoral, o de persona de influjo, reside en ellos, la regatean y escatiman mucho. Todo hombre es la semilla de un déspota; no bien le cae en la mano un átomo de poder, ya le parece que tiene al lado el águila de Júpiter, y que es suya la totalidad de los orbes. Por eso en estos pueblos en que la autoridad reside, cuando no es en cada ciudadano, en cada capataz de ciudadanos, de que hay cuentos, el que aspira a ganar voluntades tiene que rebajar tanto la suya, que no se sabe cómo se pueda, con grandeza de alma, soportar las vergüenzas que acarrea la conquista del poder. El corazón honrado se revuelve a la vez contra los que humillan, para prestar su apoyo, y contra los que en espera de él se humillan.

Pero el que, cuando necesita del influjo de un capataz de votos, inquiere, antes de procurarlo, cuál es su pasión, para halagársela; o su precio, para pagárselo; o su vanidad, para acariciársela; o el puesto que apetece, para empeñárselo; el que, con mayor apego a sí que a su pueblo o al pueblo humano, afloja en la defensa de lo que mantiene, o lo abandona, o lo defiende con más brío, según acomode a aquellos de quienes ha menester para lograr el mando;—el que, sabedor de que la razón es de suyo, como que está convencida de su justicia, confiada y desdeñosa, y la preocupación impresionable y activa, opone a la razón de sus contendores cuanta preocupación, odio y cizaña encuentra a mano;—el que no ve en sus capacidades intelectuales una misión de abnegada tutela de las capacidades inferiores, sino un instrumento eficaz para perturbarlas y dirigirlas en provecho propio;—el que usa para sí lo que no recibió de sí, y no pone en la humanidad, sino que la corrompe y confunde;—el que no ve a los hombres como hermanos en desgracia a quienes confortar y mejorar, aun a despecho suyo, sino zócalo para sus pies, sino batalla de orgullo y de destreza, sino la satisfacción de aventajar en ardides y fortuna a sus rivales;—el que no ve en la vida más que un mercado, y en los hombres más que cerdos que cebar, necios a quienes burlar, y a lo sumo fieras que abatir;—el que del genio tiene lo catilinario, cesáreo y luz bélica, y no lo humanitario y expansivo;—el que, como lisonja suprema a los hombres, cae en sus faltas y se vanagloria de ellas,—ése tendrá siempre la casa llena de clientes, y entrará en los combates seguido de gran número de partidarios. Blaine es ése.

Ocupados los unos en fabricar riquezas; privados muchos, en la batalla por el pan del día, del bienestar que hubiera podido moverles a ver con celo por el buen gobierno que ha de conservárselo; y abandonados todos, por la solidez que trae al ánimo esta vida precipitada, suntuaria y avariciosa; la política, aunque jamás desamparada de eminentes y pulcros servidores, fue aquí quedando por gran parte, en manos de los políticos ambiciosos, los empleados que les ayudan para obtener puestos o mantenerse en ellos, los capitalistas que a cambio de leyes favorables a sus empresas apoyan al partido que se las ofrece, los extranjeros que votan al consejo de sus intereses y pasiones, y los leales partidarios que, encariñados con las glorias pasadas, o las ideas añejas, recuerdan sólo la cosa pública, con consecuencia mal entendida, los días en que las elecciones les ofrecen la oportunidad de ejercitar su autoridad y confirmar su fe.

Las grandes almas, modestas y vergonzosas de suyo, sólo consienten en salir de sí cuando corren la humanidad o la patria un grave peligro, el cual afrontan con pasmoso denuedo, y con pecho ciclópeo, pera volver después, ganada la batalla y asegurada la victoria, al dichoso rincón donde se goza de la aprobación interior y el cariño de algunas gentes buenas. Apenas hay para estas almas martirio mayor que el de confundirse necesariamente en la hora de la batalla con los logreros, negociantes y fanáticos que, como la lepra a la piel sana, se pegan a las grandes ideas, y son a veces lo que se ve más de ellas. Magnífico fue el surgimiento de la gente honrada, cuando el Sur, exagerándose sus fuerzas y derechos, se mostró al fin decidido a apartar de la del Norte la fortuna de sus Estados esclavistas: y a la luz del cadalso de John Brown, apareció, cuál con la palabra, cuál con el bravo pecho, cuál con el don de toda su fortuna aquel inagotable ejército del Norte.

Astros tienen los cielos, y la tierra: como un astro refulge el cadalso de John Brown. Jesús murió en la cruz, y éste en la horca. Luego de muertos los hombres, vacíanse, sin carne y sin conciencia de su memoria, en la existencia universal: en remolinos suben; camino al Sol caminan; dichosamente bogan; mas si se hallaran los hombres después de muertos, que no han de hallarse, andarían de la mano Jesús y John Brown.

Tales se van poniendo los humanos, que como no tenga éxito común la vida de un apóstol, se averguenzan de que se sepa que lo admiran, y el loarlos mismo viene a ser de mal gusto. ¡Pues al primer grupo de estrellas que se descubriese, bien pudieran llamarle John Brown!

Entonces, al peligro, acudió lo más granado de la gente del Norte; y el mejor de todos fue aquel zanquilargo, bolsicorto y labirraso de mirada profunda y ojos tristes; aquel que no vino de negociantes, pastores, ni patricios, sino de la Naturaleza y la amargura; aquel de vestir burdo y alma airosa, el buen Abe Lincoln. Ellos, en incontrastable exabrupto, no crearon solamente un partido, al organizar el republicano, sino que volvieron a crear la Nación.

Fueron cruzadas nuevas, y Wendell Phillips su Pedro el Ermitaño. Se entraron por todas las ciudades. Asaltaron todas las plataformas. Hablaban desde un púlpito en las iglesias, desde un barril en las plazas, desde un caballo en los caminos. Ni una aldea sin prensa; ni un día sin peroración; ni una estancia sin su misionero. Cubrieron toda su tierra, y salieron de ella a conmover a las ajenas. Así quedó el partido republicano establecido: como el mampuesto de la libertad humana.

Mas luego que venció el Norte, y quedó en el poder como símbolo de la Unión el partido formado para defenderla, y fuera del poder como causante del disturbio, el partido demócrata dominante en los Estados rebeldes, miró apenas la República, deslumbrada por la victoria y la colosal prosperidad que vino de ella, en los detalles de la cosa nacional, cuyo manejo juzgó premio oportuno de los que la habían salvado. Diose fervientemente el Norte a la elaboración de la riqueza. Cumplido su deber, fueron volviendo a sus hogares y quehaceres los hombres generosos que sólo al gran peligro consintieron salir de su humildad.

Que los negros del Sur, afiliados hasta hoy como a sus defensores naturales a los republicanos contra los demócratas que miraban como a sus enemigos, por haber sido siempre demócratas los Estados del Sur que mantuvieron los esclavos; declaran hoy, por boca de su caudillo, el pujante orador mulato Federico Douglass, que el gobierno de Cleveland les merece cariño y confianza; y un Congreso entero, de ciento cincuenta sacerdotes de color, que representan a trescientos mil negros, va en cuerpo a la Casa Blanca, con el obispo a la cabeza, y dice a Cleveland un largo discurso congratulatorio, en que le asegura de la buena voluntad y afectuosa sorpresa con que han recibido los actos del gobierno su raza; después de cuyo discurso, en fila india, de a uno en fondo, pasaron como en la Casa Blanca exclusos, los ciento cincuenta sacerdotes por frente de Cleveland, deteniéndose cada uno, sin hablar, el tiempo necesario para que el Presidente le estrechase la mano.

No son en los Estados Unidos partidos de clases diversas los que se disputan el Gobierno. Fabricantes y obreros hay con los demócratas; fabricantes y obreros hay con los republicanos. Por sus notables principios y abnegados servidores de la cosa pública sobresalen los demócratas, pero muchos de ellos, como Cox, son hombres acaudalados; como Rewitt, grandes manufactureros.

Y manufactureros y operarios, tanto de un bando como de otro, son, según sus alcances intelectuales y la independencia de sus industrias, librecambistas o proteccionistas. De modo que ésta no pudo ser línea divisoria entre las organizaciones rivales. Poderosa ala librecambista tiene el partido demócrata: más poderosa acaso la tiene el republicano: y cuando una u otra de estas dos opiniones contendientes en el seno de cada partido ha querido extremarse y declararse como dogma de él, la opinión rival se le ha opuesto con tanta energía que la tentativa ha sido abandonada, porque de seguro abría en dos el partido, que para sus demás fines necesitaba conservar la unión. En economía, pues, uno y otro partido andaban igualmente vacilantes. En religión, fuera de estar siendo socavados ambos, como por el diente de una nutria, por la Iglesia Católica, tan dividido en protestantes y católicos está el uno como el otro. En política, sí que los divide, aun sin saberlo ellos, el diferente concepto de la nación y su gobierno; pues los republicanos, que vinieron de la guerra, trajeron a la conducción de los negocios públicos los desembarazos y acometimientos de los vencedores, y en su política fueron de notar siempre, como pecho velloso que no alcanza a esconder la pechera bruñida, las cualidades del combate: el botín y la violencia; mientras que los demócratas, que de viejo guardan la leyenda republicana, miraban de mal grado a la muchedumbre violenta y novedosa, amiga de mandos imperiales y de pompas, y de excursiones por tierras ajenas, que, porque había salvado de un peligro a la nación, se creía autorizada a prescindir y blasfemar de su espíritu:—por lo cual, aunque descontentos de mucho inmigrante burdo que a la prédica de las libertades les seguía, íbanse del lado demócrata los guardadores de la República: los enemigos del soldado.

Pero como unos y otros, aparte de esta distinción (no visible sino a las miradas penetrantes) donde gobernaban, gobernaban con iguales abusos, por ser ambos tajos de un mismo pueblo; como en ninguna cuestión capital se diferenciaban, sino que se dividían de igual manera; como que el único problema imponente, a no ser el de la corrupción electoral y administrativa, era ese del sistema económico que la exuberancia de la producción y dificultad del comercio venían cerrando,—en él parecían haber de parar al fin ambos partidos, e irse de un lado los librecambistas, republicanos y demócratas, y de otro, los proteccionistas de ambos bandos.

Mas los pueblos ricos, conservadores de suyo, sólo aceptan en casos extremos las soluciones radicales, y ven todo cambio con horror secreto. De modo que como, a la vez que estas penurias económicas, cuyo remedio ha de ser a la fuerza violento y costoso, había disgusto de la arrogancia republicana,

pruebas de su imprudencia en el manejo de caudales del Era-
rio, y miedos de que la libertad electoral, ya muy desfigurada
por los que han hecho negocio de la política, quedase definitivamente en sus manos, por ahí se han manifestado primero,
por no costar ahí nada el cambio, las inquietudes y cóleras del
país descontento.

Y esto, no por sacudimiento de la masa votante, que sólo
se estremece cuando el hierro le entra en las carnes, o el lobo
le aúlla a la puerta; sino por la briosa arremetida de la gente
pensadora, que apenas vio cierto el peligro de la República,
saltó a la plataforma, peroró desde los ferrocarriles, propagó
por toda la nación la alarma, enfiló sus soldados en las cajas
de imprimir, y en el borde de una navaja ganó la contienda.
Mas lo curioso es que la victoria de los demócratas la han
ganado los republicanos.

En la nación venían gobernando los republicanos; pero
en algunos Estados los demócratas; y en New York, donde
la opinión fluctúa, con inclinaciones democráticas, unos y
otros, con lo que se tenía ocasión de ver que los de la oposición no eran más escrupulosos que los del Gobierno en el
modo de reclutar partidarios y premiarlos. New York principalmente estaba como roída por una caterva de hombres lustrosos y obesos, consagrados, con gran provecho, a mantener
subordinado el voto de la ciudad a los intereses de una añeja
corporación democrática. "Tammany Hall", que como por la
distribución de empleos pequeños y el avivamiento de las
pasiones irlandesas, disponía del voto de la ciudad que es más
importante que el del resto del Estado y decide de él, no solo
imponía sus candidatos al partido, sino que, por lo que New
York pesa en los negocios nacionales, y por no poder haber
ahora Presidente sin el voto de New York, no podía aparecer

candidato democrático a la Presidencia a menos que no consintiese de antemano en servir los intereses de Tammany Hall. Y los candidatos que sacaba electos, sabíase ya que entraban a sus oficios públicos obligados a repartir puestos y ganancias con los miembros de la asociación: de estos empleos mayores obtenía los menores con que tenía sujetos a los votantes, que en cambio de ellos le daban el poder necesario para imponer condiciones a los que deseaban ser electos, o sacar por sobre sus contendientes a los que la asociación deseaba elegir.

Era Tammany Hall, con ser demócrata, tipo acabado, por lo que aquí lo describimos a la carga, de ese sistema de capataces, de caciques, de gamonales del voto que,—con no admitir en las listas de las asociaciones de barrio del partido sino a los que acataban sus voluntades, tenía sujeto por la raíz el voto público. Al fin, los no admitidos, que por indiferencia o respeto, venían viendo en silencio este abuso, se levantaron, y votaron. La revuelta fue en el campo republicano. Se levantaron los votantes ultrajados contra el "boss", el cabecilla, el gamonal. Se levantó primero Brooklyn, hogar de la Iglesia Protestante, que guarda a pesar de sus estrecheces—¿por qué no decirlo?—la semilla de la libertad humana.—¡Ah, Holanda!—¡Ah, Guillermo de Orange! ¡Ah, sembradores! vuestra mano, penetrante como una consagración—se ve aún sobre el hombro de estos reivindicadores de la limpieza del sufragio.

Sacasteis a la mejilla, mejor que nadie en Inglaterra y en Francia, la dignidad humana, que ya no se irá jamás del rostro. Fue Brooklyn la primera en rebelarse contra el "boss", que en Tammany Hall tenía su representación más acabada. Y eligió a su *mayor*, un joven honrado y rico, contra la oposición de los capataces del voto en Brooklyn. Y como el mal era nacional, por la Nación se esparció el contento, y por los electores el crecimiento de fuerza que da la victoria. Y luego, por sobre el "boss" eligió el Estado a su gobernador. Y al fin, sobre el "boss", tipificado en Blaine, eligió la Nación su Presidente.

Esta situación de los republicanos ha venido a agravarse con el escandaloso descubrimiento de los fraudes perpetrados impunemente en la Aduana de New York, servida hoy por políticos de oficio y gentezuela laboriosa en las faenas de partido. Los comerciantes americanos se han puesto a una, a bien que ya lo estaban, del lado del Gobierno. Los comerciantes extranjeros se ven sorprendidos y murmuran. ¿Quién creyera que en la Aduana de New York, en la primer Aduana de los Estados Unidos, se hayan estado cometiendo por años enteros, los mismos abusos que han hecho famosa a la Aduana de la Isla de Cuba, los mismos que los americanos echan en cara a México? Esto no sorprende, sin embargo, sino a quien no observa: porque no hay pecado latino, que acá no haya, y con creces; pero hay en cambio virtudes y sistemas que no tenemos nosotros, ¡nacidos, ¡ay!, de padres que no fueron puritanos!

No nos falta la condición, no, sino la ocasión, la constitución social, el medio ambiente. Sacudirnos todo lo que nos queda de polvo viejo: abrir los brazos, y tenerlos siempre abiertos; dar al que llega un arado, y un pedazo de tierra, y ayudarle a hacer la casa, y respetársela; crear medios honestos de vida para las inteligencias calientes, ambiciosas, y desocupadas; sacar de la literatura escolástica, la educación pública que hoy se basa en ella, y arraigarla en las ciencias y artes prácticas, para que no le falte al hombre trabajo útil que lo dignifique, ni aquella savia pura falte a rama alguna de la vida; decisión en masa de los hombres honrados para levantar en sus espaldas este edificio del continente nuestro,

fundado sobre serpientes, y echarle base nueva, sin lo que vendrá abajo, desapercibido y befado, como una nube que pasó, con el seno repleto de gente alborotada, por el cielo humano: tal nos falta, y nada más:—virtudes de condición, y no de esencia; de acomodación, de lugar, de atmósfera; pero en nosotros mismos tenemos la impaciencia y previsión del espíritu futuro, la mano ágil: la mente viva, el corazón caluroso, el caballo de cuñas finas en la llanura, y en las sienes.

Desbasar, y rebasar. De raíz venimos mal; y tenemos que sacarmos la raíz, y ponernos otra.

Los abuelos nos pudrieron; pero el aire puro de nuestras tierras nos ha oreado. El alimento que hemos tomado por las ramas, combate y expele al que nos viene de la raíz.

Con nuestra clase fina cultísima, y nuestras clases bajas rudísimas, somos como un libro de Barbey d'Aurevilly en manos del hombre fresco de la selva. Tenemos cabeza de Sócrates, y pies de indio, pies de llama, pies de puma y jaguar, pies de bestia nueva. El sol nos anda en las venas. Nuestro problema es nuestro, y no podemos conformar sus soluciones a las de los problemas de nadie. Somos pueblo original: un pueblo, desde los yaquis hasta los patagones.

Como la cabeza socrática no gusta de abatirse, ni sabe cómo, ni puede, tenemos, si no queremos morir de mal de cabeza, que ponernos cuerpo en relación a la cabeza. Somos el producto de todas las civilizaciones humanas, puesto a vivir, con malestar y náusea consiguientes, en una civilización rudimentaria. El choque es enorme; y nuestra tarea es equilibrar los elementos. La literatura debe afinarnos y entretenernos, no ser nuestra ocupación favorita y exclusiva: nuestra ocupación favorita ha de ser el estudio, ¡hondo y de prisa!, de nuestras condiciones peculiares de vida.

## LAS *SUFFRAGETTES* Y EL VOTO DE LA MUJER

La Legislatura del Estado, compuesta contra lo usual de republicanos, necesitaba ensanchar la ley de elecciones de modo que favoreciese a su partido, arrollado siempre en Kansas que es, como todo el Sur, demócrata: por eso acordó conceder el ejercicio del sufragio a las mujeres, "nacidas en el país", asegurando con esta condición en su provecho el voto femenino, puesto que a la vez que excluía a las naturalizadas, en su mayor parte demócratas, se allegaba a las negras, que ven a los republicanos como sus libertadores y habían de asir con júbilo la ocasión de encararse ante las urnas con las que veinticinco años hace eran sus dueñas.

Helen Gougar, una agitadora del Estado vecino, era el alma de esta nueva empresa. Ella esgrime la pluma política, trata en secreto con el partido que la ayuda, defiende con elocuencia los "derechos de la mujer" y la urgencia de purificar con su intervención el sufragio: ella propaga, viaja, organiza, ensaya sus huestes, da puntos a sus oradoras, aterra con sus denuncias a sus enemigas. "Nadie me detenga, porque voy con la verdad". "La inmundicia desaparecerá ante mí, como ante el huracán el polvo". ¿Por qué ha de espantar a esta mujer la política? La política, tal como se la practica ahora, ¿qué es más que mujer? Todo se hace en ella a hurtadillas, con insinuaciones, con rivalidades, con chismes: los hombres entran en ella con colorete y polvos de arroz, como las máscaras: al que asoma en ella con amor a la patria y franca lengua, lo escarnecen, lo aislan, lo acorralan: ya no es coraza la que usa la política, sino corsé flexible: ¡bien está la mujer en este arte de mujeres! Helen Gougar conoce a sus hombres. "Votadme—les dijo—en vuestra Legislatura republicana, esta ley que he redactado yo

misma, concediendo el sufragio a las mujeres, y yo os ayudaré en las elecciones a sacar triunfantes a los candidatos republicanos". Adelanta en los Estados Unidos, aunque con lentitud, la idea de conceder el voto a las mujeres, pero en Kansas no fue adoptada la ley por razón de alta humanidad, sino en virtud de ese trato mezquino.

La Gougar cumplió bien su palabra. En nada ha tenido que envidiar a la de los partidos experimentados la organización de las mujeres. En cada ciudad se creó una junta directora. Comisiones especiales visitaron los salones de beber y las casas odiosas. Redactaron su programa de moralidad. "¡Publíquense, dice el manifiesto de las juntas, los nombres de los que abandonen de noche sus hogares para convertirse en brutos babeantes ante los mostradores de las cervecerías! queremos casarnos con hombres a quienes podamos respetar, no con cuadrúpedos: ¡publíquense los nombres de los que asisten a las casas de vicios!" "La hacienda la dejaremos a nuestros hermanos los hombres". Ellas crearon comisiones de distrito, fueron casa por casa procurando votos, congregaron en reuniones privadas a las votantes antes de la elección, para conocer sus fuerzas y disponerse a parar los golpes enemigos. Como saben que la honra es lo más caro a la mujer, hirieron a sus contendientes en la honra. El odio, rezago inevitable de la esclavitud, envenenó el combate. "Las de abajo", las negras ¿cómo no habían de aprovechar la ocasión de hermanarse con las que un día las azotaban, y hoy mismo las desdeñan? "Las de arriba", las "dueñas", ¿cómo habían de llevar en paz que su lavandera, su cocinera, su esclava de ayer, pudiese, por una hora al menos, lo mismo que ellas pueden? Así fue que comenzaron a desacreditar a Helen Gougar, a preguntar por sus moralidades, a hacer ascos a la masa de negras que habían acudido con júbilo al registro, a ofrecer a sus criadas favor o dinero en cambio de sus votos, a luchar por el triunfo de los demócratas, los "dueños", de ayer, contra los republicanos, ayudados por las antiguas esclavas. Eso echó a volar todas las cortinas de las casas: No quedó fama viva: "¡Vuestras moralidades sí son impuras!", les grita en un discurso Helen Gougar: "¡estas negras mías lavan y planchan, pero su hombre es su hombre, y no tienen dos puertas en su casa, una para el marido que paga las cuentas y otra para los lindos oficiales!" La ofensa era graneada, de un bando y de otro. Las de arriba, convencidas por la ira, se inscribieron al fin en el registro, de que al principio se apartaron. Se oía en las ciudades, la noche antes de las elecciones, abejear la cólera.

Con el sol se abrieron las casillas de las urnas, cuyos alrededores están en Kansas limpios de grupos, porque la ley, para evitar querellas, manda que haya un espacio de cincuenta pies entre la casilla y la hilera de votantes. Esta vez hay dos hileras, una de mujeres y otra de hombres. Se hablan poco, porque se temen. Hay muchos rostros descompuestos, porque la ira saca al rostro todo el cieno del alma. Van y vienen cargados los carruajes que los republicanos pagan a las negras. ¡Son damas y han de ir en carruaje! Las "de arriba", que van llegando en sus carruajes propios, toman puesto detrás de sus criadas en la hilera:—"¡Eh, Atanasia!" grita un negro travieso a su mujer, que espera en la otra fila: "¿votas por el demócrata?"—"No: ¡por el republicano!"—"Pues mira, vámonos a casa, porque mi voto mata el tuyo: el brazo, Atanasia!" Y alegremente se van de bracero; pero Atanasia vuelve sola y vota por el republicano. Dos señoronas quieren comprar el voto a una negra: los hombres intervienen: los puños acentúan pronto las palabras: espárcense, como el maíz por el aire, las votantes. Vota una anciana de ochenta años: "¿qué he de hacer, mi señor?", responde a un cronista el lindo viejo que fuma su pipa en el portal, junto a una silla vacía: "¿qué he de hacer?,—repite mirando a la silla:—"la mujer fue a elegir porque el cura le dijo que votara". Estallan los aplausos, es que pasa la oradora elocuente, la mulata Stevens, que habló en la tribuna pública, acompañada de dos jueces y señoras de rango, ¡pues no todas han de apartarse de los humildes, y hay quien goza en irlos levantando!

Al fin, la batalla cesa: no se ha peleado a lo púgil, sino a lo serpiente: hay brazos que llevan para toda la vida la mordedura. En la pelea se notó demasiado encono. Para el olvido no hubo la noble rapidez con que en el gozo común por el triunfo de la libertad, suelen ahogar los hombres sus contiendas. Las mujeres, como los hombres, ayudaron al que las ayudó. Las negras, como los negros, votaron por aquellos que miran como sus emancipadores. En la propaganda se ha notado más ahínco, más fuego, más inquina, más fuerza apostólica que las usuales entre hombres. Lo nuevo que hicieron—la denuncia de las casas odiosas—lo hicieron con brío. Muchas mujeres obtuvieron puestos públicos. Una había que aspiraba a la presidencia del Municipio. En Stockton, a poco sale nombrado un Ayuntamiento de mujeres. En Garden City una mujer ha sido electa Tesorera municipal para el entrante año. Un candidato al Corregimiento, que tiene fama probada de galantería, ganó la elección por considerable número de votos.

Véanse ahora otras elecciones: las que han estado a punto de poner en manos de los trabajadores las ciudades más poderosas de la República: Chicago, San Luis, Cincinnati. El partido que asomó hace ocho meses con la candidatura de Henry George en Nueva York, ya se insinúa en el campo, arrebata falanges enteras a los partidos antiguos decrépitos, y en su segundo esfuerzo reaparece organizado y triunfante en las capitales de más riqueza e influjo. Sucede lo que en estas cartas se ha previsto: Los trabajadores, los reformadores vehementes que los dirigen o combaten a su lado, están decididos a luchar juntos por las vías de la ley para obtener el gobierno del país, y cambiar desde él, en lo que tienen de injusto, las relaciones de los elementos sociales. Lo que les falta para el triunfo, o para estar en disposición de aspirar con probabilidades favorables a él, es su constitución definitiva como partido americano, libre de ligas con los revolucionarios europeos.

Y eso adelanta, porque Powderby, el jefe de los Caballeros del Trabajo, se sacó de sobre el pecho hace pocas noches una bandera de los Estados Unidos, y ondeándola entre aplausos por sobre su cabeza, declaró que esa era la única bandera "digna de ser seguida por los libres norteamericanos".

Asombra a los que no conocen la virtud de la libertad esta confianza del país en que ninguno de sus hijos ha de comprometer su grandeza. Acá el hombre se siente orgulloso de la fábrica nacional, y no atenta contra ella porque ha ayudado a crearla. Le saca lo podrido, le humedece las cerraduras, la orea de vez en cuando, levanta paredes nuevas, repone sus puntales; ¡pero no la echa abajo! El arte de la libertad, consiste en que ha puesto al servicio de la virtud el egoísmo. Hasta a lo que se ha hecho mal se le ama, porque se le ha hecho.

Acaso se ven aquí con gozo, no por inconsciente menos eficaz, estos sacudimientos periódicos de la conciencia pública, estas apariciones pujantes y agresivas de los grandes problemas. Todo prepara aquí a eso. Los debates continuos, brutales a puro francos, de la contienda política, robustecen en el hombre el hábito de expresar su opinión y atender a la ajena. Enorme es el beneficio de vivir en un país donde de la coexistencia activa de diversos cultos impide aquel estado medroso e indeciso a que desciende la razón allí donde impera un dogma único e indiscutible. El espectáculo constante de la pujanza, antes incita a desearla que a temerla, tanto, que puede decirse que acá es delito, en las ideas como en los hombres, presentarse sin ella. Y en cuanto a lo súbito, place a este pueblo ocupado, salir de una vez de lo que le embaraza.

Pero si la Nación no desconfía de lo que en ella puedan hacer sus propios hijos, sí se la nota rehacia a que le pongan mano irreverente los que no entienden su estructura, los que traen en los huesos odios extraños, los que no han criado el juicio en las instituciones a que intentan aplicarlo.

## CONGRESO DE MUJERES

Tantos males pueden hacer surgir como legítimos, y verdaderos por relación, pensamientos que a nosotros nos han de parecer—por ser nosotros de tierras distintas—vulgares y extravagantes. Va cerrándose el congreso de damas, convocado para abogar enérgicamente por la concesión del derecho de votar, a las mujeres. Ha sido el congreso en elegante sala, y las damas de él muy elegantes damas. Vestían todas de negro, y la que más, que era la presidenta, llevaba al cuello un breve adorno azul. Y el auditorio era selecto, lleno de hombres respetuosos y de damas de buen ver. Es cosa sorprendente, cómo la gracia, la razón y la elegancia han ido aparejadas en esa tentativa. Deja el congreso de mujeres, la impresión de un relámpago,—que brilla, alegra, seduce e ilumina. Yo he oído a un lacayo negro hablar, pintando el modo de morir de un hombre, con tal fuego y maestría, que le hubieran tenido por señor los maestros de la palabra. Yo he oído con asombro y con deleite, la verba exuberante y armoniosa de los pastores hondureños, que hablan castellano de otros siglos, con donaire y fluencia tales que pondrían respeto a oradores empinados. Y ese modo de hablar de estas damas ha sido como el corretear de un Cupidillo malicioso, bien cargado el carcaj de saetas, y bien hecha la mano a dispararlas, entre enemigos suspensos y conturbados, que no supiesen cómo ampararse, alzando el brazo y esquivando el rostro, de los golpes certeros. ¡Qué lisura, en el modo de exponer! ¡Qué brío, en la manera de sentir! ¡Qué destreza, en sus artes de combate! ¡Qué donaire, en los revuelos de su crítica!

"¡No nos dejáis más modo de vivir que ser siervas, o ser hipócritas! ¡Si ricas, absorbéis nuestras herencias! ¡Si pobres, nos dais un salario miserable! ¡Si solteras, nos anheláis como a juguetes quebradizos! ¡Si casadas, nos burláis brutalmente! ¡Nos huís, luego que nos pervertís, porque estamos pervertidas! Puesto que nos dejáis solas, dadnos los medios de vivir solas. Dadnos el sufragio, para que nos demos estos medios."

Y como decía tales cosas una respetable anciana, con tal riqueza de dicción y propiedad de ademanes, que no había espacio a burlas, amigos y adversarios oían atentos y batían las palmas. "¡Vienen a convertirse las mujeres ignorantes, merced al desamparo en que viven, en frutas de noche, y huéspedes de la policía, y no tenéis en las casas de policía, mujeres honradas que asistan a esas infelices, sino hombres que las burlan y mancillan! ¡Poned mujeres en las estaciones adonde van presas mujeres! ¡Dejadnos votar, y nosotras las pondremos!"

Y a este punto, como si fuese ley que en esta tierra fueran siempre unidos lo poderoso y lo pueril, dice una dama linda que está en la sala el Jorge Washington de la causa de las mujeres sufragistas, y se debe oír hablar a Washington; cuya dama, que es famosa, y habla esa lengua que gusta a los americanos, porque hace reír, y tiene en abundancia la brutalidad y la presteza del boxeo, subió seguidamente a la plataforma, donde ostentaba un grave caballero su gabán lujoso y sus gruesos zapatos de andar; mas no dijo discurso, sino que el libro que tenía en la mano era una historia del sufragio de las mujeres, y que alcanzaría gracia, y se haría miembro de dos asociaciones sufragistas, quien en prueba de fe comprase el libro. Con lo que bajó de la tribuna Susana Anthony.

La pasión generosa, la réplica aguda, la ironía mordiente, la razón sobria, la exaltación sectarista, distinguieron a esta reunión de damas estimables; por las que se supo que no ha mucho, cincuenta y nueve legisladores votaron en Albany, que es la cabeza del Estado, por la concesión del sufragio a las mujeres, contra cincuenta y cinco, que no gustan de concederlo; y se supo también por un ex gobernador de Wyoming, que en Wyoming votan y gozan empleos, y se disputan candidaturas las mujeres, y hubo vez, en la que todo quedó en paz, en que un marido era candidato republicano para un empleo y su consorte candidato demócrata.

## LOS CABALLEROS DEL TRABAJO

Y crece, crece a ojos vistas, injusta en esto, justa las más de las veces, la sociedad de los Caballeros del Trabajo—"The Knights of Labor" les llaman en inglés.

En ella, dirigida con singular sabiduría, se vienen agrupando lentamente las asociaciones parciales de obreros, que a su número y falta de relación, y a la falta de recurso consiguiente, debían gran parte de sus derrotas.

Los Caballeros del Trabajo cubren hoy una ciudad, dos mañana, el Estado luego, luego dos Estados. Tenían ya todo el Este. Ahora el Oeste, que se les resistía por no haber nacido de él la asociación, se ha entregado a ellos.

Los Caballeros del Trabajo son un congreso permanente de trabajadores. A cada problema, una resolución. La sociedad debate en secreto, pero manda, y ocho mil obreros, diecisiete mil obreros, los mineros todos del Oeste, como a un golpe de martillo, abandonan el trabajo. Y son tales las arcas de la sociedad que pueden mantener en huelga meses sobre meses a diecisiete mil obreros.

Misteriosos, constantes, enormes, fieles son las manos que llenan esas arcas. Y se extienden, se extienden.

Son poderosas, porque nacen directamente de sus propios problemas. No es el socialismo europeo que se trasplanta. No es siquiera un socialismo americano que nace.

Acá no hay una casta que vencer, escudos a que van engarzados grandes dominios territoriales, clases privilegiadas que legislan o influyen en la legislación nacional. Acá el escudo es un bote, una pala, un látigo, un yunque, un zapato. Los que reposan en ataúd de bronce comieron en tina de lata.

Ahora es candidato para gobernador de Nueva York un banquero, vivo orador por cierto, que picó piedras por estas mismas calles.

Acá el trabajador sabe que el monopolista era ayer todavía trabajador: cuando trata de su huelga con un empresario, con un trabajador de ayer trata, lo que modera al que pide, y ablanda al que ha de dar. Aun en sus combates se sienten hermanos. Pero ya se divisan las líneas futuras, y acá se ha de dar el espectáculo hermoso de la victoria de la razón, si no lo enconan, como descastadas de Europa pretenden, más que las políticas, que acá no cunden, las influencias religiosas.

La catedral de San Patricio no tiene aún torres; pero ya se divisan en el aire las campanas con que invita a los ricos y a los medrosos a la coalición y a la guerra: no tiene aguja todavía la catedral de San Patricio, pero toda ella es mano que señala a los trabajadores unidos que se acercan, sin gran fe en la otra vida, a afirmar su derecho a una existencia holgada en ésta.

"Únanse, dice, la iglesia que transporta a otro mundo las esperanzas de los pobres, y los ricos de este mundo que pueden sufrir a manos de ellos".

Y ya levantan fondos para las torres de la catedral de San Patricio; y ya se celebra, con desusada pompa, un congreso eminente de católicos: y ya, con rapidez americana, está al concluir una gran universidad de clérigos.

## EL VOTO DEL NEGRO

Son terribles en manos de los políticos de oficio las masas ignorantes; que no saben ver tras la máscara de justicia del que explota sus resentimientos y pasiones. De la gloriosa abolición de la esclavitud y de las leyes enérgicas que para confirmarla abrieron a los negros las urnas del sufragio, se ha originado, a manos de políticos sin escrúpulos, un mal electoral, innecesario por cierto en los Estados que habían ya purgado con la guerra el delito de persistir en gozar de una riqueza que mancha a quien la disfruta: no es hombre honrado el que posee a otro hombre.

Demócratas como eran los Estados del Sur que se habían ligado en la Confederación, demócratas seguían siendo después de vencidos, por lo que no hubo presión legal que como acto legítimo de prudencia no ejerciese el partido republicano de los Estados que habían mostrado ser un contendiente formidable, y para crear en su seno un elemento de su propio partido, que a la par que mantuviese en el Sur la autoridad del Norte, pesase con un importante número de votos en las elecciones a la presidencia. Sólo una voz había tenido el Sur cuando sus caudillos le hablaron de guerra: se puso en pie, y anduvo. Sólo una voz tuvo después de la campaña, cuando el decoro mismo le vedaba ponerse a raíz de ella del lado de sus vencedores: votó, íntegra, como antes de la guerra, con el partido demócrata, no tanto por votar en pro de él como en contra del partido republicano, cuyos naturales prosélitos fueron los negros a quienes había dado la libertad y otorgado el sufragio.

Creáronse al punto intereses locales y capataces autóctonos, que vieron en el voto negro, azuzado y enconado hábilmente, un seguro instrumento de poder, y desconociendo la lealtad con que el Sur, que ya llevaba muy a cuestas la guerra, había entrado en la paz con el Norte, lealtad sólo igual a su bravura, sofocaron la libre emisión del voto de los naturales blancos de los Estados, batallaron contra la unión que a despecho de la esclavitud tendía a hacerse entre los emancipados y las familias a cuyo calor habían crecido, y mantuvieron en cizaña al negro ofendido, armado de un voto que veía como el símbolo de su libertad, contra los blancos que por encima de esta política venenosa sacaban triunfante la candidatura demócrata, no sin sangre y disturbios, que los alardes de dueño que fue tomando en el poder el partido republicano tenían siempre encendidos, de modo que hasta el advenimiento de Cleveland al Gobierno no ha habido para el Sur, puesto que en el alba de la paz murió el justo Lincoln, hora completa de confianza y de ventura.

Virginia había sido la cabeza de la rebelión; y allí acumularon sus fuerzas los republicanos, y bien cargadas de odio, las sacaron vencedoras muchas veces. Virginia está cerca de Washington: fue voz nacional mantener abatida a Virginia, la cabeza rebelde. Fácil era pasear a los ojos del negro, que todavía se mira en los pies las llagas de los grillos y tiene en las caderas las mordeduras de los perros, el fantasma de su vida de esclavo, que le ponía el cerebro en hervor y le daba reflejos de sangre en los ojos: el Sur, mientras, que peleó acaso tanto por su supremacía política como por mantener en sus Estados la esclavitud, trabajaba dolorosamente, a pesar de la ruina de sus familias y la desconfianza y opresión de sus gobernantes, por levantar sobre las nuevas bases una segunda riqueza. Fundió la espuela de oro para comprar arados. Cambiaron los señores perezosos por el fecundo sol de los algodonales la sombra regalada de los colgadizos. Reconocieron pronto que la esclavitud había muerto en los Estados Unidos para siempre y arrepentidos de su error, aunque orgullosos de la bravura con que habían sustentado la independencia de sus hogares, veían con pena, y a veces con ira, el desconocimiento voluntario y ofensivo de su intención y de sus derechos en que, so pretexto de defender una unión que ya el Sur no acataba, insistía con actos injustos el partido republicano, necesitado de reparar con el apoyo forzoso del Sur las pérdidas que sus abusos e insolencia le acarreaban en los Estados Unidos.

Al cabo, sin que el Sur contribuyese a ello con más que con su lealtad ordinaria, fue electo Cleveland, en una sacudida de honradez de los republicanos, avergonzados de la osadía con que perpetuaba sus culpas y atentaba a los derechos públicos su propio partido. Ya el Sur respira. El Sur, demócrata siempre, fortaleza perenne de la democracia, tiene derecho en una administración de su partido a una porción igual de honores e influjo que los Estados del Norte a cuya victoria y purificación ha ayudado. El Sur no ve ya a sus militares tratados como traidores, a sus estadistas desconocidos, a sus hombres mejores vilipendiados por las consecuencias de un yerro que llevaron virilmente. Ya el Sur vuelve a sentirse entidad en la nación, y ve a sus hijos de cabezas en las oficinas públicas, de embajadores en las cortes extranjeras, de Secretarios en la mesa del Presidente;—y ve que el Norte no lo teme, sino que lo alaba. Los arados se afilan; la gente canta; los mismos regocijos públicos, mantenidos sólo por puntillo patriótico, se celebran con grandeza y majestad; ha doblado la siembra de algodón. Porque aquellas vislumbres de respeto que en la administración de algún republicano sensato, como Arthur, se notaban, aquel empeño casi estéril de la porción mejor de los republicanos por ver tratado al Sur como a hermano que se arrepiente y no como adversario a quien se aplasta, con el gobierno de Cleveland, que fue desde el principio sabio y fuerte, tienen al fin cuerpo de verdad entera, y el pueblo que se consolidó una vez para la guerra y acaso se hubiera consolidado otra vez para una guerra nueva en la comunidad de la desgracia, ahora en la esperanza se consolida, y con las manos cargadas de productos, sueltos los bríos y el ingenio que la presión política había tenido en estos veinte años encogidos, se adelanta tranquilo hacia el Norte, asido sin vergüenza y sin miedo de la bandera de la Unión, para devolverle acaso, dando más frutos primos al comercio y mayor empleo a las industrias pletóricas del Norte, la prosperidad que el exceso de éstas ha comprometido. El negro mismo, a quien en veinte años de prueba ha aprendido a tratar como hombre su señor antiguo, ve que en las gentes de su propio solar tiene amigos leales, y que el blanco se ha olvidado ya de ser su dueño: abonan ya los campos los huesos de los perros que en otro tiempo por bosques y por nieves los perseguían.

Es voz de la nación que, so pretexto de impedir la reacción armada en el Sur, el partido republicano iba, con los excesos de que lo haría víctima, por el único camino que hubiera podido llevar acaso a la reacción que se afectaba temer. Ha sido una fiesta para el Norte honrado esta vuelta plena de los Estados del Sur a la vida nacional. Lee es nombre mágico, el nombre del general sin tacha que excedió a todos los del Norte en genio, si no en fortuna: el general Fitzburgh Lee, que peleó con su tío y dejó luego la silla de campaña por la de hacendado, ha elegido ahora Virginia, cabeza espiritual aún del Sur, para señalar su regocijo y afirmar, con él por gobernador, su restablecimiento. El Norte se lo aplaude.

¿Cómo no ha de aplaudir, si no hay aldea de Virginia donde el honrado general, que ni sabe ni necesita de lisonjas, habla muy en alto de la patria común sin avergonzarse por eso de sus héroes: si las ciudades, si los villorrios, si los postes mismos de los caminos que antes vieron fragor y batalla, están ahora envueltos profusamente, al paso del general, en los colores nacionales? ¿si al acabar un almuerzo en Linchburg, todo vestido de gala para recibirlo, una dama del Sur, que padeció mucho de la guerra, prendió en su solapa una roseta con los colores de la Unión, que ahora que corre el estado de paz, lleva el general al pecho a la cabeza de los que fueron sus soldados? Son de ver las ciudades que el general recorre en su camino de candidato: es sol, como es siempre en el Sur; es cielo alegre: es milicia en las calles, banderas sobre las puertas, procesión que no cesa de gente a caballo; junta de pueblos vecinos que se vienen a la ciudad en vagones. No hay ventas: no hay comercio: es el viejo espíritu: es el Estado que renace: es el suelo propio desconocido que cobra persona: es la alegría inmaculada de la patria: ¡todo goce es mezquino comparado a éste!

Pero la procesión es lo que hay que admirar, la procesión de la gente ciudadana. Luego que pasa la milicia, el general, en vestido de calle, se pone a la cabeza de los jinetes que lo esperan: son mil, son dos mil, ¿quién sabe cuántos son? Van de dos en dos, todos en lindos caballos.

El Sur monta bien: el Sur es la luz y es la gracia. No se avergüenzan, no, de llevar las banderas del regimiento a cuya sombra pelearon en la guerra: los veteranos están mezclados con la gente nueva: la bandera amarilla desgarrada, va al lado del pabellón azul y blanco. Van de dos en dos, de dos en dos: no cesan de pasar, no cesa el aplauso de las mujeres de ojos negros que agitan sus pañuelos, desde los balcones, ni de la multitud campesina que repleta las aceras, ¡allá va un veterano manco, con el chaquetín y el calzón gris que usó en campaña! Se puede creer en los que no son hipócritas: se puede tener fe en los que no se avergüenzan de sus entusiasmos. Todavía van, de dos en dos, cuando la cabeza de la procesión entró ya en el camino de la montaña; todos los caballeros llevan al pecho una banda blanca. Así recorre Virginia el candidato en triunfo, sin miedo a pregunta alguna, ni embarazo ni alarde al aludir a la guerra pasada.—Y en las montañas es donde el regocijo toma tamaño bíblico. Los pueblos enteros, mozas y mozos, montan a caballo: allá la casa es abierta, la miel dulce, el trato miel: allá sacan el potro más fino, a que el general lo monte, y mientras aguarda por su caballero, o habla éste en la escuela del lugar a los poblanos que la cercan, o desde el

tronco de un árbol les repite que ya la guerra es muerta y
el miedo del Norte también, y la vida empieza,—o disponen
en mesas de pino el desayuno con sus manos las amazonas de
la aldea, que dos a dos seguirán luego al general en procesión
hasta el pueblo vecino por los caminos de la montaña.

## ALZAMIENTO POR LAS OCHO HORAS DE TRABAJO. GRAN MITIN EN NUEVA YORK

En Nueva York hubo procesiones, plazas repletas, casas hen-
chidas de policías armados alrededor de las plazas, discursos
más encendidos que las antorchas que iluminaban a los oradores, y más negros que su humo: Union Square, que tiene
cuatro cuadras de cada lado, era una sola cabeza la noche de
la petición de las ocho horas: como un cinto, ceñía la gran
plaza, oculta para no excitar los ánimos, una fuerza de policía,
pronta a la carga: ¿cómo no, si se sabe que en Nueva York los
anarquistas leen como la Biblia, y compran como el pan un
texto de fabricar bombas de lata, bombas cómodas, "graciosas
y pequeñas como una pera", bombas de dinamita "que caben
en la mano"?; ¿cómo no, si a la luz del día, porque no hay ley
aquí que prohíba llevar un rifle en la mano, entran los anarquistas en los lugares donde aprenden el ejercicio de las armas
las "compañías de rifleros trabajadores" y no se oye, en las
horas libres y en todo el domingo, más que la marcha de pies
que se clavan, la marcha terca, continua, firme, una marcha
de que nadie se cansa ni protesta, una marcha de gente que se
ha puesto en pie decidida a llegar?: ¿cómo no, si todo el Este
de la ciudad está sembrado de logias de socialistas alemanes,
que van a beber su cerveza, y a juntar sus iras acompañados de

sus mujeres propias y sus hijos, que llevan en sus caras terrosas y en sus manos flacas las marcas del afán y la hora de odio en que han sido engendrados?

Pero entre los que azuzan desde las tribunas a los trabajadores la noche de la reunión, no hay sólo alemanes, no, sino patriarcas americanos, hombres de buena fe y habla profética, ancianos encanecidos en la creencia y propaganda de una época más justa, apóstoles a lo John Brown, aquel loco hecho de estrellas.

En otros lugares, lo traído de Europa, violento y criminal, predomina en el movimiento obrero, y lo mancha y afea: pero en Nueva York, como dondequiera que hay trabajadores, aunque los medios brutales repugnen a la gente de hábitos republicanos, se nota que el alzamiento viene de lo hondo de la conciencia nacional, y que la pasión y la voluntad de vencer están ya, para no dejar de estar, en el trabajador americano.

En la plaza de la Unión hay grandes árboles, y de encima de todos ellos, como un cesto de lunas llenas suspendido por los aires, se vierte por entre las hojas, dibujando en la tierra fantásticos bordados, una atrevida claridad de mundo nuevo. Apiñados en ella, removiéndose, cuchicheando, ondeando, oleando, parecía aquella muchedumbre de gente ciclópea, la gran taza encendida donde se transforma en una noche luminosa, el universo.

Acá se acaba de ver, en el alzamiento general, en los arsenales anarquistas sorprendidos, en el desafío y locura de su prensa, en los motines y combates de Chicago, a la luz de los rifles y al estallido de las bombas, se acaba de ver que es colosal y viable el feto.

¿Qué quieren? Un día es más salario; otro día es más respeto; otro día, como ahora, quieren que las horas de trabajo no sean más que ocho, no tanto para que pueda entrar alguna luz por el alma en las horas de reposo, como para que se vean obligados los fabricantes a emplear a los obreros que hoy no tienen faena; pero todas estas demandas son formas y peldaños: ha llegado ya a condensarse en acción la plenitud de amargura y encono en que su vida infeliz y desesperada tiene a la pobre gente de trabajo: ya han llegado los organizadores, los administradores, los filósofos y vulgarizadores, el ejército, en fin, que realiza las grandes reformas; unos empujan otros maldicen, otros contienen, otros sujetan la acción, mientras encuentran el remedio; pero ya todos obran.

¿Quiénes podrán más, los obreros moderados que con la mira puesta en una reorganización social absoluta se proponen ir hacia ella elaborando por medio de su voto unido las leyes que les permitan realizarla sin violencia, o los que con la pujanza de la ira acumulada siglo sobre siglo, en las tierras despóticas de Europa, se han venido de allá con un taller de odio en cada pecho y quieren llegar a la reorganización social por el crimen, por el incendio, por el robo, por el fraude, por el asesinato, por "el desdén de toda moralidad, ley y orden"?

Ese es, en este instante, el problema trabajador, tal como queda deslindado, después de estos sucesos, en los Estados Unidos.

¿Las prácticas de la libertad habrán enseñado a los hombres a mejorar sus destinos sin violencia? Parece que sí: parece que el ejercicio de sí mismos, acá donde es perfecto, ha enseñado a los hombres la manera de rehacer el mundo, sin amenazarlo con su sangre.

Dos cosas hay que son gloriosas: el sol en el cielo, y la libertad en la tierra.

La verdad es que: por todo lo que se ve, esos motines de Chicago, esos voceos de socialistas, esos ejercicios en patios

y túneles, esas odiosas violencias, son como salpicaduras de
su fango ensangrentado que, con la rabia de los que mueren,
echa sobre América triunfante, como una reina desdentada, la
Europa iracunda. Acá se ve que la opinión en masa, la prensa
misma de los capitalistas, ¡qué más, la Iglesia misma, la Iglesia
Protestante!, acepta la revisión del sistema social de ahora, y va
pensando en la manera de ir poniendo un poco del mármol
que sobra en unas calles, en el lodo que sobra en otras.

El obispo de la Iglesia Metodista, una Iglesia robusta y protegida por gente de caudales, envía a los templos de su credo una
pastoral que causa en el país una emoción profunda: "Basta—
dice: este edificio donde vivimos es un edificio de injusticia:
esto no es lo que enseñó Jesús, ni lo que debemos hacer los
hombres: nuestra civilización es injusta: nuestro sistema de salarios, asilos y hospitales ha sido sometido a prueba y ha fracasado.

"Repugna al orden de la razón que unos tengan demasiado
y otros no tengan lo indispensable. Lo que está hecho así,
debe deshacerse, porque no está bien hecho. Salgamos amis-
tosamente al encuentro de la justicia, si no queremos que la
justicia se desplome sobre nosotros.

"Por Cristo y por la razón: esta fábrica injusta ha de
cambiarse.

"¡Rico, tú tienes mucha tierra! ¡Pobre, tú debes tener tu
parte de tierra!"

Esas palabras: que condensan las de la pastoral, han sa-
cudido la atención, porque no vienen de filántropos desa-
creditados, ni de gente de odas y de libros, sino de un gran
sacerdote, de mucho seso y pensamiento, que tiene una iglesia
de granito con ventanas de suaves colores, y ha pasado una
vida majestuosa en el trato y cariño de los ricos. ¡Bendita sea
la mano que se baja a los pobres!

Pero esa bondad sacerdotal, que acá no ha sido oída ni con asombro ni con escarnio, ese sorprendente acercamiento del representante de una Iglesia al reformador más sano e ingenuo que estudia hoy el problema del trabajo, a Henry George, no alcanza a excusar, sino que condena, como condena George mismo, a los que afean la marcha victoriosa del espíritu humano con violencias y crímenes innecesarios en un país donde hora a hora, desde todas las tribunas, pueden decir los hombres lo que quieren, y juntarse para hacerlo.

¿Que no puede la mayoría trabajadora convencer a la minoría acaudalada de la necesidad de un cambio? Pues no tiene la capacidad de gobernar con justicia: y no debe gobernar el que no tiene la capacidad de convencer.

El gobierno de los hombres es la misión más alta del ser humano, y sólo debe fiarse a quien ame a los hombres y entienda su naturaleza.

No; en eso ha estado la nación unánime. Se ha concedido el derecho a errar de las agrupaciones de obreros, que comienzan, desde su ignorancia y dolor, a organizarse: se empieza a conceder que el sistema de distribución equitativa de los productos de la industria debe reemplazar al sistema de salarios: se reconoce casi generalmente la necesidad de reconstituir la nación sobre bases que no impidan, como las de ahora, el desarrollo armonioso y mejorante de todos sus elementos: se confiesa que no es por cierto irrevocable un sistema social que, a pesar del pleno ejercicio de la libertad humana, lleva al odio, al desequilibrio creciente, y a la guerra entre los habitantes de un país libre, generoso y rico: se presiente sin miedo, y casi se saluda con cariño, la llegada de la era del trabajador; pero opinión, gobierno, prensa, clero ¡qué! el trabajo mismo, se levantan contra las turbas de fanáticos que, en vez de emplear su fuerza en rehacer las leyes, fortalecen y justifican las leyes actuales con el espanto que inspiran sus crímenes.

Lo mismo artesanos que banqueros; lo mismo el gran maestre de los Caballeros del Trabajo que los capitalistas del club famoso de New York Union League; lo mismo los gremios aislados de obreros americanos que los diarios de los magnates de las bolsas, abandonan a la ira pública y a la ley a los que con su odio insensato a las instituciones que merecen, puesto que no las saben vencer en paz en un país libre, retardan la reforma de la constitución industrial, que entraña la del hombre mismo, por la alarma justa de la opinión pública sin la que es imposible la victoria.

Ni la policía, ni los jueces, ni el gran jurado, que es la opinión general, perdona a los que han ensangrentado a Chicago, ni a los que los imitan.

Los caudillos anarquistas están presos: a uno, a Most, lo halaron por los pies de debajo de una cama.

Las imprentas se niegan a poner en sus prensas los diarios anarquistas. Acá, donde hay flores para los asesinos condenados a morir, no ha habido una muestra de simpatía para los anarquistas presos.

Los oradores y escritores que convocaron a las armas a la muchedumbre, en Chicago, y presidieron a su crimen, serán probablemente acusados de homicidio ante el jurado.

## EL PROCESO DE LOS SIETE ANARQUISTAS DE CHICAGO

Aquellos anarquistas que en la huelga de la primavera lanzaron sobre los policías de Chicago una bomba que mató a siete de ellos, y huyeron luego a las casas donde fabrican sus aparatos mortíferos, a los túneles donde enseñan a sus afiliados a manejar las armas, y a untar de ácido prúsico, para que maten más seguramente, los puñales de hoja acanalada; aquellos que construyeron la bomba, que convocaron a los trabajadores a las armas, que llevaron cargado el proyectil a la junta pública, que excitaron a la matanza y el saqueo, que acercaron el fósforo encendido a la mecha de la bomba, que la arrojaron con sus manos sobre los policías, y sacaron luego a la ventana de su imprenta una bandera roja; aquellos siete alemanes, meras bocas por donde ha venido a vaciarse sobre América el odio febril acumulado durante siglos europeos en la gente obrera; aquellos míseros, incapaces de llevar sobre su razón floja el peso peligroso y enorme de la justicia, que en sus horas de ira enciende siempre a la vez, según la fuerza de las almas en que arraiga, apóstoles y criminales; aquéllos han sido condenados, en Chicago, a muerte en la horca.

Tres de ellos ni entendían siquiera la lengua en que los condenaban. El que hizo la bomba, no llevaba más que unos nueve meses de pisar esta tierra que quería ver en ruinas.

Uno solo de los siete, casado con una mulata que no llora, es norteamericano, y hermano de un general de ejército: los demás han traído de Alemania cargado el pecho de odio.

Desde que llegaron, se pusieron a preparar la manera mejor de destruir. Reunían pequeñas sumas de dinero; alquilaban casas para hacer experimentos; rellenaban de *fulmicoton* trozos pequeños de cañería de gas: iban de noche con sus novias y mujeres por los lugares abandonados de la costa a ver cómo volaban con esta bomba cómoda los cascos de barco: imprimían libros en que se enseña la manera fácil de hacer en la casa propia los proyectiles de matar: se atraían con sus discursos ardientes la voluntad de los miembros más malignos, adoloridos y obtusos de los gremios de trabajadores: "pudrían—dice el abogado—como el vómito del buitre, todo aquello a que alcanzaba su sombra".

Aconsejaban los bárbaros remedios imaginados en los países donde los que padecen no tienen palabra ni voto, aquí, donde el más infeliz tiene en la boca la palabra libre que denuncia la maldad, y en la mano el voto que hace la ley que ha de volcarla: al favor de su lengua extranjera, y de las leyes mismas que desatendían ciegamente, llegaron a tener masas de afiliados en las ciudades que emplean mucha gente alemana: en Nueva York, en Milwaukee, en Chicago.

En libros, diarios y juntas adelantaban en organización armada y predicaban una guerra de incendio y de exterminio contra la riqueza y los que la poseen y defienden, y contra las leyes y los que las mantienen en vigor. Se les dejaba hablar, aun cuando hay leyes que lo estorban, para que no pudiesen prosperar so color de martirio, ideas de cuna extraña, nacidas de una presión que aquí no existe en la forma violenta y agresiva que del otro lado del mar las ha engendrado.

Prendieron estas ideas lóbregas en los espíritus menos racionales y más dispuestos por su naturaleza a la destrucción; y cuando al fin, como enseña de este fuego subterráneo, saltó encendida por el aire la bomba de Chicago, se vio que la clemencia equivocada había permitido el desarrollo de una cría de asesinos.

Todo eso se ha probado en el proceso. Ellos que, salvo el norteamericano, tiemblan hoy, pálidos como la cal, de ver cerca la muerte, manejaban en calma los instrumentos más alevosos que han sugerido nunca al hombre la justicia o la venganza.

No fue que rechazasen en una hora de ira el ataque violento de la policía armada: fue que, de meses atrás, tenían fábricas de bombas, y andaban con ellas en los bolsillos "en espera del buen momento", y atisbaban al paso a los grupos de huelguistas para enardecerles con sus discursos la sangre, y tenían concertado un alzamiento en que se echasen sobre la ciudad de Chicago a una hora fija las carretadas de bombas ocultas en las casas y escondites donde los mismos que ayudaron a hacerlas las descubrieron a la policía.

No embellece esta vez una idea el crimen.

Sus artículos y discursos no tienen aquel calor de humanidad que revela a los apóstoles cansados, a las víctimas que ya no pueden con el peso del tormento y en una hora de majestad infernal la echan por tierra, a los espíritus de amor activo nacidos fatalmente para sentir en sus mejillas la vergüenza humana, y verter su sangre por aliviarla sin miramiento del bien propio.

No: todas las grandes ideas de reforma se condensan en apóstoles y se petrifican en crímenes, según en su llameante curso prendan en almas de amor o en almas destructivas. Andan por la vida las dos fuerzas, lo mismo en el seno de los hombres que en el de la atmósfera y en el de la tierra. Unos están empeñados en edificar y levantar: otros nacen para abatir y destruir. Las corrientes de los tiempos dan a la vez sobre unos y otros; y así sucede que las mismas ideas que en lo que tienen de razón se llevan toda la voluntad por su justicia, engendran en las almas dañinas o confusas, con lo que tienen de pasión estados de odio que se enajenan la voluntad por su violencia.

Así se explica que los trajadores mismos temblaron al ver qué delitos se criaban a su sombra; y como de vestidos de llamas se desasieron de esta mala compañía, y protestaron ante la nación que ni los más adelantados de los socialistas protegían ni excusaban el asesinato y el incendio a ciegas como modos de conquistar un derecho que no puede ser saludable ni fructífero si se logra por medio del crimen, innecesario en un país de república, donde puede lograrse sin sangre por medio de la ley.

Así se explica cómo hoy mismo, cuando los diarios fijaron en sus tablillas de anuncio el veredicto del jurado, no se oía una sola protesta entre los que se acercaban ansiosamente a leer la noticia.

¡Ay! ¡aquí los corazones no son generalmente sensibles! ¡aquí no hace temblar la idea de un hombre muerto por el verdugo a mano fría! ¡aquí se habitúa el alma al egoísmo y la dureza! pero se suele ver, como en los días de la agonía de Garfield, el corazón público,—se suele sentir, como en los días del abolicionista Wendell Phillips, la pujanza con que se revela la conciencia nacional contra la injusticia o el crimen,—se ve crecer en un instante, como en los días de las huelgas de carros, la ira de la clase obrera cuando se cree injuriada en su decoro o su derecho.

Y esta vez, ni un solo gremio de trabajadores en toda la nación ha mostrado simpatía, ni cuando el proceso, ni cuando el veredicto, con los que mueren por delitos cometidos en su nombre.

Y es porque esos míseros, dándose a sí propios como excusa de su necesidad de destrucción las agonías de la gente pobre, no pertenecen directamente a ella, ni están por ella autorizados, ni trabajan en construir, como trabaja ella; sino que son hombres de espíritu enfermizo o maleado por el odio, empujados unos por el apetito de arrasar que se abre paso con pretexto público en todas las conmociones populares, pervertidos otros por el ansia dañina de notoriedad o provechos fáciles de alcanzar en las revueltas,—y otros, ¡los menos culpables, los más desdichados! endurecidos, condensados en crimen, por la herencia acumulada del trabajo servil y la cólera sorda de las generaciones esclavas.

Aquí, a favor de la gran libertad legal, de lo fácil del escape en la población enorme, de la indulgencia que envalentonó la propaganda anarquista, se reunieron naturalmente para su obra de exterminio esos elementos fieros de todo sacudimiento público: los fanáticos, los destructores y los charlatanes. Los ignorantes los siguieron. Los trabajadores cultos se retrajeron de ellos con abominación. Los obreros norteamericanos miraron como extraños a esos medios y hombres nacidos en países cuya organización despótica da mayor gravedad y color distinto a los mismos males que aquí los hábitos de libertad hacen llevaderos.

El silencio amparó la obra siniestra.

Y cuando llegaron para Chicago las horas de inquietud que en su justa revuelta por su mejoramiento está causando en todo el país la gente obrera, saltaron a su cabeza los hombres tenebrosos, vociferando, ondeando pañuelos rojos, azuzando a los desesperados, echando al aire la bomba encendida.

Saltaron en pedazos los hombres rotos: murieron miembro a miembro desesperados en los hospitales: repudió toda la gente de trabajo a los que a sangre fría mataban en su nombre. Y hoy, cuando se anuncia el veredicto que los condena a muerte, se siente que en esta masa de millones hay todavía rincones vivos donde se hacen bombas, se reúnen en Nueva York dos mil alemanes a condolerse de los sentenciados, se sabe que no han cesado en Chicago, ni en Milwaukee, ni en Nueva York los trabajos bárbaros de estos vengadores ciegos;

pero las grandes masas no han alzado la mano contra el veredicto, ni el curioso indiferente que se acercara hoy a las tablillas de los diarios hubiera podido oír a un solo trabajador ni comerciante, ni una palabra de condenación o de ira contra el acuerdo del jurado.

El que más, el extranjero de alma compasiva, el pensador que ve en las causas, se entristecían y callaban.

Porque entre otras cosas, los peligros mismos que, a la raíz del proceso, corría el jurado, venían siendo garantía de que él no daría veredicto de muerte contra los anarquistas, a tener la menor posibilidad de evitarse así una inquietud para la conciencia y un riesgo para sus vidas. Si la evidencia no era absoluta, el jurado se aprovecharía de ello para no incurrir en la ira de los anarquistas.

Ya se sabe que el jurado aquí, como en todas partes, no es como los jueces, que viven de la justicia y pueden afrontar los peligros que les vengan de ejercerla con la protección y paga del orden social que los necesita para su mantenimiento.

Estos doce jurados, traídos muy contra su voluntad a juzgar a los jefes de una asociación numerosa de hombres que creen glorioso el crimen, y criminales a todos los que se les oponen, habían de temer con razón que los anarquistas, enfurecidos por la sentencia de sus jefes, llevasen a cabo las amenazas que esparcían abundantemente, mientras se estaba eligiendo el jurado.

Treinta y seis días tardó el jurado en formarse. Novecientos ochenta y un jurados hubo que examinar para poder reunir doce.

Reunidos al fin, siguió por todo un mes la sombría vista.

De noche reposaban los jurados en sus cuartos en el hotel, vigilados por los alguaciles que debían librarles de toda comunicación o amenaza: deliberaban: comentaban los sucesos del día: iban concentrando el juicio: se distraían tocando piano, banjo y violín. De día eran las sorpresas.

Ya era el norteamericano Parsons, a quien la policía no podía hallar, y se presentó de súbito en la sala del proceso, desaseado, barbón, duro, arrogante: ya era que iban perdiendo su seguridad aparente los presos, conforme el fiscal público presentaba en el banquillo como testigos a los cómplices mismos de los anarquistas, al regente de la imprenta del periódico que incitaba a la matanza, al dueño de la casa donde el recién llegado alemán hacía las bombas.

Una joven repartía un día a los presos ramilletes de flores encarnadas. La madre del periodista Spies oía día sobre día las declaraciones contra su hijo. El fiscal presentó en su propia mano una bomba cargada, de las que se hallaron en un escondite, fabricadas por uno de los presos con ayuda del cómplice que lo denunciaba desde el banquillo.

Cada día se veían crecer las alas de la muerte, y se sentían más aquellos infelices bajo su sombra.

Todo se fue probando: la premeditación, la manufactura de los proyectiles, la conspiración, las excitaciones al incendio y el asesinato, la publicación de claves en el diario con este fin, el tono criminal de los discursos en la junta de Haymarket, la preparación y lanzamiento de la bomba desde la carreta de los oradores.

Estaba entre los presos el que la había hecho, ésa y cien más.

Los restos de la bomba eran iguales a las que los cómplices de los presos entregaron a la policía, y a las que tenía el periodista en su imprenta y enseñaba como una hazaña.

Los testigos de la defensa se contradijeron y dejaron en pie la acusación. Los testigos de la acusación eran amigos, compañeros, empleados, cómplices de los presos.

Sin miedo hablaron el fiscal y su abogado. Sin fortuna ni solidez hablaron los defensores. El juez dijo al jurado en sus indicaciones que el que incita a cometer un delito y a prepararlo es tan culpable de él como el que lo comete.

Anonadaba tanta prueba. Estremecía lo que se había oído y visto. Trascendía al tribunal el espanto público.

El jurado deliberó poco, y a la mañana siguiente los presos fueron llamados a oír el veredicto.

¡Pobres mujeres! La viejecita Spies, la madre del periodista, estaba en su rincón, mirando como quien no quiere ver. Allí su hermana joven. Allí la novia lozana de uno de los presos. Allí la mujer de Schwab, desdichada y seca criatura, el cuerpo como roído, de rostro térreo y manos angulosas, extraña en el vestir, los ojos vagos y ansiosos, como de quien viviese en compañía de un duende: Schwab es así: desgarbado, repulsivo, de funesta apariencia; la mirada caída bajo los espejuelos, la barba silvestre, el pelo en rebeldía, la frente no sin luz, el conjunto como de criatura subterránea.

Allí la mulata de Parsons, implacable e inteligente como él, que no pestañea en los mayores aprietos, que habla con feroz energía en las juntas públicas, que no se desmaya como las demás, que no mueve un músculo del rostro cuando oye la sentencia fiera. Los noticieros de los diarios se le acercan, más para tener qué decir que para consolarla. Ella aprieta el rostro contra su puño cerrado.

No mira; no responde; se le nota en el puño un temblor creciente; se pone en pie de súbito, aparta con un ademán a los que la rodean, y va a hablar de la apelación con su cuñado.

La viejecita ha caído en tierra. A la novia infeliz se la llevan en brazos. Parsons se entretenía mientras leían el veredicto en imitar con los cordones de una cortina que tenía cerca el nudo de la horca, y en echarlo por fuera de la ventana, para que lo viese la muchedumbre de la plaza.

En la plaza, llena desde el alba de tantos policías como concurrentes, hubo gran conmoción cuando se vio salir del tribunal, como si fuera montado en un relámpago, al cronista de un diario,—el primero de todos. Volaba. Pedía por merced que no lo detuviesen. Saltó al carruaje que lo estaba esperando.

—"¿Cuál es, cuál es el veredicto?"—voceaban por todas partes.—"¡Culpables!"—dijo, ya en marcha. Un hurra, ¡triste hurra!, llenó la plaza. Y cuando salió el juez, lo saludaron.

## EL CONFLICTO DE LOS EMIGRADOS

Sólo los que desesperan de llegar a las cumbres, quieren echar las cumbres abajo. Las alturas son buenas, y el hombre tiene de divino lo que tiene de capaz para llegar a ellas; pero son propiedad del hombre las alturas, y debe estar abierto a todos su camino.

Ese odio a todo lo encumbrado, cuando no es la locura del dolor, es la rabia de las bestias.

Comete un delito, y tiene el alma ruin, el que ve en paz, y sin que el alma se le deshaga en piedad, la vida dolorosa del pobre obrero moderno, de la pobre obrera, en estas tierras frías: es deber del hombre levantar al hombre: se es culpable de toda abyección que no se ayuda a remediar: sólo son indignos de lástima los que siembran a traición incendio y muerte por odio a la prosperidad ajena.

En Alemania, bien se comprende, la ira secular, privada de válvulas, estalla. Allá no tiene el trabajador el voto franco, la prensa libre, la mano en el pavés, allá no elige el trabajador, como elige acá, al diputado, al senador, al juez, al Presidente: allá no tiene leyes por donde ir, y salta sobre las que le cierran el camino: allí la violencia es justa, porque no se permite la justicia.

Las reacciones serán tremendas, allí donde las presiones han sido sumas. Las justicias se van condensando de padres a hijos, y llegan a ser en las generaciones finales cal de los huesos, y vicio de la mente: llegan a erguirse dentro del alma como un fantasma que no duerme.

Estos burdos obreros de Alemania, aguzados por espíritus de odio, o por aquellos de su casta en quienes el dolor culmina en palabra o en acción, vengan siglos, en su oscuro entender, cuando echan una bomba encendida sobre los guardianes de la ley, símbolo para ellos en su tierra de la hiel en que viven. ¡De ahí la compasión de todo espíritu justo por los extravíos de esos tristes que vienen a la vida con las manos inquietas y el juicio caldeado! ¡Pero en ninguna alma honrada llega la justicia a precipitarse en crimen!

Importa mucho a los pueblos que se acrecen con la inmigración de Europa ver en qué ayuda y en qué daña la gente que inmigra, y de qué países va buena, y de cuál va mala.

Los Estados Unidos, que están hechos de inmigrantes, buscan ya activamente el modo de poner coto a la inmigración excesiva o perniciosa: viendo de dónde viene el mal a los Estados Unidos, pueden librarse de él los países que aún no han sido llevados por su generosidad o su ansia desmedida de crecimiento, al peligro de inyectarse en las venas toda esa sangre envenenada.

Se sabe de cierto. Es de alemanes, de polacos, de suecos, de noruegos, la gran masa en que han prendido esas prédicas de incendios y matanzas. La ciudad de Milwaukee, es un ejemplo, y allí por poco, a no haber habido un gobernador enérgico, no queda de la ciudad más que pavesas: en Milwakee, de cincuenta mil trabajadores, apenas diez mil hablan inglés: polacos y alemanes son en su gran mayoría. En Chicago todos eran alemanes; un americano había, uno entre diez mil, un Parsons: ¿en qué país, no cría fieras el odio? Ese es aquí el elemento temible del problema obrero: esa Alemania y Polonia, esa Noruega y Suecia, toda esa espuma europea, se ha derramado por el país entero, y no se sabe si los trabajadores del país serán más poderosos que ella.

Esos alemanes, esos polacos, esos húngaros, criados en miseria y en la sed de sacudirla, sin más cielo sobre las cabezas que el tacón de una bota de montar, no traían, al venir a esta tierra, en los bolsillos de sus gabanes blancos, en sus cachuchas, en sus pipas, en sus botas de cuero y sus dolmanes viejos, aquella costumbre y fe en la libertad, aquel augusto señorío, aquella confianza de legislador que pervade y fortalece al ciudadano de las repúblicas: traían el odio del siervo, el apetito de la fortuna ajena, la furia de rebelión que se desata periódicamente en los pueblos oprimidos, el ansia desordenada de ejercitar de una vez la autoridad de hombres, que les comía el espíritu, buscando salida, en su tierra de gobierno despótico.

Lo que allí se engendró, aquí está procreando. ¡Por eso puede ser que no madure aquí el fruto, porque no es de la tierra!

Esos trabajadores, en su mayor parte alemanes: se trajeron esa terquedad rubia: esa cabeza cuadrada, esa barba hirsuta y revuelta que no orea el aire y en que las ideas se empastan. Se trajeron a sus anarquistas, que no quieren ley, ni saben qué quieren, ni hacen más que propalar el incendio y muerte de cuanto vive y está en pie, con un desorden de medios y una confusión tal de fines que les priva de aquella consideración y respeto que son de justicia para toda especie de doctrinas de buena fe encaminadas al mejor servicio del hombre. Se trajeron estos alemanes a Most, a Schwab, a Spies,—Spies, parecido a Guiteau, un hombre chupado, un hombre mal hecho, en quien la masa no fue dispuesta a punto para que por entre las fieras naturales salieran con toda la luz de la razón el hombre verdadero;—Most, con una lengua grandaza como su barba, gordo, fofo, mirada de sargento, enamorado, orador que en días pasados habló en Nueva York a su auditorio con un rifle en la mano, incitando a voces a sus oyentes a que hicieran como él, y fueran a sacar de sus guaridas a todos los capitalistas, y a volar sus casas y riquezas con las bombas que él enseña en sus libros a hacer y manejar;—Schwab, persona torva y enfermiza, pelo y barba al descuido, ojos temibles bajo anteojos grandes, huesoso y ávido.

Pero estos hombres tienen tras de sí miles de adeptos: y cuando Spies, que ha sido amo de tienda, sube a hablar en un vagón, sacudiendo en la mano un gajo de los *Arbeiter Zeitung*, del *Diario de los obreros* que publica, doce mil hombres se echan por donde él va, sacan estandartes y fusiles de donde los tienen escondidos, se ponen como flor de sangre en la solapa una cinta roja, asaltan tiendas, despedazan cervecerías enemigas, empeñan batallas mortales con los policías en cuerpo, y echan sobre sus líneas una bomba de dinamita que, al estallar con infernal estruendo, deja en tierra tendidos a sesenta hombres. Quieren que el trabajo se reduzca a ocho horas diarias, y es su derecho quererlo, y es justo; pero no es su derecho impedir que los que se ofrecen a trabajar en su lugar, trabajen. No es su derecho apedrear a los fabricantes que cierran sus talleres, porque no pueden continuar produciendo con esta época de precios bajos, en condiciones que requerirían más gastos de producción. No es su derecho perseguir con ese odio bestial de las muchedumbres a los infelices que se prestaron un día a ocupar los lugares de algunos huelguistas: ¡infelices! los llevaban por las calles, de vuelta a sus casas, dos cordones de policía: iban lívidos, y como sin habla: las mujeres, con pañuelos encarnados en la cabeza, les enseñaban desde las ventanas sus puños cerrados, y les echaban encima agua hirviendo: iban como quien se siente acabar: corría un viento de muerte que les hacía temblar las rodillas: se escondieron en sus casas como insectos que se entran en sus agujeros.

Los amotinados no eran ya doce mil, sino veinte mil. Cuarenta mil son los trabajadores en huelga en Chicago.

En Milwaukee, la ciudad de la cerveza; en Cincinnati, el palacio del cerdo, también a miles están amotinados los polacos y los alemanes.

Pero en Milwaukee el gobernador les puso freno, espantó a un alcalde polaco que fungía de bravo, y envió a la cárcel a prepararse para la penitenciaría, a unos cien cabecillas, expertos en manejar bombas y encender cabezas.

En Cincinnati el corregidor no se mostró de paz, y anuncia que el que prive a otro hombre en su ciudad del menor de sus derechos de persona libre, se verá, por la ley o por la fuerza, privado de los suyos; se puso en pie, y ordenó a la milicia que tuviese dispuestos los cartuchos.

Sólo en Chicago, donde Spies y Schwab escriben, donde incitan en las plazas públicas los oradores al incendio y a las armas, donde los anarquistas hacen ejercicios diarios de armas en sus patios y túneles, donde una mulata marcha a la cabeza de las procesiones ondeando con gestos de poseída una bandera roja, donde al sol y a la luz eléctrica flotan día y noche de las ventanas de Spies dos pabellones anarquistas, mientras que en libros y talleres ocultos aprenden sus adeptos a manejar sustancias siniestras y fabricar bombas.

Sólo en Chicago, que es desde hace nueve días un campo de batalla, se empeña a cada hora, entre la policía mermada y la muchedumbre frenética, una contienda de muerte, en que los cañones de los revólveres se disparan boca a boca, en que las mujeres ayudan desde las ventanas a sus maridos que pelean lanzando ladrillos, bancos, piedras, botellas, en que doce policías heroicos hacen frente, sin más cota de malla que sus blusas azules de botones dorados, a veinte mil trabajadores amotinados que les disparan faz a faz, desde las ventanas y vagones, desde sus emboscadas, que se les echan encima y les rodean, que entran en medio de su fuego certero, que al ver llegar en sus carros de patrulla, las cuadrillas de refuerzo, ¡huyen espantados por las calles cercanas los veinte mil ante los doce!

Se llevan en vagones a sus heridos. Un policía queda en la acera muerto. ¡Otra refriega y a pocos pasos! Un policía muere sobre un huelguista: el huelguista le ha vaciado el revólver en el pecho: el policía, con el pecho traspasado con su enemigo por tierra, le dispara en la cabeza dos tiros de revólver. Una ambulancia llega. Está llena de pólvora la calle. Tiéndese en la ambulancia uno al lado del otro, a los dos desventurados.

En el camino, chaqueta junto a blusa azul, expiran.

En cada esquina, un encuentro; en cada plaza, reunión, discursos, acometimientos, balas.

Allá van desalados bajo un fuego continuo de revólver, los vagones de patrulla, cargados de policías. Detienen a uno: los que van en el interior se apilan, con las cabezas bajas, para evitar los tiros: el que va en el estribo, roto un hombro, se ase con una mano de la baranda del vagón, y con la otra, hasta que cae en brazos de sus compañeros, ya en pie, y pistola al aire, dispara sobre los huelguistas que le atacan. Rompe a correr el carro, parece que el caballo entra en la pelea y que el carro es su ala: los huelguistas se abaten al verlo venir, ebrio ya el carro todo: las casas se los tragan.

Allá lejos, ¿quién muere? Es un huelguista envenenado: otros más han llevado a casas vecinas. Se entraron a una botica a cuyo dueño acusan de haber llamado a la policía por el teléfono. Tiemblan arriba en un rincón el boticario y su mujer. La turba rompió a pedradas las ventanas, inundó la tienda: deshizo los mostradores; quebró y majó los pomos, se echó sobre las ropas los perfumes: se bebió cuanto le supo a vino.

Los que mueren del tósigo quedan detrás: hombres y mujeres, agitando al aire los pañuelos rojos, arrebatando consigo a cuantos hallan, poniendo en fuga un policía que les sale al paso, caen sobre una cervecería, que han jurado devastar porque el dueño dio un sombrero a un policía maltratado por la turba. En las gorras y en el hueco de las manos se beben la cerveza. Con hachas y a pedradas han abierto los barriles. Hasta secarlos tienen en ellos las bocas. Caminan sobre la espuma. Ríen. Despedazan con sus manos las alacenas y anaqueles. Todo es astilla en un minuto. Los policías llegan, y como no se les hace fuego esta vez, sólo usan de su porra, una porra que tunde. Los huelguistas huyen, pero los policías venían de otro encuentro, muchos de ellos manchados de su sangre.

"¡En fila, hombres!" les dijo su capitán, al arremeter contra la cervecería. Después de vencer, tres vinieron al suelo.

¡Y en la noche de la bomba mortal, ni uno solo se hizo atrás, ni huyó la muerte! La explosión los ensordeció; pero no los movió. ¿Qué sabían ellos si les arrojarían más de aquellas máquinas terribles? ¿No vieron venirse a tierra, como si el suelo hubiese cedido bajo sus plantas, todo el centro de su línea? ¿No oían quejidos desgarradores? "¡En fila, hombres!"

Unos asisten a los que han caído. Los demás, con las pistolas a la altura del pecho, avanzan descerrajándolas. Un fuego cerrado les responde. Guardan los revólveres vacíos, y avanzan, descerrajando los llenos. La multitud se desbanda aterrada. Sobre el suelo lívido, y aclarado por la luz eléctrica que fosforea en el silencio mortal, se arrastran los policías heridos, como gigantes rotos: uno cae muerto, al quererse erguir sobre un brazo, con el otro vuelto al cielo: le resplandecían sobre el pecho como estrellas los botones dorados.

De esta hoguera primera se van apagando los fuegos: una fábrica cede una hora: otra da siete días de término para que sus operarios vuelvan, o pierdan toda ocasión de volver: otras, pocas, consienten en rebajar a ocho las horas de trabajo: alguna, con prudencia que es muy celebrada, fija en nueve horas y media el trabajo del día: pero se obliga con sus obreros, como éstos con ella, a no acudir a la violencia para arreglar sus disensiones, y a someter a árbitros los puntos en que no concuerden.

Es general esta tendencia al arbitramiento, general la atención al gran problema, la fe en la sensatez pública, y como cierto legítimo orgullo, que ya se nota, de ver cómo el aire de la libertad tiene una enérgica virtud que mata a las serpientes.

# 8

# Vencedores y vencidos

## JEFFERSON DAVIS Y LA GUERRA CIVIL

La tolerancia en la paz es tan grandiosa como el heroísmo en la guerra. No sienta bien al vencedor encelarse de que se honre la memoria de las virtudes del vencido.

Dentro de una nación, todo cuanto haga de bravo y brillante un hijo de ella, es capital de la nación, con el que ésta se amasa y resplandece. Un pueblo ha de ser columna de virtud, y si no está bien hecho de ella, o no la tiene en su masa en cantidad principal, se desmigaja, como un hombre que pierde la fe en la vida, o como un madero roído.

Los Estados Unidos acaban de ver ahora en paz una cosa grandiosa. El Sur, que peleó rabiosamente en aquella guerra enorme por separarse del Norte, acaba de congregarse bajo su propia bandera, la bandera rebelde, para inaugurar, con su viejo caudillo a la cabeza, los monumentos en que conmemora a los soldados que murieron en la pelea contra el gobierno nacional, y a los patriarcas que los condujeron y aconsejaron.

Nunca se ha visto cosa más hermosa. De este pueblo del Norte hay mucho que temer, y mucho que parece virtud y no lo es, y mucha forma de grandeza que está hueca por dentro, como las esculturas de azúcar; pero es muy de admirar, como que cada hombre se debe aquí a sí mismo el magnífico concepto de la libertad y decoro del hombre en que todos se mantienen y juntan, y produce espectáculos de viril y gigantesca indulgencia, o de pacífico y radical volteamiento, que en nada ceden al brío épico y resplandor marmóreo de la grandeza pública de Grecia.

¿Quién no recuerda aquellas batallas que tenían en un hilo la atención del mundo, y fueron como un proceso de la soberanía humana, y como una prueba de la capacidad del gobierno popular para dirigir y mantener unida a una nación?

No era que el Sur quisiese tener esclavos, y que el Norte se opusiera a que los tuviese; no era que los patricios agricultores del Mediodía repudiasen las leyes acordadas para toda la nación por los habitantes industriales de los Estados del Norte; no era que el Sur, desesperanzado de mantener bajo su férula al yanqui, a quien despreciaba, se determinase con su arrogancia ciega de señor a "rendir a la bestia por la fuerza", o a aterrarla con la amenaza de ella. La bestia se hizo Lincoln, y lució como si de oriente a ocaso se tendiese en el cielo un palio de justicia. La bestia se hizo Grant, y cayó sobre los Estados confederados como un martillo sobre un clavo que se tuerce, o como un monte.

Era que se alegraron por todo el universo las castas medio muertas, las gentes de tradición y monarquía, las que no gustan de ver desenvolverse y afirmarse al hombre, como una divinidad de espaldas anchas que cual en su trono natural se sienta en la tierra; y mantuvieron que sin cabeza regia y prestigios misteriosos no podía existir un pueblo, ni podía una nación, sin caer en catástrofe, gobernarse a sí propia libremente.

Y se gobernó; y peleó de un modo irregular, brutal y nuevo, en armonía con los elementos diversos y acometedores de que este pueblo reciente está formado; y perdonó en la victoria con una plenitud y verdad de que no dio antes ejemplo pueblo alguno.

¿Quién no recuerda aquellas batallas cruentas, aquella cintura de ríos en que se encerró la confederación, aquellos puentes de cadáveres sobre los que fuéronlos trasponiendo los federales vencedores, aquella alegría heroica y patriarcal grandeza con que, una vez en la pelea injusta, defendió el Sur su tierra y gobierno, que consideraba legítimamente propios, y a cuyos soldados, que brillaban en sus harapos como una bandera al sol, daban con sus manos finas las matronas de los pueblos el pan que habían amasado de buena voluntad en sus casas sin padres y sin hijos, porque se los había llevado a todos la guerra?

Pues aquella manera de morir; pues aquel fiero apego a la tierra nativa; pues aquella loca firmeza en el mantenimiento de los que estimaban sus derechos; pues aquella sublime sencillez en el abandono del regalo y la fortuna, igualada sólo por la fortaleza de las mujeres en la desdicha y la bravura de los hombres en la guerra; pues aquella hecatombe, tremebunda, necesaria para mostrar a las edades en escarmiento el sepulcro de la institución de la esclavitud en cuya defensa fue, so color de derecho político, levantada; pues aquel monte de héroes que redimieron su equivocación con el tesón glorioso con que pelearon en pro de ella,—es lo que en estas fiestas de ahora, en estas ciudades de gala, en estas calles llenas de banderas, en estos pavimentos cubiertos de flores, en estas escenas de vencido que sacan llanto a los ojos, ha querido celebrar el Sur en la persona agonizante de su viejo caudillo Jefferson Davis, que se va sin doblarse, antes de que se muera.

¡Pobre viejo, más terco que bueno! Debió ser muy fuerte, como todo aquel que queda vivo después de que se le cae encima su pueblo. Es verdad que se ha quedado sobre la tierra como una luz fatua, y, —a juzgar por lo que ha dicho en estas fiestas,—como una lámpara casi vacía que sólo se reanima, con luz agigantada por los esfuerzos de la muerte, cuando la visión de sus cohortes grandiosas o de su esperanza enconada en la derrota sacuden el aire, ¡con sus alas de oro, o con sus alas negras!

En otro país, hubiera parecido traición lo que aquí se ha visto en calma.

¡Levantar un monumento, en los días mismos declarados sacros por la rebelión a los muertos rebeldes! ¡Disponer una gran fiesta, con júbilo de los soldados desleales en las ciudades que fueron su cabeza, para recibir, no bajo un cielo azul, sino bajo un cielo de banderas traidoras, al que fue el primero en aconsejar la traición, y la presidió, y ya en los vahos de la tumba, se yergue sobre su bastón como sobre un arma de guerra, y con desordenadas frases seniles levanta su traición, como una gloria por sobre su cabeza!

Pues todo eso se ha hecho aquí, sin que el país se estremezca, ni nadie crea en una resurrección del bárbaro conflicto.

La esclavitud era la médula de aquella guerra. Ya no hay esclavitud que mantener. El sentimiento del Sur queda, en los que palpitaron con él y en sus hijos; pero la guerra, con la razón que tuvo, es muerta.

¿Ni qué mayor castigo para Jefferson Davis, que mantuvo el derecho de un pueblo a conservar esclavos a los negros, que ser recibido a su llegada a Atlanta por dos mil niños negros de las escuelas, que iban vertiendo flores delante de su coche, el cual llevaba las ruedas vestidas con las banderas de la nación que quiso echar abajo?

No: no significaba esa fiesta solamente la generosa ternura de un pueblo que quiere endulzar, antes de que se queden para simpre fríos, los labios de un anciano que lo inflamó con su espíritu de independencia, y ha vivido envuelto foscamente en su derrota, como un abanderado que muere en su bandera. La fiesta del Sur ha sido como un arrebato de almas, como un ternísimo apetito, como una gran despedida, como una función de amor, en que los que aún están vivos quisieron verse, juntos como en la hora de la gloria, antes de dejar en este mundo sus uniformes e ir a unirse con los que murieron por ella.

"¿Quién nos ha de tener a mal, se decían con razón, que honremos a los que pelearon a nuestro lado por un ideal que se escapó por sus heridas, por deshacer una unión que hoy todos mantenemos?"

Y nadie se lo ha tenido a mal. Uno que otro político del partido republicano quiere hacer capital de guerra para la próxima campaña presidencial, de ese sentimiento unánime con que un pueblo decoroso honra sin miedo a los que supieron morir por él; ¡otros pueblos hay menos leales y dignos, que tienen vergüenza de recordar en alta voz a sus muertos!

Pero el Sur no; y el Norte se ha descubierto la cabeza con respeto, y ha visto pasar, después de veinticinco años de la muerte, el férctro de la guerra, como se descubre el vencedor honrado cuando pasa el cadáver del vencido. En Montgomery fue la fiesta mayor, y Jefferson Davis, llevado en triunfo desde su hotel al Capitolio, dijo sin obstáculo su discurso de gracias y de recuerdos en el lugar mismo ¡oh caso memorable! donde juró ser fiel como Presidente a la constitución de los Estados rebeldes.

Fue de verlo, cuando se levantó a hablar. Temblaba el viejo, como tiembla el acero. El cabello no se le ha caído, sino que en guedejas lacias y revueltas le bate la frente, como jirones de bandera rota.

Parecía un hombre de piedra: y como que todos se empequeñecían a su alrededor, para darle el consuelo, a él que lo procuró en vano, de creerse un momento grande.

Ni una palabra dijo que mostrase arrepentimiento por sus actos, o reconocimiento de su ilegitimidad, o sanción de la victoria del Norte.

Insistió en la defensa de su guerra. Razonó el movimiento rebelde. Lo saludó en el espíritu de libertad que ve vivo en los hijos del Sur.

—"No diré cosas que puedan comprometer a nadie".

—"¡Sigue, viejo, sigue—le dijo una voz—que estás entre amigos!"

Y habló como entre amigos, con rabia, con arranques a veces de salvaje hermosura, con un grito de amor a los muertos que saca a los ojos lágrimas de piedad por el pobre hombre roto, con exabruptos de invencible odio, como un mastín desdentado y exangüe que enseña a su enemigo las encías.

Pero decía todo esto, apoyado sobre un bastón que parecía dispuesto a alzarse, a la sombra de una gran bandera federal, bajo cuyos pliegues se agrupaban sin armas los jefes rebeldes.

Y el general Gordon, que peleó muy bien y quiere ser gobernador, saludó los tiempos pasados, en que fue héroe del lado de los caídos, como se saluda a una tumba, y proclamó la época nueva de unión sólida en que el Sur ama al Norte, cuyo hombre en la guerra fue aquel Lincoln, que al que le dijo en el campo de muertos de Gettysburg: "¡Los federales que defendieron estas alturas vivirán en la historia!"—respondió tendiendo aquella mano suya, que parecía una bendición, hacia el lugar de sepultura de los confederados:

"¡Y los confederados que los atacaron vivirán en la historia también!"

En paz han lucido al aire los emblemas y colores de la confederación. Locura eran las calles de Montgomery y Atlanta. El día, procesión; hotel la noche. El Sur entero reunido en Montgomery.

Acá un cojo, allí un manco. Mucha barba gris. Mucho rostro curtido. Llevaban muchos el uniforme de la guerra. Se juntaban en grupos. Se abrazaban al reconocerse. Los que habían servido en una legión se apiñaban, llorando algunos, bajo una ventana en que flotaba su bandera.

Un secretario con una sola pierna, distribuía cintas rojas a los soldados confederados.

—"Quiero mi cinta", dijo un anciano esbelto. La voz estremeció al secretario que levantó la cabeza.

—"¡Doctor!"

—"¡Davis!"

Se habían vuelto a hallar el valentísimo soldado, y el cirujano que le amputó la pierna.

Uno lleva enormes bigotes porque juró no cortárselos hasta que no venciese el Sur, que no ha vencido. Todo era cinta roja. No había en las calles hombre solo. Parecían cuchichear las cintas, agitadas por la emoción y la alegría de aquellos fuertes pechos.

En los balcones de las casas, junto con las de la nación, ondeaban las banderas confederadas.

La casa misma del ayuntamiento era toda ella un oriflama: en estandartes y banderines, en pabellones y gallardetes, lucían retratos y nombres de los héroes de la confederación: "Robert Lee", "Stonewall Jackson", "Sidney Johnston". Grandes retratos de rebeldes ilustres vestían las paredes.

Pero en la cúpula, como remate y color final en que todas las del edificio se fundían, se desplegaba y recogía al viento majestuosamente, con aire de buena madre que sonríe, la bandera de las listas rojas y las estrellas blancas.

## BEN BUTLER. CONMEMORACIÓN DEL 25 DE NOVIEMBRE

En 25 de noviembre, cien años ha, los ingleses vencidos salieron al cabo, como de su último baluarte, de la codiciada Nueva York, y Washington y los suyos entraron en la ciudad, sin odio y sin rudeza, como sienta a los héroes, a sentarse en la silla de los dueños; lo cual quisieron los neoyorquinos en este veinticinco de noviembre memorar con festival suntuoso, fogatas y banderas, banquetes y discursos y procesión de armas. Contarlo, fuera tarea épica: millas de hombres; las paredes colgadas y los techos almacenados de niños y mujeres: de lo alto de Nueva York a lo alto de Brooklyn, bajo aguaceros tropicales, y el negro lodo a la rodilla, en masa compacta se apretaba cuanto la ciudad tiene de vivo, a ver pasar la colosal procesión de cinco horas, con sus gallardos coroneles de vanguardia; sus gobernadores y generales afamados, en coches de gala sus zuavos de mostacho gris, vitoreados como vitorea la muchedumbre siempre lo pintoresco y lo brillante; sus negros bulliciosos, que danzaban y cantaban como ebrios,—ebrios de verse libres; sus comparsas de tricornio y barba blanca, vestidos como en aquellos tiempos de *whigs* y de *tories* de lindas chupas azules y rosadas. Y los regimientos de voluntarios, que ondeaban a lo largo de Broadway como solemne río. Y los viejos bomberos, que eran gente de pro y no mercenaria, que a la campana que anunciaba incendio salían con su sombrero de hule y su camisa roja, resplandeciente el rostro del gozo del sacrificio, a halar en loca carrera por las calles, uncidos como caballos a las cuerdas, las bombas burdas que eran de uso antaño.

¡Qué coros de gloria cuando pasan las banderas rotas, las banderas de la guerra de Lincoln, tardío y grandioso complemento de la guerra de Washington! Cuando pasan, en hombros de los abanderados transidos de la lluvia, los pabellones despedazados, los pilluelos que cabalgan en los postes de la luz eléctrica echan al aire, sin cuidar del agua recia, sus sombreros rotos; olean ambas aceras y se ensanchan, como si creciese el corazón de la multitud; y brillan más a través de las ventanas los ojos de las mujeres, nunca cansados del valor, del romance y de la gloria: urnas de vida.

Pero el que de toda la procesión distingue el vulgo; aquel a quien saludan las damas desde los balcones, y los hombres con altos hurras desde las aceras; el que con su negro sombrero de tres picos, remate de uniforme ricamente galoneado, no cesa de dar gracias a los vitoreadores a diestra y siniestra, no es neoyorquino, sino de Boston; es Ben Butler; Ben Butler vencido como todo el que osa decir la verdad a los hipócritas: amado, como al cabo lo es todo el que ama; adivinado por la masa pública, que siente que tiene en él como reflejo y campeón voltario y caprichoso como ella; como ella pujante y alma abierta. Quiso volver a ser gobernador de Massachusetts, donde ha probado que a ciencia de los empleados del gobierno, vendíase para curtir y sacar al mercado en guantes y otros usos, la piel de los pobres muertos en la casa de limosna del Estado. Y como ésa probó otras crudezas;—por lo que Massachusetts soberbio, que venía pasando plaza de comunidad inmaculada, dio la espalda a su abogado mejor en las elecciones de noviembre y eligió para su gobernador a un republicano. Lo que no abate a Ben Butler, que adiestra ahora sus huestes para reñir el año próximo,—ya que no por la candidatura presidencial que a haber sido reelecto hubiera acaso caído en él,—por un nuevo término del gobierno del Estado. En verdad quien se siente con fuerzas para hacer bien a los hombres, no tiene derecho al descanso.—¡Butler curioso! En la guerra no intentó batalla que no perdiese: en política, de diez que reñía, nueve perdía; ya en el mando, lo sacan de él cuando hace ánimo de quedarse en él; lo cual dice que no usó malamente del gobierno—como tantos otros—para retenerlo: y la muchedumbre lo aclama, a raíz de su última y estruendosa derrota, como a un triunfador. Es que por sobre tanto hombre vaciado en un mismo molde, el que sale del molde y se crea y crea, brilla como si tuviera luz de sol, y da calor y ciega. Gusta la naturaleza humana de quien deslumbra, produce y acomete; y ama a menudo más la sinrazón brillante y gloriosa que la sensatez moderada y apacible. Todo rebelde tiene un cómplice en cada hombre: y el que anuncia que quiere ser quien es, admira.

## LA ESTATUA DE WASHINGTON

Ese día mismo 25 de noviembre, y en el lugar mismo donde se alzó en carne a jurar que serviría a la Unión Americana con amor y lealtad, se alza ahora en bronce, con luenga capa colgada a las espaldas, extendiendo la mano tranquila—como quien ampara y protege,—Washington, que cien años hace lloraba en días como éstos, al estrechar la mano, en la fonda célebre—que aún dura—a sus generales y oficiales, que le respondían con mal ahogados sollozos.

En la escalinata de la Casa del Tesoro, como para decir que los héroes, creadores de las naciones, importan más que la pecunia que luego las sustenta; y frente a la calle de negocios, Wall Street, frente a la misma Bolsa, se levanta ahora, en buena pieza de arte, la efigie de aquel hombre perfecto, tallado en virtudes. Las gentes campesinas han venido a millares, más que a ver, a palpar la estatua.

Le tocaban las hebillas de los zapatos, la orla de la capa, se iban cargados de medallas con su efigie, de estampas con escenas de su vida, de grandes retratos. Leían en coro, no sin risa de mercaderes opulentos y ricomaníacos corredores, copias curiosas de las gacetas breves de aquel tiempo, en que al paso de Washington, movido más de una vez a dulces lágrimas, se alzaban arcos de que dejaban caer sobre sus sienes, como en Filadelfia, una corona de laurel: se cubrían de siemprevivas y de mirtos los puentes en que resplandeciente y tranquilo había librado antes batallas; y se vestían de sus mejores trajes las matronas y doncellas para ir a regar flores en el camino del jefe milagroso de la paz. Un ambicioso, es un criminal. Un caudillo desinteresado, es una gala de los hombres y huésped eterno de la patria.

Recias eran en aquellos días las querellas que venía a calmar Washington. Esos voceadores perniciosos, turbia espuma de todas las revoluciones, vencían y gobernaban, con el nombre de liberales avanzados. Otros, ocupados en fundar la libertad, olvidaban hablar de ella. Los realistas huían aterrados a las posesiones inglesas, o vivían amenazados y tímidos.

La liberalesca quería punto menos que el cercén de toda cabeza de realista. Y los liberales sinceros como que no necesitaban diplomas de bravura y de lealtad, defendían el derecho de los realistas a vivir en el suelo en que nacieron: perdonar es vencer.

Y querían los unos, con gran escándalo de los más, que al Presidente se llamara Alteza.

Y eran pocos los bravos de la guerra que no anduvieron desluciendo sus hazañas con pretensiones de canonjías y emolumentos, como si hubiera paga digna del deber más que el gozo supremo de cumplirlo. Sólo lo arraigado del hábito común de ejercitar la libertad individual, que ponía miedo a los que hubieran intentado sofocarla, salvó a este pueblo en su cuna de esas fieras querellas que mueven en los pueblos nacientes los odios triunfantes y los desordenados apetitos, que en igual grado tuvieron, y con furia semejante enseñaron estos hombres del hielo que los que de derecho somos ardientes y bravíos por tenerlo de la mayor savia de la tierra y la proximidad del Sol. Sólo el ejercicio general del derecho libra a los pueblos del dominio de los ambiciosos.

Pues ahora mismo, el peligro mayor de esta gran tierra, no es el de una crisis económica, que de todas partes asoma: y hace este año moderada la alegría de Christmas:—es el del desdén de ejercitar el derecho de gobierno que a cada gobernador toca; es el del abandono voluntario de las prendas de sí en manos de los políticos de oficio, criminales repugnantes, que en las cosas públicas hacen a los hombres honrados el efecto que a los creyentes sinceros ha de hacer la presencia de un ladrón en los altares. ¡Abatírseles, debiera como a perros rabiosos! Inventan ofensas, para levantar odios; soplan las iras con aire envenenado para que arrollen los votos adversos; presentan a las muchedumbres incultas, no los peligros venideros y la necesidad de afrontarlos con medidas sabias que recorten para ahora los haberes, pero los aseguren para luego, sino los peligros accidentales, como la cesación de la labor de fábrica y la rebaja de salarios. Callan lo que saben; cansan para asegurar su bienestar de ociosos prohombres, el daño público; fingen cólera y pena que no sienten: ¡si de barro los hubieran hecho, mancharían menos de lo que ahora manchan! Y los rebaños, porque la mayoría de los hombres se mueve aún en manadas, van por donde los llevan los pastores.

**9**

# Nuevas ideas para un pueblo nuevo

## LA VISITA DE OSCAR WILDE. CUARENTA MIL NUEVOS INMIGRANTES EUROPEOS

Con los primeros días del año, llegó a Nueva York, a bordo de uno de esos vapores babilónicos, que parecen casas reales sobre el mar, un hombre joven y fornido, de elegante apostura, de enérgico rostro, de abundante cabello castaño, que se escapa de su gorra de piel sobre el Ulster recio que ampara del frío su robusto cuerpo. Tiene los ojos azules, como dando idea del cielo que ama, y lleva corbata azul, y sin ver que no está bien en las corbatas el color que está bien en los ojos. Son nuestros tiempos de corbata negra. Este joven lampiño, cuyo maxilar inferior, en señal de fuerza de voluntad, sobresale vigorosamente, es Oscar Wilde, el poeta joven de Inglaterra, el burlado y loado apóstol del estetismo.

¿Quién no ha visto ese cuaderno de caricaturas que se publica cada semana en Londres, y en cuya carátula ríe maliciosamente, cercado de trasgos, bichos y duendes, un viejillo vestido de polichinela? Ese es el *Punch*, y Du Maurier es el dibujante poderoso que le da ahora vida. Cuanto acaece, allí es mofado. Toda figura que en toda parte de la tierra se señala, allí es desfigurada y vestida de circo. Va el *Punch* detrás de los hombres, con un manojo de látigos que rematan en cascabeles. Publica sus caricaturas por series, como los cuadros de Hogarth, y familiariza a su público con sus víctimas. Londres ríe hace meses por el poeta Postlethwaite, que es el nombre, ya famoso de un lado y otro del Atlántico, que el *Punch* ha dado a Oscar Wilde. Postlethwaite es una lánguida persona que abomina la vida, como cosa democrática, y pide a la luz su gama de colores, a las ondas su escala de sonidos, a la tierra apariencia y hazañas celestiales. Todo disgusta al descontentadizo Postlethwaite. Cuanto hacen los hombres, le parece cosa ruin. De puro desdeñar los hábitos humanos, va tan delgado que parece céfiro. Postlethwaite quiere que sea toda la tierra un acorde de armoniosa lira. Estos parlamentos de los hombres de ahora le mueven a desdén, y quiere para la vida empleo espiritual, y para los vestidos colores tenues y análogos, de modo que el fieltro del sombrero no desdiga del cuero de las botas, y sea todo melancólico azul o pálido verde. Postlethwaite es ya persona célebre y toda Inglaterra y todos los Estados Unidos aplauden hoy una ópera bufa de un poeta inglés en que se cuentan los melodiosos y alados amores del tenue bardo mustio.

Con tanta saña movió Du Maurier su lápiz tajante, que cuando publicó al cabo Oscar Wilde, jefe del movimiento artístico así satirizado su volumen de versos, no veían los lectores en sus arrogantes y límpidas estrofas más que aquella ridícula figura, que pasea con aire absorto por la tierra su mano alzada al cielo, como coloqueando con las brisas, y su nariz husmeante, en que cabalgan colosales gafas. Ahí está, en luz y sombra el movimiento estético. Mantiene este hombre joven que los ingleses tallan sus dioses en carbón de piedra y huye a Italia, en busca de dioses tallados en mármol; y va a Roma, por ver si halla consuelo en los alcázares católicos su espíritu sofocado por el humo de las fábricas; mas vuelve al fin desconsolado a las islas nobles que le dieron cuna, y lo fueron en otro tiempo de la grandeza y la caballería, e invita a su alma a que salga de aquella vil casa de tráfico, donde se venden a martillo la sabiduría y la reverencia, y donde, entre los que exageran el poder de Dios y los que se lo arrebatan, no tiene espacio el espíritu para soñar en su mejora y en las nobles artes. Quiere el movimiento estético, a juzgar por lo que de él va revelado y lo que muestra el libro de versos de Oscar Wilde, que el hombre se dé más al cultivo de lo que tiene de divino, y menos al cultivo de lo que le sobra de humano. Quiere que el trabajo sea alimento, y no modo enfermizo y agitado de ganar fortuna. Quiere que vaya la vida encaminada, más a hacer oro para la mente, que para las arcas. Quiere, por la pesquisa tenaz de la belleza en todo lo que existe, hallar la verdad suma, que está en toda obra en que la naturaleza se revela. Quiere que por el aborrecimiento de la fealdad se llegue al aborrecimiento del crimen. Quiere que el arte sea un culto, para que lo sea la virtud. Quiere que los ojos de la mente y los del rostro vean siempre en torno suyo, seres armónicos y bellos. Quiere renovar en Inglaterra la enseñanza griega. Y cae al fin en arrogancia y frasco de escuela. Y dice que quiere hallar el secreto de la vida.

Hay en estos Estados Unidos, a la par que un ansia ávida de mejoramiento artístico, un espíritu de mofa que se place en escarnecer, como en venganza de su actual inferioridad, a toda persona o acontecimiento que demande su juicio, y dé en sus manos, y pasa en eso lo que en las ciudades de segundo orden con los dramas aplaudidos en las capitales, que sólo por venir sancionados de la gran ciudad son recibidos en la provincia con mohínes y desdenes, como para denotar mayor cultura y más exquisito gusto que el de los críticos metropolitanos. En esta dependencia de Europa viven los Estados Unidos en letras y artes: y como rico nuevo a quien nada parece bien para aderezar su mesa, y alhajar su casa, hacen profesión de desdeñosos y descontentadizos, y censuran con aires magistrales aquello mismo que envidian y se dan prisa a copiar.

¿Qué suerte aguarda, pues, al joven poeta que viene a esta tierra a propagar desde la plataforma del lector su dogma estético, y a poner en escena una tragedia de argumento ruso que por respetos internacionales no ha podido ser representada en Londres? No bien pisó muelles de Nueva York el bardo inglés, a quien estiman los jueces serenos dotado de ingenua fuerza poética, que se verá entera cuando haya pasado para el bardo joven el forzoso período de imitación, imitación de Keats y Swinburne, en que anda ahora; ya los periodistas sacaron a luz al lánguido Postlethwaite, y ya echan a nadar por plazas y calles, más ganosos de cebarse en lo alto que capaces de acatarlo, a esa criatura del sangriento *Punch*, a ese poeta famélico de cielo y agostado, a ese trovador que tañe en los aires enfermos una lira doliente e invisible.

Pero Oscar Wilde volverá a Europa. No volverán, en cambio, sino que harán casa en las entrañas de los bosques, o arrancarán una fortuna al seno de las minas, o morirán en la labor esos cuatrocientos cuarenta mil inmigrantes, que Europa, más sobrada de hijos que de beneficios, ha enviado este año a las tierras de América. Manadas, no grupos de pasajeros, parecen cuando llegan. Son el ejército de la paz. Tienen derecho a la vida. Su pie es ancho y necesitan tierra grande. En su pueblo cae nieve, y no tienen con qué comprar pan y vino. El hombre ama la libertad, aunque no sepa que la ama, y viene empujado de ella y huyendo de donde no la hay, cuando aquí viene. Esa estatua gigantesca que la República Francesa da en prenda de amistad a la República Americana no debiera, con la antorcha colosal en su mano levantada, alumbrar a los hombres, sino mirar de frente a Europa, con los brazos abiertos. He aquí el secreto de la prosperidad de los Estados Unidos: han abierto los brazos. Luchan los hombres por pan y por derecho, que es otro género de pan; y aquí hallan uno y otro, y ya no luchan. No bien abunda el trigo en los graneros, o el goce de sí propio halaga al hombre, la inmigración afloja, o cesa; mas cuando los brazos robustos se fatigan de no hallar empleo,—que nada fatiga tanto como el reposo,—o cuando la avaricia o el miedo de los grandes trastorna a los pueblos, la inmigración como marea creciente, hincha sus olas en Europa y las envía a América. Y hay razas avarientas que son las del Norte, cuya hambre formidable necesita pueblos vírgenes. Y hay razas fieles, que son las del Sur, cuyos hijos no hallan que caliente más sol que el sol patrio, ni anhelan más riqueza que la naranja de oro y la azucena blanca que se cría en el jardín de sus abuelos: y quieren más su choza en su terruño que palacio en tierra ajena. De los pueblos del Norte vienen a los Estados Unidos ejércitos de trabajadores: ni su instinto los invita a no mudar de suelo, ni el propio les ofrece campo ni paz bastante. Ciento noventa mil alemanes han venido este año a América: ¿qué han de hacer en Alemania, donde es el porvenir del hombre pobre ser pedestal de fusil, y coraza del dueño del Imperio? Y prefieren ser soldados de sí mismos, a serlo del emperador. De Irlanda, como los irlandeses esperan ahora tener patria, han venido en este año menos inmigrantes que en los anteriores. La especie humana ama el sacrificio glorioso. Todos los reyes pierden sus ejércitos: jamás la libertad perderá el suyo:—de las islas inglesas sólo han buscado hogar americano este año, ciento quince mil viajeros. Francia, que enamora sus hijos, no ha perdido de éstos más que cuatro mil, que son en su mayor parte artesanos de pueblos, que no osan rivalizar con los de la ciudad, ni gustan de quedarse en las aldeas, y vienen, movidos del espíritu inquieto de los francos, a luchar con rivales que juzgan menos temibles que los propios. Italia, cuyas grandes amarguras no le han dejado tiempo para enseñar a sus campesinos el buen trabajo rudo, ha acrecido con trece mil de sus perezosos y labriegos, la población americana. Suiza, que no tiene en sus comarcas breves, faena que dar a sus vivaces y honrados hijos, no ha mandado menos de once mil a estas playas nuevas. De Escandinavia, a cuyos donceles de cabellos rojos no tienen los desconsolados nativos riquezas de la tierra que ofrecer porque es su tierra tan pobre como hermosa, llegaron a Nueva York cincuenta mil hombres fornidos, laboriosos y honrados. Nueve mil llegaron de la mísera Bohemia, más en fuga del trabajo que en su busca; y nueve mil de Rusia, de cuyas ciudades huyen los hebreos azotados y acorralados. Y los áridos pueblos de la entrada del Báltico han enviado a estas comarcas de bosques opulentos dieciséis mil neerlandeses. ¡Y cómo vienen, hacinados en esos vapores criminales! No los llaman por nombres sino los cuentan por cabeza, como a los brutos en los llanos.

A un lado y otro del globo, del lóbrego vientre de los buques se alzan jaulas de hierro construidas en camadas superpuestas, subdivididas en lechos nauseabundos, a los que sube por una escalerilla vertical, entre cantares obscenos y voces de ebrios, la mísera mujer cubierta de hijos que viene a América traída del hambre, o del amor al esposo que no ha vuelto. Les dan a comer manjares fétidos, les dan a beber agua maloliente. Como a riqueza a que no tienen derecho, los sacan en majadas a respirar algunos instantes sobre la cubierta del buque el aire fresco. ¡No se concibe cómo reclusión semejante no los mueve al crimen! ¿Dónde está la piedad, que no está donde padecen los desgraciados?

## DOMINGO DE PASCUAS

Al buen Jesús celebran los cristianos, y los teutones viejos celebraban a la Primavera buena; y con nombre gentil llaman sus pascuas los enemigos de los gentiles, porque era Ostera en los pueblos teutónicos la diosa primaveral que venía de *Oster*, palabra de júbilo, que quiere decir renacimiento, y de Oster viene Easter, que es como acá llaman, y en toda tierra inglesa, a las Pascuas cristianas. Es el hombre gallardo y dadivoso y no sufre de haber sido pródigo, sino de no tener qué dar. No hay goce como hacer gozosos. Busca el ingenio ocasiones discretas de regalo.

Las Pascuas son aquí días de presentes, y no hay niño que no lleve en sus manos cuidadosas un huevo de colores, ni galán que no compre dones primaverales, ni doncella que no ostente en la repisa de sus chimeneas la linda tarjeta, de seda fletada y muy pintada, o la flor blanca, o el nido de pájaros que le ha ofrendado su cortés amigo. No saludan los neoyorquinos como los cristianos griegos, que gustan de ver salir el sol en nuestros días, como suelen aún en tierras nuestras nuestras madres, y el uno dice, a modo de saludo, al griego con quien tropieza: "El Señor ha resucitado", y el otro griego dice: "En verdad que ha resucitado, y que a Simón se ha aparecido". Ni creen, como en Irlanda,—donde creen muy extrañas cosas, y ponen aún entre los dientes apretados de los muertos la moneda con que han de pagar su pasaje por la Estigia al barquero Carón,—que el sol baila en el cielo en estos días pascuales, y hacen gozo del día, por dar placer al cielo: aunque son los de Irlanda muy católicos, y creen a la par en las virtudes de San Ramón y en el agua negra de la Estigia, en lo que se parecen a los indios de Oaxaca, que esconden bajo el manto de la Virgen el ídolo que veneran, y lo pasean reverentemente en sus procesiones; y a los negros caribes de Honduras, muy bellos e inteligentes negros, que han hecho comercio con los sacerdotes del lugar, los cuales les permiten su *maffia*, que es baile misterioso, y sus fiestas bárbaras de África, a trueque de que acaten su señoría, y lleven velas y tributos a la iglesia; y a los indios de los Altos en Guatemala, que antes van a ofrecer el recién nacido, en la cima de un monte, a la naturaleza, como hacen los persas, que a ofrecerlo al Señor cristiano, como manda Roma, en la pila del bautismo.

No celebran los neoyorquinos como los irlandeses estos días, en que ya no entumece los miembros temerosos el frío enemigo, y en que ya salen sin miedo a los patios de sus casas las buenas viejecitas de rostro sonrosado y de cabeza blanca, ni los festejan con juego ceremonioso de pelota, en que hacen de jugadores ante las autoridades del lugar y el pueblo aplaudidor, como fue uso en antiguos pueblos ingleses, doce alegres ancianos. Ni tienen los hombres el derecho de levantar en alto, en sus brazos, tres veces a las mujeres que hallan a su paso, por lo que habían de darles las mujeres, como daban a los venturosos de Inglaterra, un beso, o una moneda de seis centavos, amén de que el día próximo, era de aquellas mozas fornidas el derecho de levantar otras tres veces a los mozos. Ni es uso tampoco que los feligreses de la parroquia vayan muy de mañana a echar manzanas en el patio del señor cura, lo que pudiera tenerse a astucia del eclesiástico, que se proveía así de manzanas, si no fuera porque él traía luego a la casa parroquial a sus regaladores, y les daba lonjas de pan y de buen queso, rociadas con cerveza. Y por cierto que ya para entonces el matrimonio era tenido como gran beneficio, y el cura que lo consagra como benefactor grande, porque los recién casados habían de echar en el patio de la parroquia tres tantos de manzanas, y no uno, como los solteros y los viudos. Mas, si esas costumbres de los metropolitanos no han sido guardadas por los colonos, otras sí, como la de los huevos de colores, que ya se regalaban en tiempo de antaño, como es probado por una cuenta de uno de los reyes Eduardos, que repartió a sus cortesanos cuatrocientos huevos.

## IDEAS PARA UN NUEVO SISTEMA DE EDUCACIÓN

La vida en Venecia es una góndola; en París, un carruaje dorado; en Madrid, un ramo de flores; en New York, una locomotora de penacho humeante y entrañas encendidas. Ni paz, ni entreacto, ni reposo, ni sueño. La mente, aturdida, continúa su labor en las horas de noche dentro del cráneo iluminado. Se siente en las fauces polvo; en la mente, trastorno; en el corazón, anhelo. Aquella calma conventual de las ciudades de la América del Sur, donde aún con dedos burdos pasa las cuentas de su rosario, desde su ermita empinada, el Padre Pedro,—en esta tierra es vida. Se vive a caballo en una rueda. Se duerme sobre una rueda ardiente. Aquí los hombres no mueren, sino que se derrumban: no son organismos que se desgastan, sino Ícaros que caen. No se ven por las calles más que dos clases de hombres: los que llevan en los ojos la pupila sin lustre de la bestia domada, hecha al pesebre, y los que abren al aire encendido la pupila fiera de la bestia indómita: el manso ejército de los resignados, vientre de la humanidad,—y el noble ejército de los acometedores, su corazón y su cabeza.

Y si en ningún mes se reposa, en este de junio, mes de aves y de madreselvas, y de sacar nidos, se amanece en una barca, cuya blanca vela tiñe la aurora de color de rosa; se almuerzan fresas en un campamento de estudiantes, que disputan o reciben premios; se divierte la tarde bajo un parasol rojo, viendo al jinete que cae, al apostador que murmura, a la batalla frenética de los caballos corredores, a la yegua de Vanderbilt que trota una milla en dos minutos y quince segundos; y se acompaña a la tierra en su giro a la sombra, al compás de los atambores melancólicos de los soldados de ciudad que hacen en estos días ejercicios de campaña; y se consume la noche, cual cera en torno a pabilo, en baile ardiente y loco, trabado a sombra de árboles o discretas techumbres de vastos corredores, entre estudiantes satisfechos y soldados novicios, y damiselas lindas que no saben que tienen semilla amarga los manzanos de oro.

¡Oh, los colegios! Ved cómo se abren en verano como las rosas. Os digo que el invierno es la estación de los búhos. Sólo el calor del sol engendra héroes. Parece aquí la tierra en estos meses, no cuando agosto quema, sino cuando junio sonríe, inmensa flor que a recibir el sol, su novio, abre los brazos múltiples. Todos parecen dichosos. En el invierno, se gruñe. En junio, el padre es más amante; más cortés el esposo; el niño, más gentil; más galana la dama; el decidor más ameno; el tétrico, locuaz; azul el mar y el alma. Las casas se vacían; los buques se dan a la vela; los paseos se repletan. Los sombreros de colores de las mujeres parecen como sobre rosales coronados de una alegre flor, traviesa mariposa. Estas ricas mañanas, en que la atmósfera se colora de una blanda tinta de espiga madura, convidan a tender al aire las manos abiertas para coger en ellas el oro ambiente que todo lo penetra y lo abrillanta.

Ni ¿por qué he de hablar de otra cosa, si toda la ciudad es ahora doncella de paseo, que no quiere saber que se viene del llanto, y se va al llanto, sino que vive en el estío caliente, y trisca y goza? Tierra más limpia que ésta, no ha de hallarse. La sala más pobre toda llena de anuncios de colores, ramilletes de cartón, y lazos de cinta, parece, al vérsela de súbito, más que pobre sala, templo. La ventana más ruin tiene un clavel, y la moza más pobre, que va de mañanita a echar tinta a las prensas, rizar plumas o envolver cigarros, tiene su traje de color de crema y su mantilla azul. Y el pobre mozo que viene de enfrenar caballos o de mover ruedas de hierro, se quita, al obscurecer, sus ropas de labor, se embona las de fiesta, y va de gala, con su niña al brazo, camino de la plaza o los jardines. El hombre gusta de ir donde la naturaleza se extiende y se evapora.

Mes de junio, mes de ceremonias de colegios; de carreras de caballos; de regatas de botes y buquecillos de paseo; de lances de pelotas y boliches; de probar, en improvisados campamentos, el peso de las armas de la guerra, y el sabor de los manjares de batalla.

## LOS COLEGIOS

Lindos están ahora los patios de los colegios. Todos inauguran,—antes de devolver sus educandos a sus casas, a que remen, en lo que hacen bien; a que cacen, en lo que hacen mal, a no ser que cacen zorras o lobos; a que naden, hablen de amores, dancen y corran;—todos inauguran sus clases estos días y reparten sus premios, distribuyen sus grados, convocan a sus amigos, celebran sus fiestas.

¡En esta tierra, los colegios son tan antiguos como las iglesias! Quien dice Harvard, que es el colegio magno de Massachusetts y como el Oxford de la América del Norte, dice palabra mágica, que abre todas las puertas, lleva de mano a todos los honores, y trae perfume de años. Quien dice Yale, sabiduría dice, que da tinte de cana a los cabellos rubios de sus jóvenes doctores.

¿Quién enumera aquí colegios? De uno se dijo que había contado los sueños de las mujeres de un harén; y de otro los del espíritu de un héroe encadenado, y se les tuvo por grandes contadores: mas estos que tanto contaron, no podrían contar los colegios de los Estados Unidos. Abrid ahora un periódico de letra menuda que cuenta los regocijos de las escuelas en este buen mes del año: para admirar sobrará el corazón; pero de leer nombres diversos se cansan los ojos.

Y no se diga que no pueden estos colegios ser mejores, que pueden serlo; mas no ha de negarse que ya tienen alzada la podadera, y están podando del enteco árbol clásico,— bueno para que crezca, como planta curiosa y benemérita, en los invernaderos, todas las ramas torcidas y hojas secas que impiden que por las anchas venas corra sin traba el jugo humano.

Puesto que se vive, justo es que donde se enseñe, se enseñe a conocer la vida. En las escuelas se ha de aprender a cocer el pan de que se ha de vivir luego. Bueno es saber de coro a Homero: y quien ni a Homero, ni a Esquilo, ni a la Biblia leyó, ni leyó a Shakespeare,—que es hombre no piense, que ni ha visto todo el sol, ni ha sentido desplegarse en su espalda toda el ala. Pero esto han de aprenderlo los hombres por sí, porque se enseña de suyo, y enamora, y no se ha menester maestro para las artes de gracia y hermosura. Y es bueno,—por cuanto quien ahonda en el lenguaje, ahonda en la vida,—poseer luces de griego y latín, en lo que tienen de lenguas raizales y primitivas, y sirven para mostrar de dónde arrancan las palabras que hablamos: ver entrañas, ilustra.

Pero puesto que la tierra brota fuerzas,—más que rimas, e historietas que suelen ser patrañas, y voces sin sentido, y montones de hechos sin encadenamiento visible y sin causa,— urge estudiar las fuerzas de la tierra. Que se lea, cuando el sol es muy recio, la Biblia; y cuando el sol ablanda, que se aprenda a sembrar racimos de uva como aquellos de Canaán, que con su peso anonadaban a los hombres.

Como quien vuelve del revés una vaina de espada, se ha de cambiar de lleno todo el sistema transitorio y vacilante de educación moderna. Mas, no habrá para pueblo alguno crecimiento verdadero, ni felicidad para los hombres, hasta que la enseñanza elemental no sea científica: hasta que se enseñe al niño el manejo de los elementos de la tierra de que ha de nutrirse cuando hombre; hasta que, cuando abra los ojos para ver un arado, sepa que puede uncirlo, como un buey en otro tiempo, ¡un rayo! Que de aquí a poco, la electricidad moverá arados. Asombra que con tanto hombre que junta polos y saca fuerza de ríos y cascadas, no se haya pensado aún en uncir al yugo, en vez de una criatura viva que padece, un acumulador de Faure.

¡Hermosa luz eléctrica! ¡Bien hacen, puesto que es ley que vayan juntos análogos símbolos, en iluminar con la luz de los astros el puente de Brooklyn! Entrar por aquellas aéreas avenidas, cuando todo reposa, y con la suave luz de las estrellas brillan sobre los sutiles cordeles de alambre las lámparas eléctricas; dormidas, como dos ejércitos, las dos ciudades; el cielo, encendido; en calma el río solemne; y en torno, el aire blando iluminado, como con reflejos de alas de ángeles,—la mano estremecida y respetuosa despoja del sombrero la cabeza, y aunque el estático cuerpo quede erguido,—se siente que se ha caído de rodillas.

Apenas amanece suenan golpes de azada por las calles. Se interrumpen los cavadores, para dejar camino a una columna corintia que pasa; siguen tajando ancha veta en el piso:—y reposan de nuevo, porque sobre ruedas corpulentas, está pasando una casa. Y vuelven a cavar,—a abrir el lecho al tubo recio que ha de regar por Bancos y oficinas, Bolsas que dan miedo, asirios edificios que ponen asombro, y teatros e iglesias, la luz eléctrica. Ya es la de Brusch, cuyo brillo excesivo y penetrante no ofusca a veces la aparición de la aurora; ya la de United States, que se abre en dardos; ya la más suave, dócil y coqueta de Edison, que por barata y segura prospera, y me dicen que el brioso cónsul de la República Argentina, el caballero Carranza, intenta llevar ahora en sus esbeltos y menudos aparatos, a la pujante ciudad de Buenos Aires.

Da gozo ver cómo celebran a la ciudad del mediodía las gentes del Norte: días hace decía un diario, el *Sun*, el gran diario del cultísimo Dana:

"No miréis, si queréis ver racimos como maravillas, y cepas como robles, a California; mirad a Catamarca, que la vence y que crecerá pronto en manos de aquellos hombres industriosos."

## FERROCARRILES ELEVADOS

¡Otro muerto en el ferrocarril elevado! ¡Una pobre italiana cortada en dos por la máquina ciega! ¡La sangre de la infeliz chorreando de los rieles, los empleados del ferrocarril recogiendo de prisa en la calle la carne majada! Un día salta el tren del carril, a pesar del guardarriel, y el durmiente de seguridad, y no muere un millar de seres humanos, porque es alta la noche, y el tren va vacío. Otro día caen a la calle, echados por una portezuela abierta de la plataforma, catorce pasajeros, sólo seis se alzan vivos.

Ayer rebotó un tren contra el que venía detrás, aplastó al maquinista, y desventró el carro último y la máquina. Accidentes confesos, sin contar los ocultos, pasan de diez por mes, muchos mortales. El cuerpo entero vibra, ansioso y desasosegado, cuando se viaja por esa frágil armazón, sacudida incesantemente por un estremecimiento que afloja los resortes del cuerpo, como los del ferrocarril. En ninguna otra vía pública es más probable, ni será más terrible, la catástrofe. El primer consejo del médico a su paciente, en cuanto le nota los nervios postrados o el corazón fuera de quicio, es éste: "No vaya Vd. por el elevado". Afea la ciudad; pone en riesgo la vida; abre y cierra el trabajo del día con un viaje entrecortado y estertoroso, que prolonga la angustia de esta vida loca, en la hora en que un medio de transporte más seguro pudiera aliviarla con la distracción y el descanso. ¡No en vano saludan todos los diarios de hoy con júbilo la noticia de que en menos de un mes se habrán comenzado por una compañía honrada los trabajos del ferrocarril subterráneo, con buen plan de aire y sin el temblor de la armazón ni el riesgo de la caída!

La prensa de Nueva York, que en nada se muestra unánime, es unánime en esto. "Importante acontecimiento" llama el *Sun* en el título de su primer editorial a la inauguración de la vía nueva, que por tierra firme y sin humo, ni ruido, ni sacudimiento, ni peligro mortal, llevará la población por una doble vía más rápida la una que la otra, desde el Parque de Castle Garden donde el caserón en que cantó Jenny Lind sirve ahora de apeadero a los inmigrantes, hasta los barrios populares, antes aldeas sueltas, que ya tiene Nueva York diez millas más arriba, del otro lado del río Harlem. El *Herald* dice: "Para su hora no estuvo mal el elevado, como la crisálida no está mal entre la larva y la mariposa. Pero nos echa a perder la ciudad, y es una insoportable molestia. Y luego no es cosa permanente, sino transitoria; y tan fácil de gastarse como fea". Lo más serio de Nueva York entra en la empresa: la compañía deposita cinco millones de pesos para atender a los perjuicios que pudieran sufrir los propietarios timoratos: dentro de pocos años habrán desaparecido de las calles las estructuras del peligroso ferrocarril aéreo, que por donde pasa destruye el sosiego y la hermosura.

## RIQUEZA Y MISERIA

¿Quién que viera estos lujos, estos hipódromos favorecidos, estos palacios mercantiles, grandes ya como un circo romano;

quién que viera estas calles de New York, cansadas de la piedra parda, y la arquitectura monótona, levantar por sobre las
torres mismas de las iglesias sus casas de negocios, labradas las
paredes, mármol y bronce el techo, el atrio pórfido y granito;
quien que viera en las horas de faena pasar ante sus ojos en
procesión enorme, acabados como obras de arte, el carrero de
carga, el percherón que tira de él, y el carro mismo: quién que
viese, a la cabeza de la ciudad, guiando todo este himno, a la
justicia, creería que, poco más que insectos, viven en hambre
y angustia, allá del lado de los ríos, en el Monongahela, de
donde sacan el carbón, millares de mineros, que no tienen
una corteza de pan en su alacena, ni vestidos para sus hijos,
ni más muebles que bancos de madera, ni más asilo que casas
hechas de tablas de cajones? ¿quién que en Nueva York asiste
a una como santificación humana, a una perenne ceremonia
de coronamiento de la persona libre, a la vida pacífica de
un rebaño de reyes, sospecharía que allá, donde se prepara
y crea, donde se acumula la arena caliente y el viento negro,
donde los mineros sacan de la tierra el carbón que la mueve,
y la sustenta, los hombres, sin miedo a la ley ni juez que se les
oponga, llaman a la batalla, se congregan armados, caen sobre
un pueblo vivo, y matan a sus hombres y le ponen fuego?

En lo que peca, en lo que yerra, en lo que tropieza, es necesario estudiar a este pueblo, para no tropezar como él. La
historia anda por el mundo con careta de leyenda. No hay
que ver sólo a las cifras de afuera, sino que levantarlas, y ver,
sin deslumbrarse, a las entrañas de ellas. Gran pueblo es éste,
y el único donde el hombre puede serlo; pero a fuerza de
enorgullecerse de su prosperidad y andar siempre alcanzado
para mantener sus apetitos, cae en un pigmeísmo moral, en
un envenenamiento del juicio, en una culpable adoración de

todo éxito. Bondadoso pueblo es éste, y el primero que, con generosidad imperturbable, abrió los brazos, y los ha mantenido un siglo abiertos, a los laboriosos y a los tristes de toda la tierra; pero hay que ver que deseó desenvolverse contra la naturaleza, y estableció leyes restrictivas que permitieron la creación súbita de una colosal riqueza interior, de subsistencia ficticia, que no puede hoy, por su mismo exceso, dar alimento a la masa de hombres que de todas partes de la tierra atrajo. Porque las huelgas, la miseria de los mineros, el asesinato de los chinos, todo viene, aunque no se vea en la superficie, de un hecho capital que se debió prever acá y fuera de acá se ha de anunciar para que se prevea: la producción de un país se debe limitar al consumo probable y natural que el mundo pueda hacer de ella.

## THOMAS ALVA EDISON

Y éste es el mes. En la naturaleza, en los colegios, en los pueblos de baños, en los campamentos de jóvenes ricos, dados a veces—con verdadera mengua—a vestirse de bailarines y payasos, en los campos de las carreras, donde a suntuosas damas que las ven desde elegantes coches se juntan montón ávido de burdos apostadores, que al caballo juegan, como a la ruleta o al dado; en los amplios circos, donde, acumulando ganancias y vítores, juegan con brazos desnudos y ágiles, los favoritos de la ciudad a la pelota; en los carros urbanos que rebosan gente; en las terrazas cálidas, que esparcen aromas, todo es flor y pompa.

Si se toma un diario, se ve que la vida ofrece señales graves de desarrollo anormal y a veces monstruoso; que las pasiones que esperaban antes para hacer presa del pecho, a que estu-

viese maduro, ahora encuentran albergue, en ocasiones tenebroso, en el pecho de los niños. Se ve que, así como la larga
posesión quita el sentido, la larga ausencia de él lo vuelve, y
enfrente de los republicanos que se desbandan, y se dan con
manos torpes golpes sendos, los demócratas se agrupan en
torno a una bandera común y sabia:—y puesto que entienden
que sin tarifa de aduana, no podrían pagar los Estados Unidos
su deuda, sofocan sus anhelos librecambistas, y abogan sólo
por tarifas moderadas, con lo cual burlan a los republicanos
asustados, que ven cómo no pueden pasar plaza ante el país
de defensores únicos del proteccionismo. Y se ve en el periódico que todo son empresas para sacar los telégrafos de los
techos, por los hilos de luz eléctrica de sus eminentes postes, y
caen sobre el mercado como gotas de fuego en que se rompe
aérea estrella pirotécnica, múltiples compañías de telégrafos
y alumbrado subterráneo.

Y de vez en cuando, mientras que limpian en las casas para
colgarlas el día 4 de julio las lindas banderas, y los niños acumulan sus ahorros para trocarlos por cohetes; y los hombres
se aprestan en el famoso día a ser niños, se ve cruzar en humilde carruaje a un hombre de cutis liso y blanco, ojos ansiosos, que saltan en chispas, azules, dulces; rostro abstraído
y como de quien mirase egregios mundos y por sobre él una
misteriosa palidez astral. Es dantesca figura, que cruza como
un símbolo la tierra: es Edison.

## PROTECCIONISMO COMERCIAL

Sin aire, la tierra muere. Sin libertad, como sin aire propio
y esencial, nada vive. El pensamiento mismo, tan infatigable

y expansivo, sin libertad se recoge afligido, como alma de una niña pura a la mirada de un deseador de oficio: o se pone albayalde y colorete, como un titiritero, y danza en el circo, entre el befador aplauso de la gente. Como el hueso al cuerpo humano, y el eje a una rueda, y el ala a un pájaro, y el aire al ala,—así es la Libertad la esencia de la vida. Cuanto sin ella se hace es imperfecto, mientras en mayor grado se la goce, con más flor y más fruto se vive. Es la condición ineludible de toda obra útil.

Esto, que en todo es cierto, ¿cómo no ha de serlo en el comercio y en la industria?

Declamar, es echar gas al aire. Nada enseña tanto, ni prueba mejor, que un caso concreto.

Se han vendido estos días en remate en New York los géneros de algodón sobrantes de la estación anual de consumo, por valor de cuatro millones de pesos. Y se han vendido a precios de ruina, a un veinticinco, a veces a un cincuenta por ciento menos que los precios de fábrica.

¿Cómo? se preguntan todos con asombro. ¿Están averiados los géneros? ¿O son de pobre condición? ¿O están fuera de moda? ¿O hay alguna causa financiera extraordinaria, algún pánico en el ramo, que explique la venta?

Nada hay extraordinario: es la situación anormal en que el mantenimiento de la tarifa proteccionista mantiene normalmente a las industrias del país.

¿De qué sirve a las inmensas fábricas su capacidad de manufacturar maravillosa suma de géneros? ¿A dónde los envía luego, luego que está satisfecho el consumo interior, único en que los productos nacionales pueden luchar,—por lo alto de los derechos de importación de los artículos extranjeros,—con los géneros rivales? ¿Qué hacen los fabricantes con los

productos que sobran, que el país ya provisto no necesita,
y que no puede enviar afuera? ¿A qué mercado podrán ir a
competir los productos norteamericanos caros, hechos con
materia prima extranjera importada bajo fuertes derechos,
y con maquinaria cara, por gravar la tarifa a la entrada en el
país el hierro con que se construye, y con salarios caros, por
haber de serlo, para que el trabajador pueda afrontar la general alza de precio en que por natural consecuencia, se mantiene todo en un país proteccionista; a qué mercado podrán
ir a competir estos productos, con los elaborados en países
donde ni la materia prima paga tan exorbitantes derechos, ni
el hierro de que se hacen las máquinas padece tan recios gra-
vámenes, ni los salarios, por la baratez general de los artículos
de consumo, montan a tanto?

No pueden ir a competir los productos de un país que
mantiene la tarifa alta, con los de países que la han rebajado, y
reducido a la suma necesaria para pagar los gastos nacionales,
a prorrata con los demás ingresos.

El sobrante, pues, de los artículos de fabricación nacional
tiene que imponerse al consumo interior. Pero como éste
necesita menos de lo que en el interior se produce, él es el
que se impone a los productos, que se ven forzados a tentar
con una ruinosa baratura en los precios a un mercado que
no necesita lo que le ofrecen ni puede colocarlo al detalle a
precios normales.

De ahí esa venta enorme de géneros de algodón por cuatro
millones de pesos.

Cuanto entra en la fabricación de los géneros de algodón,
paga derechos altísimos: se repletan las fábricas de productos
invendibles: se queda irremediablemente el obrero sin obra,
por cerrarse el mercado a sus productos.

Si pudieran entrar libres de derechos, o con derechos legítimamente fiscales, los elementos de la producción, ésta podría hacerse de manera que, costando en la nación misma menos, lo cual para el obrero equivale a un aumento en el salario, pudiera luego ir a rivalizar con los productos similares en mercados extranjeros, lo cual significa para el obrero ocupación constante.

A nadie daña tanto el sistema proteccionista como a los trabajadores.

La protección ahoga la industria, hincha los talleres de productos inútiles, altera y descalabra las leyes del comercio, amenaza con una tremenda crisis, crisis de hambre y de ira, a los países en que se mantiene.

Sólo la libertad trae consigo la paz y la riqueza.

## 10

# El idioma de lo moderno

## LA CORRIDA DE TOROS

(Traducción)

Los que viven hoy en Nueva York tienen la oportunidad de presenciar una corrida de toros. Chulillos en espléndidos trajes, adornados de encaje y oro, lanzarán al aire los pliegues graciosos de sus pequeñas capas rojas. Llevarán zapatos bajos y lucirán sus pantorrillas musculosas en medias de seda. Los saltos y el bramido de los toros asombrados podrán despertar en los espectadores maravillados sentimientos alternos de regocijo y de temor. Los animales embestirán a los astutos chulillos o intentarán escapar. Se les enloquecerá con retadoras capas carmesíes o con gritos torturantes. Los matadores podrán hacer brillante y atractivo uso de sus capas sin peligro. La corrida, sin embargo, solo puede ser un pálido reflejo de una genuina corrida de toros española, porque Mr. Bergh no desea que los animales sufran. El extraño placer que produce una corrida de toros tiene su origen en los padecimientos del toro, en su terrible furia ciega, en el peligro de los hombres y el espectáculo de caballos ensangrentados que se arrastran por la arena. Es la emoción que nace de las agonías de la muerte, del olor a sangre y del aplauso febril que saluda el toro que hiere o mata a sus·perseguidores, y agujerea con sus cuernos ensangrentados los cuerpos de los caballos muertos. Es el gran tumulto, esta feroz originalidad, lo que crea este placer salvaje.

Los neoyorquinos no irán a la plaza, medio locos de excitación comiendo naranjas y bebiendo buen vino de bota. No llegarán al anfiteatro gritando y cantando desde los techos de los ómnibus. Los ricos no viajarán en ese vehículo encantador, la calesa, cuya estructura polvorienta es tirada por seis mulas briosas, cubiertas de cintas y de campanitas tintineantes, y conducida por un andaluz patilludo en un traje de lentejuelas y un pañuelo violeta, anudado a la cabeza. Hoy los palcos no estarán llenos de damas en mantillas negras, cada una con una rosa roja en los cabellos y con una rosa prendida en el lado izquierdo del pecho. Los hombres prontos a morir no responderán a los gritos alentadores de aquellos que están acostumbrados a este derramamiento de sangre. Los infelices no entrarán en la arena, alegremente vestidos, con caras risueñas y corazones desfallecidos, después de rezarle a la Virgen, ni agitarán las manos a sus amantes esposas, a sus madres temblorosas y a sus pobres padres viejos.

El público sin piedad, que nunca piensa que el torero se expone bastante o que el toro mata un número satisfactorio de caballos, o que la espada del matador se clava con demasiada hondura en el corazón del animal, estará ausente. No escucharemos de labios de los espectadores roncos y excitados las terribles palabras: "¡cobarde!", "¡bribón!", "¡bruto!", lanzadas a algún desgraciado picador, acaso montado sobre un caballo medio famélico y herido, enfrentándose, pica en ristre, con un toro de ojos rojizos y cuernos agachados.

Faltarán en esta exhibición los nuevos y siempre cambiantes peligros que mantienen en tensión los nervios.

El señor Fernández intentará ofrecernos una corrida de toros, pero sabe que en atención a los sentimientos del público tiene que despojarla de sus características salvajes y genuinas.

¡Cuán espléndida y terrible es una corrida de toros en Madrid! El anfiteatro se llena por completo tres horas antes de la corrida. Se pagan los más altos precios por los asientos. Personas carentes de dinero lo buscan prestado para ir a la corrida. Todo el mundo bebe, come y grita. Chistes picantes cosquillean los oídos de las jóvenes más distinguidas. El Sol brilla y quema. Hay un tumulto de pandemonio. Los espectadores silban, aplauden, se abofetean, y los cuchillos brillan en el aire.

Al fin, el presidente de la fiesta entra en su palco. Frecuentemente asiste el rey. Está acompañado por la reina. Agita su pañuelo. Hay un tremendo estallido de aplausos. Suena la trompeta. Un oficial en traje de Felipe IV, sobre un corcel cabriolador, llega hasta el palco del presidente, que deja caer en su sombrero de plumas la llave del toril, o corral donde están encerrados los toros. Se va galopando y tira la llave al jefe de la cuadrilla de toreros.

Terminada esta ceremonia, se presenta un panorama deslumbrante, romántico y animado. Se llama el "despejo". Todos los toreros, burladores de la muerte, saludan al presidente. El jefe se llama "el espada". Cada espada cuenta con su cuadrilla. Se mueven lenta y graciosamente brillando sus trajes a la luz del sol. Los chulillos, cuya misión es distraer y cansar al toro por el movimiento incesante de sus pequeñas capas, y los banderilleros, que clavan las banderillas en su piel, siguen a Frascuelo, Lagartijo, Machío, Arjona y el viejo Sanz, los grandes matadores que son halagados por las mujeres y saludados por los hombres. Los picadores, con anchos pantalones de cuero amarillo, con sombreros de felpa gris de ribetes tiesos, y con las piernas enfundadas en hierro, siguen a los que van a pie. Invariablemente pesan demasiado para sus huesudos caballos de $10. El servil cachetero, cuyo pequeño cuchillo afilado da al toro herido el golpe de gracia, les sigue. Cierran la procesión las mulillas, o mulas cubiertas de frazadas multicolores, y cargadas de bulliciosas campanillas. Son las que arrastran a los toros y caballos muertos fuera de la arena.

Se saluda al rey. Las mulillas salen de la arena. Los picadores se despliegan junto al toril, con las picas en descanso. Los chulillos arrojan a la barrera exterior sus capas de seda y toman sus capas de combate, todas rotas y en harapos. La trompeta suena otra vez. Redobla el aplauso. Una puerta maciza, al final de un corredor estrecho y oscuro, se abre y sale el toro. Para enfurecerlo, se le ha mantenido en una oscura prisión, sin alimento ni agua, y ha sido torturado por golpes de pica. Cegado por el torrente de luz, aterrado por los gritos que lo reciben, indeciso en cuanto a su primer ataque, se detiene, escarba con cólera la arena, baja la cabeza y mira ferozmente a sus enemigos.

Puede que se arroje como relámpago contra un picador. El caballo recibe el tremendo choque y, herido o muerto, es lanzado contra la barrera. El picador generalmente queda sepultado debajo de su pobre animal. Puede también suceder que el toro escoja un chulillo para un primer ataque. El diestro arrastra su capa tras sí o la echa a un lado para distraer la atención del toro enfurecido, y al llegar a la barrera, la salta como un rayo, como un pájaro sin alas.

Ahora lo que era juego se vuelve serio. El gentío se entusiasma, enloquece al toro, insulta a los toreros, y reclama la muerte de más caballos infelices.

Cuando cae el picador, los chulillos provocan al toro para evitar que magulle al hombre. Rodean al animal con sus capas, y, finalmente, al sonido de la trompeta, el trabajo de los caballos ha terminado y comienza el de los banderilleros.

Los chulillos, alentados por los gritos de la multitud, avanzan sobre el toro. Sacuden ante él varillas en las que están pegados papeles de vivos colores. Su revoloteo asemeja el crujido de la seda. Dardos en la punta de las varillas se clavan en el cuello del toro. A veces el banderillero se coloca casi entre los cuernos de la bestia enfurecida, con la nariz del animal a sus pies, y lanza los dardos sobre su carne temblorosa. El toro ruge y brama. Embiste, retrocede, se detiene, carga y vuelve a cargar, y finalmente se mueve alrededor de la arena, su gran lomo cubierto con los penachos de los dardos clavados en su cuello. Hay que matar más caballos. Aunque las patas débiles del toro apenas puedan sostenerlo, aunque los chorros de sangre corran de su cuerpo, y aunque llene la plaza con sus bramidos de dolor, una banderilla de fuego es arrojada contra su cuello. Al penetrar el dardo en la carne se enciende la "baqueta". El olor de carne quemada llena el aire y un humo negro sube en espirales del cuello ensangrentado. El bramido del infeliz animal se vuelve horrible. Algunas veces el toro se echa en la arena y se niega a seguir luchando. Entonces se acerca un hombre con una afilada hoz, atada a un palo, y en medio del aplauso del gentío le corta las rodillas y las piernas al animal. Saltan lágrimas de los ojos enrojecidos. El toro caído trata de levantarse. Se arrastra por el suelo. Quiere vivir aún. Pero lo rematan con cuchillos.

El matador generalmente sigue a los banderilleros. Esconde su espada en una "muleta" roja. En su mano derecha lleva la "montera", una hermosa gorra redonda, y se dirige graciosamente hacia el palco presidencial, ante el cual ofrece su víctima. "¡Al rey!" "¡A la reina!" "¡A las hembras andaluzas!" En este brindis se dicen las cosas más originales y extravagantes. La multitud da rienda suelta a un sordo murmullo. El matador le señala a su cuadrilla el lugar donde desea matar al toro. Los chulillos agitan sus capas ante el hocico del cansado animal y lo llevan hacia el lugar escogido por el matador, que da un paso hacia adelante.

El animal ha sido aguijoneado por los picadores, debilitado por los dardos de los banderilleros, y atontado por los gritos de la multitud y la caza de los chulillos. El espada lo deslumbra con los rápidos movimientos de una capa carmesí; el toro engañado se abalanza hacia el paño, y el espada le da una estocada en el corazón. A veces el espada falla su golpe, hiere al toro en el cuello. La sangre salta de la boca del animal. Ninguna lengua puede pronunciar palabras más feroces que los epítetos lanzados al matador por la multitud defraudada que esperaba una diestra estocada.

Se pensaría que iban a matar al matador. Le silban, y arrancan pedazos de lana de los asientos para arrojárselos. Pero si el pase tiene éxito, tabacos, sombreros, capas, y hasta los abanicos de las damas oscurecen el aire. La cantidad de obsequios que caen en la arena a veces evita que el matador pueda seguir haciendo nuevas reverencias a los que ocupan el palco presidencial. Entonces hay música y más gritería, mientras que las mulillas, sonando sus campanillas, arrastran a los caballos muertos y al toro todavía caliente. Dejan tras de sí un gran rastro de sangre.

Suena la trompeta por tercera vez. Se abre de nuevo el toril, y aparece otro toro. Lo aguijonean, lo queman y finalmente lo matan, a veces con diez, a veces con veinte estocadas. En cada corrida se matan ocho toros. Si un toro magulla a un hombre y queda sobre el suelo, dado por muerto, a nadie le importa. Se continúa la función igual y a veces se aplaude al toro. Si da una cornada a un ayudante antes de que sus compañeros puedan venir en su auxilio, no sale un solo grito de temor o un murmullo de piedad de la multitud. El hombre es conducido al hospital, herido o muerto. El incidente, naturalmente, produce alguna agitación, pero el deporte sigue y las mujeres nunca abandonan sus puestos.

Cuando un toro hiere a dos o tres matadores y mata a dieciséis o diecisiete caballos, su fotografía está en gran demanda. Todo el mundo la compra. Su cabeza es vendida a un alto precio, y acaba adornando la residencia de algún amante del deporte. Tal es una corrida de toros española en toda su desnudez. Afortunadamente, el señor Bergh nos salvará de semejante exhibición en Nueva York.

## THE BULL FIGHT

Today those who live in New York have an opportunity of witnessing a bull fight. "Chulillos" dressed in gorgeous costumes, fringed with lace and gold, will fling to the breeze the graceful folds of their little red capes. They will wear low shoes and display their muscular calves in silken hose. The jumping and roaring of the astonished bulls may send alternate waves of merriment and fear over wondering spectators. The animals will either charge the cunning chulillos or try to escape. They will be maddened by flaunting crimson cloaks, and torturing shouts. The matadors may make a brilliant and attractive use of their cloaks without danger. The fight, however, can only be a shallow reflection of a genuine Spanish bull fight for Mr. Bergh does not wish the animals to suffer pain. The strange pleasure that attends a bull fight has its birth in the sufferings of the bull, in his terrible blind anger, in the danger of the men and in the spectacle of gored horses that drag themselves about the arena. It is a pleasure that springs from the agonies of death, from the odor of blood and from the feverish applause that greets the bull who wound or kills his persecutors, and prods the bodies of the dead horses with his ensanguined horns. It is this great uproar, this ferocious originality, that creates a savage pleasure.

New Yorkers will not go to the plaza half crazy with excitement, eating oranges and drinking good wine from leather flasks. They will not roll to the amphitheater shouting and singing from the roofs of omnibuses. The wealthy will not ride in that charming vehicle, the calesa, whose dusthidden body is drawn by six lively mules covered with ribbons and jingling little bells and is driven by a bewhiskered Andalusian in spangled costume with a violet kerchief knotted around his head. The boxes today will not be filled with ladies in black mantillas, each with a red rose in her hair and a red rose pinned to her left breast. Men who are soon to die will not answer the encouraging shouts of those who are familiar with such bloodshed. No gaily costumed unfortunates will enter the ring with smiling faces and sick hearts, after praying to the Virgin, nor will they wave their hands to their fond wives, their trembling mothers, and their poor old fathers.

The pitiless assemblage who never fancies that a torero exposes himself enough, or that a bull kills a satisfactory number of horses, or that the sword of the Matador is driven too far into the animal's heart will be absent. We shall not hear the terrible words "Coward!" "Knave!" and "Blockhead!," hurled from the lips of hoarse and excited spectators at some wretched picador, perchance mounted on a half starved, and wounded horse, with lance under his arm confronting a red-eyed bull with lowered horns.

The strain on the nerves that is sustained by renewed and ever changing dangers will be wanting at this exhibition.

"Señor" Fernandez will try to give us a bull fight, but he knows that deference to public sentiment must strip it of its wild and genuine characteristics.

How splendid and terrible is a bull fight in Madrid. The amphitheater is filled fully three hours before the fight. Seats command the highest prices. Persons without money borrow money to go to the fight. Everybody drinks, eats and shouts. Spicy jests tickle the ears of the most noble young ladies. The sun shines and burns. There is an uproar worthy of pandemonium. The spectators hiss, applaud, slap each other's faces and drawn knives flash in the air.

At last the president of the fiesta enters his box. Frequently the King is honored by the office. He is accompanied by the Queen. He waves his handkerchief. There is a tremendous outburst of applause. The trumpet sounds. An officer in the costume of Philip IV, astride a prancing steed, rides to the president's box, who drops into his plumed hat the key to the "toril" or pen where the bulls are confined.

He gallops away and tosses the key to the chief of the band of bull fighters.

This ceremony concluded, a dazzling, romantic, and living panorama is presented. It is called the "despejo". All the toreros, ensnarers of death, salute the president. The chief is termed "la espada". Each espada has his assistant "cuadrilla". They move slowly and gracefully, their costumes shining in the sunlight. The chulillos, whose duty is to distract and tire the bull by the incessant movement of their little cloaks, and the "banderilleros", who throw darts into his skin, follow Frascuelo, Lagartijo, Machio, Arjona and old Sanz, the great matadors who are favored by the women and saluted by the men. The picadors, in yellow leather, stiff brimmed gray felt hats, and iron-encased legs, follow those on foot. They are invariably too heavy for their poor, bony, $10 horses. The menial "cachetero", whose sharp little knife gives a wounded bull the coup de grace, comes next. The procession is closed by the "mulillas" or mules covered with parti-colored blankets, and laden with noisy little bells. They drag the dead bulls and horses from the arena. The King is saluted. The mulillas are trotted from the arena. The picadors range themselves close to the toril, with lance in rest. The chulillos throw into the outer enclosure their silk capes and take up their "capas de combate" all torn and in rags. The trumpet again sounds. The applause is redoubled. A massive door at the end of a narrow and dark passage is opened, and the bull comes out. To make him furious he has been kept in a dark prison without food or water and has been tormented by thrusts from lances. Blinded by the torrent of light, astonished by the shouts with which he is greeted, undecided as to his first attack, he stops, angrily paws the sand, lowers his head, and glares at his enemies. Like a flash he may dart upon a picador. The horse receives the terrible shock, and wounded or killed is thrown upon its back against the barrier. The picador is usually buried beneath the poor animal. Then, again, the bull may select a chulillo for his first attack. The expert either drags his cape behind him or throws it aside, to distract the infuriated animal's attention and on reaching the barrier vaults over it like lightning, a bird without wings.

The fun begins now in earnest. The crowd becomes enthusiastic, maddens the bull, insults the toreros, and clamors for the killing of more unfortunate horses.

When a picador falls, the chulillos provoke the bull to prevent him from goring the man. They surround the animal with their capes, and finally, at the sound of the trumpet, the work of the horses is finished, and that of the banderilleros begins.

The chulillos, encouraged by the cries of the crowd, advance upon the bull. They shake before him wands on which pieces of bright colored paper are pasted. Their fluttering sounds like the rustle of silk. Darts at the end of the wands are shot into the neck of the bull. At times a banderillero stations himself almost between the horns of the maddened beast, with the animal's nose at his feet, and flings darts into its quivering flesh. The bull roars and bellows. He charges, backs, stands still, charges and recharges, and finally moves about the arena, his great shoulder covered with the plumes of the darts that are fastened in his neck. More horses must be killed. Although the bull's feeble legs can barely sustain him, although streams of blood are flowing from his body, and although he fills the plaza with his roars of pain, a fiery banderilla is driven into his neck. As the dart enters the flesh the fire in the "baqueta" is ignited. The odor of burning flesh fills the air, and a black smoke rises in curves from the bleeding neck.

The bellowing of the unfortunate animal becomes frightful. Sometimes the bull throws himself on the ground and refuses to fight any longer. Then a man comes forward carrying a pole attached to a sharp reaping hook and amid the applause of the crowd, cuts at the knees and legs of the animal. Tears are forced from the blood shot eyes. The fallen bull endeavors to rise. He drags himself upon the ground. He still wants to live but they finish him with knives.

The matador generally follows the banderilleros. In his red "muleta" he hides his sword. In his right hand he carries his "montera", a handsome round cap, and gracefully walks toward the presidential box in front of which he offers up his victim. "Al rey! A la reina! A las hembras andaluzas!" In this toast, the most original and extravagant things are said. The crowd gives vent to a hollow murmur. The matador points out to his cuadrilla the spot where he wishes to kill the bull. The chulillos bandish their cloaks in the nostrils of the tired animal and tempt him on to the spot chosen by the matador, who steps to the front.

The animal has been pierced by the lances of the picadores, weakened by the darts of the banderilleros, and stupefied by the shouts of the crowd and the chase of the chulillos. The espada dazes him by quick flourishes of a crimson cape, the deceived bull lunges for the cloth, and the espada plunges his sword into his heart. Sometimes the espada, missing his thrust, wounds the bull in the neck. Blood bursts from the animal's mouth. No tongue can utter words more ferocious than the epithets hurled at the matador by the disappointed crowd, who expect a skillful sword thrust.

You would think that they were going to kill the matador. They hiss him and tear pieces of wool from the seats to throw at him. But if the thrust is successful, cigars, hats, cloaks, and even the fans of ladies darken the air. The quantity of offerings that fall into the arena sometimes prevent the matador from going over to make a new bow to the occupants of the presidential box. Then there is music and more shouting, while the mulillas, rattling their bells, drag off the dead horses, and the still warm bull. They leave behind them a great trail of blood.

The trumpet sounds a third time. The "toril" is once more opened, and another bull appears. They prod him, they burn him, and finally kill him, sometimes with ten, and sometimes with twenty sword thrusts. At each fight they kill eight bulls. If a bull gores a man, he is left upon the ground for dead, nobody minds it. They go on with the performance all the same and sometimes applaud the bull. If he tosses an assistant upon his horns, and catches him before his comrades can come to his rescue, not a single cry of fear or murmur of pity comes from the crowd. The man is taken to the hospital, wounded or dead. The affair naturally produces a little stir, but the sport goes on, and the women never quit their places.

When a bull wounds two or three fighters and kills sixteen or seventeen horses, his photograph is in great demand. Everybody buys it. His head is sold at a high price, and eventually ornaments the apartments of some lover of the sport. Such is a Spanish bull fight in its nakedness. Happily Mr. Bergh will save us from such an exhibition in New York.

## EL ESPÍRITU ESPAÑOL

Con el engaño de la literatura se nos está entrando por América el espíritu español, que de seguro no podrá hacer en la casa ajena sino lo que hace en la propia, lo cual es, según el español Mallada, esa gran maravilla de "tener las mejores aceitunas, y hacer el peor aceite; la mejor uva, y hacer el vino peor; la mejor lana, y hacer los peores paños". Imitan lo bueno que tienen, para publicar una revista al mes, y la llaman "La España Moderna", cuando si lo fuese de veras, no le habrían llamado así, con un vocablo indirecto, que huele a polvos de arroz, sino "La España Nueva" a secas, que es más viril y castizo, ¡y el sello que discurren para "La España Moderna" está en letras góticas! Alrededor no hay mozos robustos, con la cara al cielo y un libro y un arado, sino más como dragones, de pico y voluta; con la cola de mucho recoveco, y los remates flor de lis. El mundo nuevo es terso y sencillo. Cansan el pensamiento churrigueresco, y la sintaxis indirecta. La mujer bella y sana, aunque decir sana es decir bella, no anda con menjurjes y retoques: la frente, lisa. La boca, sin colorete. La oreja, sin aretes. Esos abalorios y transposiciones de la frase son como los pingos que se ponen las pobres solteronas, para conservar el favor fugitivo de los caballeros, o como los encajes y flores de trapo con que le tapan al descote los huesos. Música, en lo natural. Arte, en lo simple. Y la frase, lógica y cerrada, de modo que como quiera que se la ponga quede completa y gramatical. Ser académico, no da licencia para hablar mal el castellano. Y para hacerlo hablar mal a los otros.

## CÓMO SE CREA UN PUEBLO NUEVO EN LOS ESTADOS UNIDOS

Todo lo olvidó Nueva York en un instante. ¿Muere el Administrador de Correos tanto de enfermedad como de pena, porque su propio partido republicano le quita el empleo que ganó palmo a palmo, desde la cachucha hasta la poltrona, para dárselo a un buscavotos de barba larga, que se pasa la vida convidando a cerveza y allegándose los padres de barrio? ¿Se niega el Ayuntamiento a extender las vías del ferrocarril aéreo, que afean la ciudad, y la tienen llena de humo y susto? ¿Se ha puesto de moda una corbata nacional, con los tres colores del pabellón, y con las puntas tiesas a los hombros? ¿Están las calles que no se puede andar por ellas, de tanta viga por tierra y estrado a medio hacer, y el aire azul, blanco y rojo, y de calicó y muselina, porque las banderas del centenario no dejan ver el cielo? ¿Se pagan a diez pesos los asientos para ver pasar la procesión, a ciento cincuenta una ventana, a mil un palco en el teatro del gran baile? ¿Se ha trabajado el Viernes Santo como todos los demás días, sin que la santidad se viera más que en la hermosura primaveral, que se bebe en el aire, y les centellea a las mujeres en los ojos?

Todo lo olvida Nueva York en un instante. Un fuego digno del centenario consume los graneros del Ferrocarril Central. El río, inútil, corre a sus pies. Las bombas, vencidas, bufan, echan chispas. Seis manzanas arden, y las llamas negruzcas, carmesíes, amarillas, rojas, se muerden, se abrazan, se alzan en trombas y remolinos dentro de la cáscara de las paredes, como una tempestad en el sol. Por millas cunde la luz, y platea las torres de las iglesias, calca las sombras sobre el pavimento con limpieza de encaje, cae en la fachada de una escuela sobre el letrero que dice: "Niñas". Muda la multitud, la multitud de cincuenta mil espectadores, ve hervir el mar de fuego con emociones romanas.—De la refinería de manteca, con sus millares de barriles en el sótano, y sus tanques de vil aceite de algodón, sale el humo negro. Del granero mayor, que tocaba a las nubes, chorrean las llamas, derrúmbase mugiendo el techo roído, cae el asbesto en ascuas, y el hierro en virutas, flamea, entre los cuatro muros, la manzana de fuego. De los muelles salta al río el petróleo encendido, que circunda al vapor que huye, seguido por las llamas. El atrevido que se acerca, del brazo de un bombero, no tiene oídos para los comentarios,—la imprudencia de permitir semejante foco de peligro en el corazón de la ciudad, la pérdida que llega a tres millones, la magnificencia del espectáculo, más bello que el del incendio de Chicago, la majestad del anfiteatro humano, con caras como de marfil, que lo contempla;—el susurro del fuego es lo que se oye, un susurro como de vendaval; y el corazón se aprieta con el dolor solemne del hombre ante lo que se destruye. Un monte está en ruinas, ya negras, con grietas centelleantes, de las que sale el humo en rizos. Otro monte está en llamas, y se tiende por sobre la ciudad un humo dorado. A la mañana siguiente contemplaba en silencio el cascajo encendido la muchedumbre tenebrosa que acude siempre a ver lo que perece,—mozos fétidos, con los labios manchados de tabaco; obreras jóvenes, vestidas de seda mugrienta y terciopelo; muchachos descalzos, con el gabán del padre; vagabundos de nariz negra, con el sombrero sin ala, y los zapatos sujetos con cordeles. Se abre paso el gerente de una compañía de seguros, con las manos quemadas.

De trajes vistosos era el río un día después y masa humana la Quinta Avenida, en el paseo de Domingo de Pascuas. El millonario se deja en calma pisar los talones por el tendero judío: leguas cubre la gente, que va toda de estreno, los hombres de corbata lila y clavel rojo, de gabán claro y sombrero que chispea, las mujeres con toda la gloria y pasamanería, vestidas con la chaqueta graciosa del Directorio, de botones como ruedas y adornos de Cachemira, cuando no de oro y plata. Perla y verde son los colores en boga, con gorros como de húsar, o sombreros a que sólo las conchas hacen falta, para ir bien con la capa peregrina. A la una se junta con el de las aceras, el gentío de seda y flores que cantaba los himnos en las iglesias protestantes, y oía en la catedral la misa de Cherubini. Ya es ahogo el paseo, y los coches se llevan a las jóvenes desmayadas. Los vestidos cargados van levantando envidias, saludando a medias a los trajes lisos, ostentando su precio. Sobre los guantes llevan brazaletes, y a la cintura cadenas de plata, con muchos pomos y dijes. Se ve que va desapareciendo el ojo azul, y que el ojo hebreo invade. Abunda la mujer gruesa. Hay pocas altas.

Pero en la avenida de al lado es donde se alegra el corazón, en la Sexta Avenida: ¿qué importa que los galanes lleven un poco exagerada la elegancia, los botines de charol con polaina amarilla, los cuadros del pantalón como para jugar al ajedrez, el chaqué muy ceñido por la cintura y con las solapas como hojas de flor, y el guante sacando los dedos colorados por entre la solapa y el chaleco? ¿Qué importa que a sus mujeres les parezca poco toda la riqueza de la tienda, y carguen túnica morada sobre saya roja, o traje violeta y mantón negro y amarillo? Los padres de estos petimetres y maravillosas, de estos mozos que se dan con el sombrero en la cintura para saludar y de estas beldades de labios gruesos, de cara negra, de pelo lanudo, eran los que hace veinticinco años, con la cotonada tinta en sangre y la piel cebreada por los latigazos, sembraban a la vez en la tierra el arroz y las lágrimas, y llenaban temblando los cestos de algodón. Miles de negros prósperos viven en los alrededores de la Sexta Avenida. Aman sin miedo; levantan familias y fortunas; debaten y publican;

cambian su tipo físico con el cambio del alma: da gusto ver cómo saludan a sus viejos, cómo llevan los viejos la barba y la levita, con qué extremos de cortesía se despiden en las esquinas las enamoradas y los galanes: comentan el sermón de su pastor, los sucesos de la logia, las ganancias de sus abogados, el triunfo del estudiante negro, a quién acaba de dar primer premio la Escuela de Medicina: todos los sombreros se levantan a la vez, al aparecer un coche rico, para saludar a uno de sus médicos que pasa.

Y a esa misma hora, en las llanuras desiertas, los colonos ávidos de la tierra india, esperando el mediodía del lunes para invadir la nueva Canaán, la morada antigua del pobre seminole, el país de la leche y de la miel, limpian sus rifles, oran o alborotan, y no se oye en aquella frontera viva, sujeta sólo por la tropa vigilante, más que el grito de saludo del miserable que empieza a ser dueño, del especulador que ve espumas de oro, del pícaro que saca su ganancia del vicio y de la muerte. ¿Quién llegará primero? ¿Quién pondrá la primera estaca en los solares de la calle principal? ¿Quién tomará posesión con los tacones de su bota de los rincones fértiles? Leguas de carros; turbas de jinetes; descargas a cielo abierto; cantos y rogativas; tabernas y casas de poliandria; ataúd, y detrás una mujer y un niño; por los cuatro confines rodean la tierra libre los colonos; se oye como un alarido: "¡Oklahoma! ¡Oklahoma!"

Ya campea por fin el blanco invasor en la tierra que se quedó como sin alma cuando murió en su traje de pelear, y con el cuchillo sobre el pecho el que "no tuvo corazón para matar como a oso o como a lobo al blanco que como oso y lobo se le vino encima, con amistad en una mano, y una culebra en la otra", el Osseola del cinturón de cuentas y el gorro de tres plumas, que se los puso por su mano en la hora de morir, después de pintarse media cara de rojo y de desenvainar el cuchillo. Los seminoles vendieron la tierra al "Padre Grande" de Washington, para que la vinieran otros indios a vivir o negros libres. Ni indios ni negros la vivieron nunca, sino los ganaderos que tendían cercas por ella, como si la tierra fuese suya, y los colonos que la querían para sembrados y habitación, y no "para que engorden con oro puro esos reyes del mundo que tienen amigos en Washington". La sangre de las disputas corrió muchas veces donde había corrido antes la de las cacerías; desalojó la tropa federal a los intrusos ganaderos o colonos: al fin proclamó pública la tierra el Presidente y señaló el 22 de abril para su ocupación: ¡entren todos a la vez! ¡el que clave primero la estaca, ese posea el campo! ¡ciento sesenta acres por la ley al que primero llegue! Y después de diez años de fatiga, los ferrocarriles, los especuladores, los que quieren "crecer con el país", los que han hallado ingrata la tierra de Kansas o Kentucky, los que anhelan echar al fin el ancla en la vida, para no tener que vivir en el carro ambulante, de miseria un día y de limosna otro, se han venido juntando en los alrededores de esta comarca en que muchos habían vivido ya y levantado a escondidas crías y siembras, donde ya tenía escogida la ambición el mejor sitio para las ciudades, donde no había más huellas de hombre que las cenizas de las cabañas de los pobladores intrusos, los rieles del ferrocarril, y la estación roja.

Se llenaron los pueblos solitarios de las cercanías; caballos y carretas comenzaron a subir de precio; caras bronceadas, de ojo turbio y dañino, aparecieron donde jamás se las vio antes; había juntas en la sombra, para jurarse ayuda, para jurar muerte al rival; por los cuatro confines fue bajando la gente, apretada, callada, con los caballos, con las carretas, con las tiendas, con el rifle al hombro y la mujer detrás, sobre el millón de acres libres que guardaba de los invasores la caballería. Sólo podían entrar en la comarca los delegados del Juez de Paz nombrado por el Presidente, o aquellos a quienes la tropa diera permiso: gente del ferrocarril para trabajos de la línea, un periodista para ir echando la planta de su imprenta, un posadero para tener preparado el lugar, o los empleados del Registro, adonde la muchedumbre ansiosa ha de inscribir por turno riguroso su intención de ocupar una sección de los terrenos libres. Pero dicen por las cercanías que entran muchos delegados, que el ferrocarril está escondiendo gente en los matorrales, que la tropa ha dado permisos a posaderos que no tienen posada, que los ferrocarrileros se han entendido con la gente oficial, y no va a quedar en Guthrie, en la estación roja, una manzana sin amo cuando se abra la tierra a la hora de la ley.

Bajan de los caminos más remotos, pueblos de inmigrantes, en montones, en hileras, en cabalgatas, en nubes. De entre cuatro masas vivas, sin más valla que las ancas de la tropa montada, se levanta la tierra silenciosa, nueva, verde, con sus yerbales y sus cerros. Por entre las ancas miran ojos que arden. Así se ha poblado acá la soledad, y se ha levantado la maravilla de los Estados Unidos.

Y en los días cercanos al de la entrada libre, como cuando se muda una nación, eran campamento en marcha las leguas del contorno, sin miedo al sol ni a la noche, ni a la muerte, ni a la lluvia. De los bordes de la tierra famosa han ido echando sobre ella ferrocarriles, y se han erguido en sus fronteras poblaciones rivales, última estación de las caravanas que vienen de lejos; de las cuadrillas de jinetes que traen en los dientes la baraja, la pistola al disparar, y la bribona a la grupa; de las romerías de soldados licenciados, de campesinos, de viejos, de viudas.

Arkansas City ha arrancado los toldos de sus casas para hacer literas a los inmigrantes, tiene mellados los serruchos de tanto cortar bancos y mesas de primera hora, no encuentra leche que vender a las peregrinas que salen a buscarla del carro donde el marido cuida los enseres de la felicidad,—la tienda, la estufa, el arado, las estacas que han de decir que ellos llegaron primero, y nadie les toque su terruño; setenta y cinco vagones tiene Arkansas City entre cercas para llevar a Guthrie el gentío que bulle en las calles, pide limosna, echa el licor por los ojos, hace compras para revender, calcula la ganancia en los cambios de mano de la tierra. En otra población, en Oklahoma City, se vende ya a dos pesos el acre que aún no se tiene, contando con que va por delante el jinete que lo ha de ocupar, el jinete ágil y asesino. En Purcell la noche es día, no hay hombre sin mujer, andan sueltos mil vaqueros tejanos, se oyen pistoletazos y carcajadas roncas: ¡ah, si esos casadotes de las carretas se les ponen en el camino! ¡para el que tenga el mejor rifle ha de ser la mejor tierra! "¡Si me ponen un niño delante, Enriqueta, te lo traigo de beefsteak!" y duermen sobre sus náuseas.

Y van pasando, pasando para las fronteras, los pueblos en muda, los pueblos de carros. Se les cansa el caballo, y empujan la rueda. No puede el hombre solo, y la mujer se pone a la otra. Se le dobla la rodilla al animal, y el hijo hombrón, con el cinto lleno de cuchillos, lo acaricia y lo besa. Los días acaban, y no la romería. Ahora son mil veteranos sin mujeres, que van con carros buenos, "a buscar tierra". Cien hombres ahora, con un negro a la cabeza, que va a pie, solo. Ahora un grupo de jinetes alquilones, de bota y camisa azul, con cuatro revólveres a la cintura y en el arzón el rifle de Winchester, escupiendo en la divinidad y pasándose el frasco. Por allí vienen cien más, y una mujer a caballo que los guía. Ahí pasa el carro de la pobre Dickinson, que trae dentro sus tres hijas, y dos rifles. Muchos carros llevan en el toldo este letrero: "Tierra o muerte". Uno, del que por todas partes salen botas, como de hombres tendidos en el interior, lleva éste: "Hay muchos imbéciles como nosotros".

Va cubierta de polvo, con azadas al hombro, una cuadrilla que obedece a un hombre alto y chupado, que está en todas partes a la vez, y anda a saltos y a voces, con el sombrero a la nuca, tres pelos en la barba y dos llamas en los ojos, sin color seguro la blusa, y los calzones hechos de una bandera americana, metidos en las botas.

Otros vienen a escape, con dos muertos en el arzón, dos hermanos que se han matado a cuchilladas, en disputa sobre quién tenía mejor derecho al "título" que han escogido ya, "donde nadie lo sabe". Allá baja la gran romería, la de los "colonos viejos" que se han estado metiendo por el país estos diez años, y traen por jefe al que les sacó en Washington la ley, con su voz de capitán, sus espaldas de mundo, y sus seis pies de alto: la tropa marcha delante, porque son mil, decididos a sacar de la garganta a quien se les oponga, la tierra que miran como suya, adonde han vuelto cuando los echó la caballería, adonde tienen ya clavadas las estacas. Se cierra de pronto el cielo, la lluvia cae a torrentes, el vendaval vuelca los carros y les arranca los toldos, los caballos espantados echan a los jinetes por tierra. Cuando el temporal se serena, pasa un hotel entero, de tiendas y sillas plegadizas; pasa la prensa para el periódico; pasa un carro, cargado de ataúdes.

¡Un día nada más, ya sólo un día falta! De Purcell y de Arkansas llegan noticias de la mala gente; de que un vaquero amaneció clavado con un cuchillo a la mesa de la taberna; de

que se venden a precios locos los *ponies* de correr, para la hora
de la entrada; de que son muchas las ligas de los especuladores
con los pícaros, o de los pícaros entre sí, para defender juntos
la tierra que les quiten a los que lleguen primero, que no tendrán más defensa que la que quepa en una canana; de que unos
treinta intrusos vadearon el río, se entraron por el bosque, se
rindieron, uno sin brazo, otro sin quijada, otros arrastrándose
con el vientre roto, al escuadrón que fue a echarlos de su
parapeto, donde salió con el pañuelo de paz un mozo al que
no se le veía de la sangre, la cara. Pero los caballos pastan tranquilos por esta parte de la frontera, donde está lo mejor de la
invasión y la gente anda en grupos de domingo, grupos de
millas, grupos de leguas, por donde un anciano de barba
como leche, llama con un cencerro a los oficios, desde la caja
de jabón de que ha hecho púlpito; o donde los veteranos
cuentan cómo ayer, al ver la tierra, se echaron a llorar y se abra-
zaron, y cantaron, y dispararon sus rifles; o en el corro que oye
en cuclillas, con la barba en las palmas, lo que les dice la negra
vieja, la tía Cloc, que ya tuvo gallinas y perro en Oklahoma,
antes de que los soldados la echaran, y ahora vuelve a aquel
"país del Señor, a ver si encuentra sus gallinas" o en el corro
de mujeres, que han venido solas, como los hombres, a "tomar
tierra" para sí, o a especular con las que compren a otros,
como Polly Young, la viuda bonita, que lo hizo ya en Kansas,
o a repartirse en compañía las que, ayudándose del caballo
y del rifle, logren alcanzar, como las nueve juramentadas de
Kentucky; o a vivir en su monte, como Nellie Bruce, que se
quedó sola con sus pollos entre los árboles, cuando le echaron
al padre los soldados, y le quemaron la casa que el padre le
hizo para que enseñara escuela; o a ver quién le ha quitado
"la bandera que dejó allí con un letrero que dice: Esto es de

Nanitta Daisy, que sabe latín, y tiene dos medallas como tiradora de rifle: ¡cuidado!" Y cuando Nanitta saca las medallas, monta en pelo sin freno ni jáquima, se baja por la cabeza lo mismo que por la grupa, enseña su revólver de cabo de marfil, recuerda cuando le dio las bofetadas al juez que le quiso dar un beso, cuenta de cuando fue maestra, candidata al puesto de bibliotecario de Kansas, y periodista en Washington, óyense a la vez, por un recodo del camino, un chasquido de látigo y una voz fina y virgen: "¡Ehoe! ¡Hurra!" "¡Aquí venimos nosotras, con túnica de calicó y gorro de teja!" "¡Ehoe! ¡Hurra!" "¡Tommy Barny se llevó a la mujer de Judas Silo!" "¡Aquí está Ella Blackburne, la bonita, sin más hombre que estos dos de gatillo y cañón, y sus tres hermanas!"

Y a las doce, al otro día, todo el mundo en pie, todo el mundo en silencio, cuarenta mil seres humanos en silencio. Los de a caballo, tendidos sobre el cuello. Los de carro, de pie en el pescante, cogidas las riendas. Los de animales infelices, atrás, para que no los atropellen. Se oye el latigazo con que el caballo espanta la mariposa que le molesta. Suena el clarín, se pliega la caballería, y por los cuatro confines a la vez se derrama, estribo a estribo, rueda a rueda, sin injuriarse, sin hablarse, con los ojos fijos en el cielo seco, aquel torrente de hombres. Por Tejas, los jinetes desbocados, disparando los rifles, de pie sobre los estribos, vitoreando con frenesí, azotando el caballo con los sombreros. De enfrente los *ponies*, los *ponies* de Purcell, pegados anca a anca, sin ceder uno el puesto, sin sacarse una cabeza. De Kansas, a escape, los carros poderosos, rebotados y tronando, mordiéndole la cola a los jinetes. Páranse, desuncen los caballos, dejan el carro con la mujer, ensillan, y de un salto le sacan a los jinetes la delantera. Riéganse por el valle.

Se pierden detrás de los cerros, reaparecen, se vuelven a perder, echan pie a tierra tres a un tiempo sobre el mismo acre, y se encaran, con muerte en los ojos. Otro enfrena de súbito su animal, se apea, y clava en el suelo su cuchillo. Los carros van parándose, y vaciando en la pradera, donde el padre pone las estacas, la carga escondida, la mujer y los hijos. No bajan, se descuelgan. Se revuelcan los hijos en el yerbal, los caballos relinchan y enroscan la cola, la madre da voces de un lado para otro, con los brazos en alto. No se quiere ir de un acre el que vino después; y el rival le descarga en la cara el fusil, sigue estacando, da con el pie al muerto que cae, en la línea. No se ven los de a caballo, dispersos por el horizonte. Sigue entrando el torrente.

En Guthrie está la estación del ferrocarril, las tiendas de la tropa, la Oficina de Registro, con la bandera en el tope. Guthrie va a ser la ciudad principal. A Guthrie va todo Arkansas y todo Purcell. Los hombres, como adementados, se echaron sobre los vagones, se disputaron puestos a puñetazos y mordidas, tiraban las mochilas y maletas para llegar primero, hicieron en el techo el viaje. Sale entre vítores el primer tren: y el carro primero es el de los periódicos. Pocos hablan. Los ojos crecen. Pasa un venado, y los del tren lo acribillan a tiros. "¡En Oklahoma!" dice una voz, y salen a la plataforma a disparar, disparan por las ventanillas, descargan las pistolas a sus pies, vociferan, de pie en los asientos.

Llegan: se echan por las ventanas: ruedan unos sobre los otros: caen juntos hombres y mujeres: ¡a la oficina, a tomar turno! ¡al campo, a tomar posesión! Pero los primeros en llegar hallan con asombro la ciudad medida, trazada, ocupada, cien inscripciones en la oficina, hombres que desbrozan la tierra, con el rifle a la espalda y el puñal al cinto. Corre el grito de traición. ¡La tropa ha engañado! ¡La tropa ha permitido que se escondiesen sus amigos en los matorrales! ¡Estos son los delegados del juez, que no pueden tomar tierra, y la han tomado! "De debajo de la tierra empezó a salir la gente a las doce en punto", dicen en la oficina. ¡A lo que queda! Unos traen un letrero que dice: "Banco de Guthrie", y lo clavan a dos millas de la estación, cuando venían a clavarlo enfrente. Otro se echa de bruces sobre un lote, para ocuparlo con mejor derecho que el que sólo está de pie sobre él. Uno vende en cinco pesos un lote de esquina. ¿Pero cómo, en veinticinco minutos, hay esquinas, hay avenidas, hay calles, hay plazas? Se susurra, se sabe: hubo traición. Los favorecidos, los del matorral, los que "salieron de debajo de la tierra", los que entraron so capa de delegados del juez y empleados del ferrocarril, celebraron su junta a las diez, cuando no había por la ley tierra donde juntarse, y demarcaron la ciudad, trazaron las calles y solares, se repartieron las primicias de los lotes, cubrieron a las dos en punto el libro de Registros con sus inscripciones privilegiadas. Los abogados de levita y revólver, andan solicitando pleitos. "¿Para qué, para que se queden los abogados con la tierra?"

Los banqueros van ofreciendo anticipos a los ocupantes con hipoteca de su posesión. Vienen los de la pradera, en el caballo que se cae de rodillas, a declarar su título. En hilera, de dos en dos, se apiñan a la puerta los que se inscriben, antes de salir, para que conste su demanda y sea suya una de las secciones libres. Ese es un modo de obtener la tierra, y otro, el más seguro y expuesto, es ocuparla, dar prenda de ocupación, estacar, desbrozar, cercar, plantar el carro y la tienda. "¡Al banco de Oklahoma!" dice en una tienda grande. "¡Al primer hotel de Guthrie!" "¡Aquí se venden rifles!" "¡Agua, a real el vaso!" "¡Pan, a peso la libra!" Tiendas por todas partes, con banderolas, con letreros, con mesas de jugar, con banjos y violines a la puerta. "¡El *Herald de Oklahoma* con la cita para las elecciones del Ayuntamiento!" A las cuatro es la junta, y asisten diez mil hombres. A las cinco, el *Herald de Oklahoma* da un alcance, con la lista de los electos.

Pasean por la multitud los hombres-anuncios, con nombres de carpinteros, de ferreteros, de agrimensores a la espalda. En el piso no se ve la tierra, de las tarjetas de anuncios. Cuando cierra la noche, la estación roja del ferrocarril es una ciudad viva. Cuarenta mil criaturas duermen en el desierto. Un rumor, como de oleaje, viene de la pradera. Las sombras negras de los que pasan se dibujan, al resplandor de los fuegos, en las tiendas. En la oficina de registrar, no se apaga la luz. Resuena toda la noche el golpe del martillo.

# Segunda parte

# Selección de textos de la *Sección Constante*, 1881-1882

1. El espíritu humano nace a caballo y con espuelas, y apenas se aposenta en el cuerpo que le cabe en suerte, emprende su viaje en busca de la solución de sí mismo, y del punto en que ha de confundirse con el espíritu universal. Anhela saberlo todo. Desfallece cuando ve que no le alcanza su hora terrenal para darse cuenta de todo lo que hay sobre la tierra. Agradece cada libro nuevo, que le abre un nuevo horizonte. Lo oscuro y vacío le llena de ira. Quiere reconstruir lo pasado y adivinar lo futuro.

2. La muerte de Garfield causó la de dos personas en Flint (Estados Unidos del Norte). Uno, un carpintero, había trabajado durante el día, y parecía gozar de muy buena salud: doblaron las campanas, al saberse en el pueblo la lúgubre noticia: "¡El Presidente ha muerto!" dijo, y murió casi inmediatamente. El otro caso es menos raro: al oír los dobles una joven que desde hacía tiempo estaba enferma, exclamó:

"¡Ha muerto el Presidente: pronto me reuniré con él!" Murió antes que las campanas cesasen de doblar. En otro lugar de los Estados Unidos, un caballero anciano, al leer en un periódico la noticia, cayó muerto.

3. Ha asombrado en París la lozanía y belleza de las plantas que crecen bajo la exclusiva influencia de la luz eléctrica. Prosperan, florecen y fructifican sin un rayo de sol.

4. Las francesas rechazan el abominable peinado a la zulú, o a la "nido de pájaro" que había comenzado a estar de moda. Era un rizadillo menudo, que quitaba toda gracia y dignidad a la noble cabeza femenil. Insisten en usar esa especie de enverjado sobre la frente, que imitan sin duda de las vagabundas y semisalvajes gitanas del mediodía de Europa.

5. Existen en Nueva York casas nauseabundas organizadas por chinos a donde muchos americanos acuden a fumar opio. Allí se puede ver a los fumadores, lívidos y ebrios, tendidos como leños por las tarimas, al lado de la hedionda taza y de la larga pipa. Salen de las casas de fumar, como cadáveres, aunque algunos ricos extravagantes han montado con lujo habitaciones para fumar opio; las casas donde este culpable vicio se fomenta están en los barrios bajos. Allí se alquila una pipa, un puesto en la tarima y el derecho a envilecerse.

6. Las revistas de ciencia que se publican en Alemania sostienen las excelencias de la luz eléctrica. Publican experimentos que demuestran que no sólo es más saludable que las demás, porque deja el aire completamente puro, sino que aumenta el poder de la visión, sobre todo para distinguir los colores. El rojo, el verde, el azul y el amarillo brillan más a esta luz que a la luz del sol.

7. De toda la literatura del mundo una tresava parte corresponde a la medicina que con sus ciencias aliadas, ha dado

como 120,000 volúmenes y doble número de folletos. Estas sumas aumentan a razón de 1,500 volúmenes y 2,500 folletos por año. ¡Dónde vamos a parar!

8. Para construir, en Londres, un hotel inmenso, al estilo norteamericano, con 400 cuartos, se tendrá que derribar entre otras casas históricas, la casa en que Haydn escribió la mayor parte de *La Creación*.

9. Las virtudes del hermoso y arrogante *eucalyptus*, como árbol cuya vecindad purifica el aire de miasmas, ha sido confirmada por recientes experimentos en la insalubre campiña de Roma. En Argel, merced a los *eucalyptus* allí sembrados, se habitan comarcas que antes no se podían habitar. En México, donde la fiebre tifoidea es endémica, se usa el *eucalyptus* con gran éxito, y se ha propuesto, para impedir las emanaciones pútridas de la vecina laguna de Texcoco, plantar entre la ciudad y el lago, espesos bosques de este árbol. Los bosques de California y Australia están llenos de *eucalyptus*.

10. El Dr. Le Plongeon es un anciano activo y revoltoso, que se está haciendo notorio por la buena fortuna con que persigue y descubre ruinas de monumentos y estatuas de los mayas en Yucatán, y por el indiscreto lenguaje y exagerada ambición que acompañan a sus descubrimientos. Como cuatro años hace, descubrió, y quiso apropiarse, una colosal estatua de un personaje indio, que él llamó *Chac-Mool*, el "Rey Tigre"; una soberbia estatua, recostada sobre el dorso, con las piernas encogidas, con la cabeza alta y vuelta hacia el Oriente, y con las manos sobre el seno, sosteniendo un plato lleno de piedras preciosas, según se afirma,—que las piedras no han aparecido,—y de una sustancia extraña, como polvo, que Le Plongeon supone que fuera sangre del mismo personaje en cuyo honor se erigió esta estatua, que es la pieza más completa y

grande que se conoce de la escultura antigua mexicana. El descubridor quiso quedarse con el descubrimiento, y lo ocultó en los bosques; pero el gobierno, en virtud de la ley que prohíbe la extracción en país mexicano, de ningún tesoro histórico ni artístico de México, se apoderó de la valiosísima reliquia, que, luego de haber sido llevada en tiempo a la capital de Yucatán, fue trasportada con gran ira de los yucatecos, que la querían para su Museo particular, al Museo Nacional de México.

11. Mas Le Plongeon, a quien acompaña en sus exploraciones su esposa, joven, sabia y discreta dama inglesa, ha vuelto de las Islas de la costa mexicana donde andaba desenterrando templos y viviendo en cabañas de palma en el fondo de los bosques o a la orilla de los mares, a Uxmal, la ciudad magnífica de los mayas, cuyos contornos están llenos de maravillas de incalculable valía para la historia americana. Allí, excavando, ha encontrado un busto del dios Cay, con una inscripción en lengua maya, en la que se lee que el Dios es Ix-Azal. Cerca del busto estaba un altar con signos cabalísticos. Otros muchos restos históricos ha hallado el intrépido norteamericano, que, a su juicio se asemejan mucho a las reliquias encontradas en Heliópolis y en Menfis. Le Plongeon cree haber hallado vestigios de palabras caldeas en la inscripción de una piedra que hoy figura en una logia masónica.—Los indios, con los cuales está el doctor en riña permanente, y que creen una profanación digna de la muerte que se atente a los restos, propiedades y viviendas de sus mayores, le amenazan y le han atacado alguna vez; pero el doctor ha puesto en torno de los lugares en que excava, y de los en que guarda sus monumentos, minas de dinamita. Harto crédulos, sin embargo, son los indígenas. Le Plongeon mismo asegura que pudo inducirles a que le revelaran el lugar donde estaba enterrada la colosal

estatua de Chac-Mool, merced a la semejanza que con su larga barba y perfil correcto tenía a un guerrero barbado esculpido en una de las piedras de un monumento indio, cuya reaparición, como la de un profeta de quien había de venirles redención, aguardaban pacientemente los indígenas de las cercanías de esas dos grandes ciudades desaparecidas, Uxmal y Chichén.

12. Se está usando la luz eléctrica, en reemplazo de la gran luz de color que se ha usado hasta hoy, al frente de las locomotoras en camino. Produce una perfecta claridad en un tramo de 500 yardas en torno de la máquina.

13. Los norteamericanos y los ingleses se disputan la primacía en la capacidad de andar mucho y de prisa, aunque es dudoso que en ella vencieran a un campesino de Valencia de España, o a nuestros indígenas. Un francés anduvo el mes pasado en dos horas y media los 72 kilómetros que separan a Mâcon de Lyon. Diez millas por hora.

14. ¿Por qué decae el socialismo en Norteamérica? El hecho es curioso, cierto e interesantísimo. Se encargó de responder la pregunta el mismo delegado de los socialistas norteamericanos al reciente Congreso de Chur: "El número de periódicos socialistas en los Estados Unidos—dijo—se ha reducido a la mitad del año de 1877 a hoy. Esto, y la debilitación de nuestros trabajos, recursos y número de miembros, tiene por causa la prosperidad extraordinaria que goza el país desde aquel año".—En el Congreso de Ciencia Social de Dublín dijo también pocos días hace el profesor Goldwin Smith cosas muy interesantes sobre el mismo asunto: "El socialismo—dijo el profesor—crece poco en la América del Norte, porque la propiedad tiene allí una salvaguardia que consiste en el número de pequeños propietarios, y en que la libertad, en cuyo amor y goce viven allí las gentes, es tan opuesta como la

propiedad al comunismo. En ninguna parte está tan repartida la riqueza como en los Estados Unidos."

15. Hay en Berlín un retaurante en que no se toma más clase de alimento que los vegetales, ni se sirve ninguna bebida espirituosa.

16. En un periódico de Pesth se lee una bella anécdota. El pintor Eugenio Delacroix era amigo del barón Jaime Rottschild. El potentado sabía representar perfectamente un mendigo, con su rostro triste y su humilde manera de pedir. Consintió el barón en servir de modelo a Delacroix, que pintaba un pordiosero. De tal manera desempeñaba su papel Rottschild, que cuando un joven discípulo de Delacroix entró en el taller, dejó caer una pobre moneda, movido de lástima, en las manos del limosnero. Grandemente rió el barón de la aventura, y gozó con el engaño causado con su habilidad. El discípulo generoso era pobre, y ganaba su existencia enseñando su arte a bajo precio. Rottschild le pagó muy generosamente su moneda.

17. Los tiempos andan. Cuarenta años hace, era castigado como criminal en China el extranjero que aprendía la lengua del país, o el chino que la enseñaba a un extranjero. Aún después del tratado de Nankín, sólo en cinco lugares podían vivir los extranjeros en el Imperio, y sólo a distancia que pudiese ser recorrida en doce horas se permitía alejarse de los puertos del tratado a los europeos. Hoy todo el Imperio está abierto. De las 18 provincias, en trece hay misioneros establecidos con sus familias, se predica el evangelio y circulan libremente obras cristianas.

18. Una concesión municipal ha causado en Venecia gran tristeza. Las góndolas, que se deslizaban por los canales, como se deslizan en horas de recuerdos por la mente los pensamien-

tos melancólicos, van a ser sustituidas ahora en el Gran Canal por pequeños vapores. Pierde el arte, pierden los viajeros, y pierden, sobre todo, los gondoleros, que no escasean expresiones de queja, ni amenazas.

19. M. Pasteur ha hecho, y comunicado ante el Congreso médico en Europa, utilísimos descubrimientos sobre los gérmenes de las enfermedades. En los ganados ha logrado resultados sorprendentes, librándolos, por la inoculación, de la epidemia conocida en Inglaterra por "fiebre esplénica", en Francia por "charbon", y en la ciencia por "antrax". M. Pasteur, cuyas revelaciones han sido publicadas oficialmente en Inglaterra, estudia ahora los gérmenes de la fiebre amarilla.

20. Inglaterra va a poseer un ferrocarril movido por electricidad. El 1 de octubre se cortó el primer tramo. Es el ferrocarril de la Calzada de los Gigantes y Port Rush. El Dr. Siemens expone una fuerte suma en la empresa. Se calcula que no habrá ferrocarril menos costoso que éste. Un tranvía semejante movido por caballos costaría a razón de 23 centavos por milla; movido por vapor, a razón de quince; movido por electricidad se calcula que para andar cada milla requerirá el tranvía menos de dos centavos de gasto.

21. Según el periódico *La Lumière Electrique*, se ha topado con una curiosa dificultad al tratar de establecer en el Japón los hilos telegráficos. Los árboles del país del Mikado se hallan poblados de arañas que encuentran muy cómodo aprovecharse de los hilos del telégrafo para tejer sus telas en todas direcciones y en especial desde el alambre al suelo. En tiempo seco no produce esto inconveniente alguno, pero cuando la atmósfera se encuentra cargada de humedad, las telas se convierten en excelentes conductores y por tal medio una parte de la corriente eléctrica se va a la tierra en vez de dirigirse

al punto de destino. El único remedio descubierto hasta el día para obviar dicho inconveniente consiste en limpiar los alambres con escobas de bambú, pero como son en número incalculable las arañas que hay por allí, el resultado que se obtiene dista mucho de ser satisfactorio.

22. Por regla general, el hombre, desde la adolescencia, hasta que empieza a declinar la vida, debe habituarse a tener la cabeza descubierta en el interior de las casas. La costumbre contraria, esto es, el tener siempre abrigada la cabeza, da origen a las calvas prematuras y predispone a catarros y otras inflamaciones de las mucosas. Con los niños y los ancianos es otra cosa; la cabeza debe estar a cubierto de las influencias del aire y de todos los agentes exteriores; pero siempre por medio de gorras muy ligeras. Tan perjudicial es a los niños el dejarlos con la cabecita desnuda, lo mismo en el verano que en el invierno, como el ponerles unos encima de otros, dos o tres gorros de varias clases y formas con que a veces les provee la solicitud maternal, en este caso extraviada. Debe tenerse presente que hay que evitar lo mismo el frío que el calor, que los exponen a corizas o meningitis.—En las últimas edades debe retardarse cuanto sea posible el hacer necesidad de abrigarse constantemente la cabeza. Hay que convencerse de que el gorro de dormir tiene muchos inconvenientes; sin embargo, hay edades y casos en que es necesario, y sobre todo los que ya han contraído el hábito de usarlo, difícilmente lo podrían dejar. En todo caso debe procurarse que sean muy ligeros y no apretar con ellos fuertemente las sienes, como hacían nuestros antepasados.

23. M. Pasteur ha leído al Congreso Médico Internacional un folleto para probar que muchas enfermedades que se convertían en peste de los animales, se previenen por medio de

la nueva vacuna o sea la inoculación del fluido diluido. Todos los animales no inoculados murieron, y todos los inoculados se salvaron. ¿Cuándo se descubrirá la inoculación contra la fiebre amarilla?

24. Una de las cosas en que estriba el constiparse con frecuencia y el sufrir otras alteraciones, como bronquitis, amigdalitis, etc., etc. es la poca atención que se pone en la manera de cuidar la garganta. Se lleva ésta generalmente aprisionada con cuellos endurecidos por el almidón y la plancha, con corbatas y lazos que no se quitan en todo el día. Esto es antihigiénico por varios conceptos. Lo mejor sería llevar el cuello desnudo ordinariamente, o a lo más, que las camisas terminaran en cuellos muy sueltos y sin planchar. Como esto no se presta, desgraciadamente, a las costumbres reinantes ya en las ciudades, ni juega con los vestidos usuales, no queda más remedio que acercarse buenamente hacia ese ideal todo lo que las costumbres ordinarias lo permitan. Téngase presente que cuanto más libre esté el cuello, con más facilidad se pueden prevenir los efectos de un enfriamiento. Basta para ello llevar a prevención un pañuelo de seda, y al salir de un edificio al aire libre, etc., etc., arróllase aquél a la garganta, quitándoselo después tan pronto como no sea preciso. Quien lleva de ordinario lazos y pañuelos abrigando el cuello, se constipará con la mayor facilidad. En esto, las mujeres llevan al hombre la ventaja. Ellas, con la garganta desnuda, o sin más accesorios que algún collar o cadena, se habitúan al temple ordinario de la atmósfera, siéndoles así fácil prevenir los enfriamientos con el ligerísimo abrigo que una sencilla manteleta o un pequeño pañuelo pueda proporcionarles.

25. En Birmingham, Estados Unidos del Norte, se suspendieron los negocios en un día de setiembre último, para

acudir todos los vecinos a la lucha de un gato montés con dos perros de presa. A las cinco de la tarde, que era la hora del espectáculo se reunieron como tres mil personas, a esperar el momento deseado. El Corregidor de la ciudad soltó los perros y el gato a un mismo tiempo con toda imparcialidad y empezó la lucha más salvaje y desesperada, que duró 21 minutos solamente, porque el gato se deshizo de sus enemigos sacándoles los ojos. La gritería fue inmensa y en el acto el amo del gato casó una pelea con otros dos perros por $1,000 de premio, para un día que se anunciará.

26. A la par que en China parece vencedor, por algún tiempo al menos, el partido que rechaza todas las innovaciones de origen europeo,—en el Japón se abre paso con rapidez creciente el espíritu moderno. Merced a la lectura asidua del evangelio de San Juan, sesenta familias de Kioto se han convertido al cristianismo. Otra conversión notable ha tenido lugar por aquellos mundos: de un sacerdote budista, que ha abrazado en Mutwal la fe católica. Secla Vinala se llama el sacerdote; pero los nombres de los padrinos son más notables que el suyo: Parampatibandige Manuel Fernando Anavi Rala se llama el padrino, y la madrina Parampatibandige Angelina Fernando.

27. En la India inglesa se ha ensayado con brillantes resultados el empleo en los telégrafos, de las corrientes dinamo-eléctricas en vez de las baterías de pilas eléctricas. Una máquina dinamo-eléctrica empleada para alumbrar una estación situada a dos millas de Calcuta, fue elegida para engendrar la corriente que se trasmitió a las oficinas telegráficas de Calcuta, por medio de un alambre ordinario, el cual funcionó con toda regularidad sin notarse gran pérdida en la corriente útil de la máquina, hasta el punto de que esta misma

corriente, empleada a la vez en hacer funcionar las lámparas eléctricas de la estación, daba una luz equivalente a 600 bujías, siendo esto lo más digno de llamar la atención. En vista del éxito alcanzado se proponen utilizar en todas las líneas telegráficas las máquinas dinamo-eléctricas para la trasmisión de los despachos, empleando el sobrante en el alumbrado y economizando las baterías.

28. París, fatigado ya de llamar *gomosos* a sus elegantes ha inventado un nuevo nombre para designarlos: ahora los llama *gratin*. El *gratin* dorado y oloroso, cubría hasta hoy platos muy exquisitos, y ni el Gran Hotel, ni el café Rich, ni Helder, podían dar cosa mejor que un lenguado al *gratin*. Pero ahora *gratin* es el alto gomoso; la flor y la nata de la juventud luciente, acicalada y pródiga; el elegante desocupado y pulido, que obedece con femenil mansedumbre todas las exigencias de la moda, y se estrecha el talle, se riza el cabello, se acarmina orejas y labios, y posee un título, abono en los teatros y caballeriza. Ser *gratin* es un poco más caro que ser *gomoso*. Antes con vestir exageradamente, y mostrarse en sociedad nacarado como una doncella, ágil como un cervatillo, nítido como el acero bruñido, ya se formaba parte de la *goma*; pero el *gratin* es lo que se llamaba hasta ahora la *alta goma*.

29. Han comenzado a usarse en los ferrocarriles elevados de Nueva York las máquinas movidas por aire comprimido. El gasto es menor, menor el ruido, y la velocidad mayor. Otra innovación intentan los neoyorquinos, aunque ésta encuentra oposición muy seria por los propietarios de casas que creen que van a ser comprometidos los cimientos de sus propiedades: lo que se quiere es construir un ferrocarril subterráneo en Broadway. En $2.000,000 se estima el costo de cada milla. Se discute ahora la concesión en una verdadera asamblea de

abogados y constructores presididos por jueces. El testimonio de decir verdad en el informe se da solemnemente. No parece que tenga probabilidades de éxito el proyecto.

30. De que las selvas de nuestra América abundan en remedios para todas las enfermedades que en nuestro suelo se producen, lo dicen a veces la lógica de la naturaleza, en lo que las fuerzas de construcción están siempre al lado de las fuerzas de destrucción, y la suma ya cuantiosa de tesoros botánicos que debe a la tierra americana la farmacopea. Ni a quien ha andado entre indios, queda duda que ellos son dueños de muchos secretos que la grave ciencia heredada de Europa persigue aún en vano. Tonatiyacapan es el nombre de un medicamento mexicano con que un indio compasivo salvó a una hija mimada de la fortuna, dotada por las hadas, cantada por los poetas y regalada por los reyes, a la arpista española Esmeralda Cervantes, del vómito negro. Y como el indio fue tan generoso que reveló a Esmeralda Cervantes su secreto, la arpista lo ha popularizado en Buenos Aires y Uruguay, donde los Consejos de Higiene proclaman oficialmente las maravillas del tonatiyacapan.

31. Es una maravilla la nueva casa del general Grant en Nueva York. Aún no está lista para ser ocupada por sus moradores; pero ya los periódicos describen algunas de las joyas de arte que van a hermosear el rico palacio. Tan cargado de regalos vino el general Grant de su viaje alrededor del mundo, y tal inclinación tenía él a recibirlos, que no ha sido necesario comprar un solo objeto para adornar el primer piso del palacio. En las ochenta cajas de espléndidos presentes que recogió el general en su peregrinación, han hallado los decoradores cuanto para ornamentar el piso y esmaltar de curiosidades valiosas el resto de la casa, les era necesario. No habrá en las

salas, ni en el cuarto de recibir, dos muebles iguales. En vez de los comunes juegos de sala, incómodos y monótonos, las ricas habitaciones estarán llenas de sillas distintas de formas caprichosas, de divanes de terciopelo bordados de oro, de sillones de armadura de ébano con incrustaciones de marfil, vestidos de tapices de los Gobelinos, y de brocados hechos a mano. Las colgaduras orientales y las alfombras persas fueron elaboradas para el Presidente, como obsequio; y se celebra grandemente el cortinaje de cachemira que adornará el tocador de la esposa de Grant. De mosaico, y de incrustaciones Boule, son las mesas, y los estantes de las paredes; los marcos de los espejos son obras de arte, talladas con gran habilidad a cortaplumas por los diestros obreros de Suecia. En mérito con los cuadros que adornan el palacio, luchan los marcos que los encierran. Por todas partes hay estatuas, jarrones y esas raras menudencias que cubren hoy todas las paredes y rincones de las casas norteamericanas: ídolos, trompetas, armas, platos de bronce, cascos, vasijas. En el cuarto de vestir del general Grant, hay una pequeña casa de plata, de cinco pisos: tiene tres pies de alto; es una caja de perfumes, regalada a Grant en China. Raros pájaros y grandes flores esmaltan las paredes del palacio, tras de cuyas ventanas y balcones se conservan, en cajoncillos de plata labrada, embriagadores aromas. Sobresalen entre los adornos dos grandes colmillos de elefante, recuerdo de la India, rematados con molduras de oro, de finísimo trabajo. Otra, y no la menor, de las novedades de la casa, es un gran tapiz japonés, que ocupa una de las paredes del que pudiera llamarse *cuarto de estar*, y se llama entre los ingleses *sitting room*. Representa el tapiz una partida de caza: sobre el fondo, de rica seda crema, resaltan con grande objeto, y con color y expresión de vida, las figuras y el follaje, bordados en

seda de variados y vivos colores. Agita ya al mundo elegante
de Nueva York la extraordinaria fiesta con que se anuncia que
inaugurará el general Grant sus nuevos salones.

32. Hay en Inglaterra varias sociedades vegetalistas, empe-
ñadas en demostrar las excelencias de la alimentación vegetal,
y los daños que vienen a la salud de alimentarse con carne. Es
en vano que los creófagos recuerden que los trabajadores ingleses del ferrocarril de Ruán, que se alimentaban con carne,
hacían un trabajo que excedía en más de un tercio al de los
trabajadores franceses, que se alimentaban con legumbre y
caldo: a esto oponen los vegetalistas, que los chinos, grandes consumidores de coles y arroz, trabajan grandemente. En
vano es que otro sectario de la creofagia cite el ejemplo de
Balzac, que, sobre ser de suyo un notable comedor, logró—
merced a una alimentación exclusiva de carne, ponerse en un
tiempo breve en estado de batir y derribar a puñetazos a los
vagabundos de París, cuyas costumbres estudiaba: los vegetalistas oponen a este caso indudable el de la esposa de uno de
los fundadores de la Sociedad, que durante treinta años, ni
comió carne, ni bebió agua, y dio a la reina Victoria quince
súbditos. Los vegetalistas aseguran que, como la carne lleva al
organismo humano 30 gramos de ázoe en cada kilogramo, sin
contar con el ázoe que le llevan otros alimentos, y el hombre
no debe absorber cada día más que 18 gramos de ázoe—de
este exceso, favorable al principio,—vienen luego padecimientos y vicios en la sangre, en los riñones y en las articula-
ciones. La gota, el reuma, todos estos achaques los atribuyen
los vegetalistas a la alimentación animal. Hay cuerdos profesores que opinan por comer racionalmente carne, que vigoriza
los músculos y fortalece la sangre, y vegetales, que impiden
la absorción de más ázoe que el que necesitamos para vivir.

33. Se multiplican rápidamente los empleos del papel. Los fabricantes de objetos de papel hacen una temible competencia a los fabricantes de loza. Muchos restaurantes y cafés de Berlín no usan ya platos de loza para servir el pan, la mantequilla, los panecillos de café, los pasteles: sirven todo esto en platos de papel. En Holanda, hace mucho tiempo que se usan servilletas de papel delgado: por cierto que los consumidores tienen el derecho de llevarse la frágil servilleta. Este hábito de los holandeses responde a una de las reformas que el elegantísimo escritor español Castro y Serrano pedía para la mesa, en su curiosa y chispeante polémica sobre cosas de banquete y cocina con el Dr. Thebussem, de Medina-Sidonia. ¿A qué aros para la servilleta?—decía Castro y Serrano:—pues ¿acaso una misma servilleta debe servirse dos veces seguidas en la mesa? En verdad es aseada la costumbre de Holanda. En Nueva York han intentado introducirla, pero las servilletas de papel que allí hacen no resultan agradables a los ojos, ni útiles. Algunos vapores usan de ellas.

34. Interesa a la América del Sur, tan rica en maderas descuidadas hoy, o destruidas en desmontes imprevisores o en cortes precipitados por la avaricia mercantil,—saber cuán rápidamente se consumen las maderas útiles de los bosques en Europa. El periódico de la sociedad de los agricultores de Francia publica interesantes detalles de la riqueza forestal europea. Suecia y Noruega, que tanto pino exportan aún, tienen ya que comprar su roble de Polonia; los bosques rusos que antes poblaban las orillas del Báltico, en Finlandia, empobrecen con tal celeridad que de cada diez acres de tierra del Imperio, solo un acre es de bosque. Hay como treinta y cuatro millones de acres de bosque en Alemania, de los que veinte millones están en Prusia, y que producen $50.000,000

cada año. Prusia solo gasta $500,000 anuales en el cuidado de los bosques del Estado, y en replantarlos y limpiarlos. Las exportaciones de madera son menores en dos millones de toneladas a las importaciones. 43 millones de acres forestales tienen Austria y Hungría; pero en el Austria propia el Estado sólo posee un siete por ciento del área de los bosques, y está obligada a comprar sus maderas a Bosnia y Montenegro: Serbia y Rumania tienen selvas opulentas; pero Italia, por más que cuenta con cerca de 14 millones de acres de terreno boscal, saca de ellos mezquino provecho, por el mísero estado de los caminos que llevan a sus bosques: casi es imposible remover de los bosques italianos las maderas cortadas. En España, hay aún 8.500,000 acres de selva; pero los ingenieros de montes y caminos creen con razón que esta riqueza está arruinada en España, y que se necesita urgentemente repoblar de árboles las montañas. Portugal, que cuida bien su pobre millón de acres, vende con muy buen éxito sus maderas.

35. Progreso inmenso fue el conseguir fijar las imágenes obtenidas en la cámara oscura, pero no es menos cierto que el hombre no se ha manifestado satisfecho con todos los adelantos realizados por la fotografía. Cerca de medio siglo hace que se está buscando con empeño el conseguir fijar también los colores, o sea obtener las imágenes con su coloración propia. Este gran invento, repetidas veces anunciado como conseguido, pero nunca realizado, parece al fin resuelto por un procedimiento ideado por M. M. Cros y Carpentier, quienes acaban de presentar a la Academia de Ciencias de París fotografías de una acuarela, en las que se notan exactamente reproducidos los detalles y colores del original. En fotografías se han sacado por medio de tres clisés para cada objeto; clisés obtenidos respectivamente a través de tres diafragmas líqui-

dos, uno anaranjado, otro verde y otro violeta. La opacidad y la transparencia varían de un clisé a otro en las porciones homólogas de la imagen, a fin de distribuir las cantidades relativas de rojo, amarillo y azul (que son los colores simples que forman todos los de la naturaleza), de manera que compongan y reproduzcan todos los matices del modelo. La capa de colodión sensible fijada sobre el papel o sobre el vidrio, para obtener las pruebas negativas, se empapa en bicromato de amoníaco y después se seca a la estufa. Entonces se aplica sobre la placa así sensibilizada un *positivo* por transparencia y se expone durante algunos minutos a la luz difusa; después se lava y se sumerge en un baño colorante. Bajo la acción de la luz el bricromato hace sufrir a la albúmina, ya coagulada, una nueva contracción, de modo que no la deja embeber más, ni teñirse por nuevas sustancias colorantes. Pero en las porciones protegidas por la opacidad del positivo, la materia colorante penetra y se fija. Por este medio es fácil obtener imágenes fotográficas de toda clase de colores. Para ello es necesario repetir tres veces la operación sobre un mismo vidrio, empleando para la imagen obtenida a través del diafragma verde un baño colorante rojo: para la imagen del diafragma anaranjado un baño verde, y por último, para la del diafragma violeta, baño amarillo. Será verdaderamente mágico conseguir fotografías, en que a la exacta copia de la naturaleza en cuanto a las líneas, se consiga unir la viveza y animación del colorido.

36. En el Estado de Iowa—de la América del Norte—tuvo efecto hace poco tiempo, en presencia de diez mil espectadores, una corrida de caballos que llamó en alto grado la atención por ser los *jockeys* dos conocidas amazonas, miss Piuneo y miss Burke, ambas de un peso aproximado—120 y 117 libras respectivamente. Debían recorrer la distancia de diez millas, y

cambiar de caballo cada dos millas. Los cinco caballos de miss Burke eran ya conocidos, por haber corrido diferentes veces en Nebraska, a diferencia de los de miss Piuneo, que los acababa de adquirir semisalvajes en el Colorado. Poco antes de darse la señal de partida, miss Burke tuvo un fuerte altercado con el padre de miss Piuneo, de manera que ésta principió la corrida en condiciones desfavorables; a pesar de lo cual las amazonas llegaron a un tiempo a la primera parada, produciendo con ello la indignación de la multitud. Miss Burke empleó ocho segundos en el cambio del caballo y diez su contrincante. En la siguiente corrida miss Burke adelantó un cuarto de milla a miss Piuneo, y considerándose ya victoriosa, al pasar cerca del padre de ésta le dio un bofetón, no olvidándose después de apostrofarle en cada corrida, cuando le hallaba al paso. Después de la novena parada miss Piuneo estaba casi sin fuerzas y pidió a su padre que no le hiciese correr las últimas dos millas. "No, contestó el padre, debes correrlas aunque te cause la muerte." Miss Piuneo obedeció, pero miss Burke ganó la corrida por una milla de ventaja. Miss Piuneo empleó 23 minutos 40 segundos y mis Burke 21 minutos 49 segundos.

37. El gobierno japonés se halla actualmente con una dificultad extraña y grotesca, aunque muy grave en el fondo. Los indígenas de la provincia de Riukiu practican desde tiempo inmemorial el uso de exhumar y lavar los esqueletos de sus muertos, a los tres años de su defunción. En tiempo ordinario no ofrece ningún inconveniente grave este piadoso jabonado, que se celebra en día fijo, a la vista de la policía y por millares de cráneos a la vez. El espectáculo de esta fiesta original sublevaría las delicadas conciencias americanas y europeas, porque cada *colección* de osamentas es cuidadosa-

mente cepillada con agua caliente y jabón. Este trabajo está reservado a las mujeres, que llevan con frecuencia su celo funerario hasta pulimentar y *encerar* los cráneos de sus abuelos. Para la generalidad de los cadáveres, se opera la cocción o preparación de los huesos en unas inmensas calderas, que unos empresarios particulares ponen a disposición del público. En cuanto a la *aristocracia*, se lleva a cabo la preparación en unas brillantes marmitas de familia, adornadas para la circunstancia con guirnaldas de flores. Es el caso, que al terminar este año tendrán que exhumar los piadosos habitantes de Riukiu todas las víctimas del cólera de 1879, y como el lavado tradicional pudiera hacer renacer la epidemia, el gobierno del Mikado ha intentado disuadir a sus súbditos. Muchos altos dignatarios han ido a aquella comarca, exhortando al pueblo a que renuncie, siquiera por una vez, a la limpieza de los huesos, pero los habitantes de Riukiu prefieren la *toilette* de sus muertos a la salud pública, y han recibido a los comisionados a pedradas. Por tanto, el cocimiento funerario de Riukiu se efectuará como siempre; solamente que este año se le rodeará de más cuidados y honores.

38. Muchos y muy notables hechos se han aducido para probar que los animales tienen una inteligencia igual a la del hombre.—Como curiosidad, citaremos aquí dos ejemplos encaminados a demostrar el grado de perfección intelectual que alcanzan los insectos.—El primero que ha sido comunicado por Darwin a la Sociedad Linneo de Londres, es el de una gran hormiga, originaria de México, que siembra, recoge y entroja una gramínea. Ella escoge un espacio de terreno que allana y nivela; arranca las plantas que en él nacen y las malas yerbas, y después siembra la gramínea en medio de este campo. Otro entomologista inglés relata el siguiente

experimento, que puede repetir todo el mundo. Colóquese
verticalmente un palo en el centro de un charco y póngase
en él una araña del campo, y obsérvese lo que hace la araña.
Después de cierto tiempo consagrado a explorar el palo y asegurarse de que no existe punto alguno en él que comunique
con la tierra firme, el insecto sube hasta el extremo del palo,
fija allí un hilo y se deja caer hasta muy cerca de la superficie
del agua, y allí espera a que el viento lo coloque sobre una
yerba vecina. Si este medio no produce el resultado apetecido,
la araña forma un copo sedoso, bastante ligero para que flote
en el aire, y se confía a este aerostático de nuevo género.

39. Una hermosa mañana del 2 de noviembre próximo
pasado, los habitantes de un pueblo francés observaron que
las paredes exteriores de sus casas estaban cubiertas de manchas rojizas *como si hubiese llovido sangre*. La conmoción fue
general, y por más que los aldeanos aguzaron su escaso ingenio no pudieron llegar a descubrir las causas del fenómeno.
No es de ahora solamente la aparición de este fenómeno, sino
que,—como dice un colega,—ya en muchas otras ocasiones
ha tenido el triste privilegio de asustar a los habitantes de
las aldeas. En 1608 ocurrió en Aix una de esas lluvias llama-
das *de sangre* que espantó a todo el pueblo. La población en
masa acudió a las iglesias para apaciguar las iras celestes que
semejante prodigio al parecer anunciaban. Pero un sabio,
M. Peyrese, hizo notar que aquellas gotas sanguinolentas no
habían caído sobre los tejados, ni en los sitios expuestos al
aire libre, sino en los lugares cubiertos. Hizo observar además
que nadie había sido mojado por aquella pretendida lluvia
y que ninguna persona tampoco la había visto caer. El fenómeno quedó sin explicar, hasta un día en que Peyrese puso
por casualidad en una caja varias orugas, y observó que una de

sus especies, entre otras había dejado en el otro en que cada mariposa rompe la larva una gran mancha de color de sangre. Aquello fue un rayo de luz para el sabio, pues la especie de mariposa que lo producía era aquel año muy frecuente en la comarca. Las supuestas gotas de sangre no eran, pues, otra cosa que la materia excrementicia roja que las mariposas habían dejado en su envoltura al romperla. Peyrese se apresuró inmediatamente a tranquilizar a la opinión pública.

40. La tinta de escribir tiene gravísimos peligros, y conviene conocerlos. Frecuentemente para impedir el enmohecimiento de la tinta se mezcla con una preparación de óxido de mercurio y de cloro, es decir, un veneno de los más peligrosos, del cual una sola gota introducida en una herida, por ligera que sea, puede tener terribles consecuencias. Ha muerto últimamente en Nassauun un maestro que se había hecho una picadura en la mano con una pluma llena de tinta.—Los médicos han reconocido un envenenamiento de la sangre.— Lo más económico y lo mejor es que los maestros preparen la tinta por sí. La preparada con caparrosa verde, agallas de Alepo, azúcar candi y goma, es barata y produce los mejores resultados.

41. El veneno de los perros es un remedio contra la embriaguez y sus consecuencias. Asegura el doctor Luton que la estricnina es el contra-veneno del alcohol, y que los individuos atacados del *delirium tremens* pueden volver a adquirir su estado normal de salud, gracias a este alcaloide; añadiendo que los individuos dominados por este detestable vicio podrán emborracharse todos los días si así les pluguiere, sin miedo de tener que ir a acabar sus días en el santo hospital. La estricnina es uno de los venenos tetánicos más terribles, pues la dosis de 10, 5 y hasta de 2 centígramos determina ac-

cidentes mortales. Introducida en el estómago, empieza, por regla general, a producir sus efectos al cuarto de hora, efectos que nos resistimos a describir por lo horrorosos que son. Sus sales se emplean para combatir ciertas parálisis; pero son siempre medicamentos peligrosos que no deben prescribirse sino empezando por dosis de menos de dos milígramos. El doctor Luton lo emplea contra el alcoholismo o dosis algo mayores que las que se acostumbra dar a los enfermos. Aconseja a las personas que viven en medio de vapores alcohólicos, tales como los destiladores y comerciantes en vino, así como los individuos dominados por el vicio de la embriaguez, que experimenten principios de alcoholismo, falta de apetito, insomnio, temblores, etc., tomar cada día unas gotas de un líquido que contenga estricnina o de una infusión de nuez vómica, que es de donde se extrae el alcaloide, en un vaso de vino en cada comida. Ignoramos si este sistema es mejor que el seguido en Alemania: allí se trata a los ebrios como si fueran enfermos, dándoles alimentos impregnados de alcohol; así se llega a disgustarlos de tal manera de esta clase de líquidos, que acaban por rechazar toda bebida espirituosa. Mucho discernimiento se necesitará de parte del médico para aplicar estos sistemas curativos; pues de otro modo bien podría ser peor el remedio que la enfermedad, y que acabase en poco tiempo con la borrachera y el borracho.

42. Es innegable que las plantas crecen grandemente a la luz, muy poco en la oscuridad. Un naturalista alemán puso de un lado 400 semillas de yerbas de pasto, y 400 de otro: las unas, a la luz, crecieron a razón de 62 %; las otras, a la sombra, crecieron a razón de 3%. Repitió la observación con otros grupos, y las plantas a la luz crecieron a 59 %, y las abandonadas en la sombra a razón de 7 %.

43. Los periódicos ingleses abundan en alusiones a la última obra de Darwin. El famoso naturalista ha empleado largo tiempo en estudiar la inteligencia de los gusanos. Su libro tiene por esto la amenidad de una novela, a lo que contribuye la originalidad y gracia del asunto, y la tierna y profunda personalidad del filósofo, que ama vehementemente a la naturaleza, y departe con ella como en amoroso diálogo. El naturalista se ha enamorado de los insectos que describe, y ve a esos animalillos cuyos hábitos y espíritu revela a los hombres como vería a criaturas suyas, a lo que tiene derecho, pues en verdad los crea para la ciencia. "Hemos visto, dice en una parte de su libro, que los gusanos son tímidos. Apenas puede dudarse, a juzgar por las violentas contorsiones que hacen al ser maltratados, que experimentan todo el dolor que sus desesperadas contorsiones expresan, ni al verles buscar con ansia los manjares que prefieren, debe caber duda de que poseen el sentido del gusto. Su pasión sexual es tal que vence muy a menudo su miedo de la luz. Y tal vez hay en ellos algo de sentimiento de sociabilidad, puesto que no se inquietan de encaramarse los unos sobre los otros."

44. Mientras más puro es el elemento germánico en una nación, mayor es la propensión que se nota en ella al suicidio. La gente fornida, de cabellos y ojos claros y elevada estatura, tiende más a la muerte voluntaria que los cortos de cuerpo, y de color morena. Las razas branquicefálicas abundan más en suicidas que las dolicocefálicas. Los judíos han mostrado siempre una habitual tendencia al suicidio; y éste es más frecuente entre protestantes que entre católicos. Las causas que producen penurias agrícolas, que hacen subir el precio del maíz, y producen crisis monetarias, revoluciones políticas, guerras, levas de reclutas, y cosas semejantes, producen

también un aumento de casos de suicidio, lo mismo que un aumento de criminalidad. Las mujeres no se suicidan con tanta frecuencia como los hombres; y se estima que por cada tres hombres que mueren a sus propias manos, una mujer perece de esta muerte. Entre las españolas la relación es distinta: en España la relación de mujeres a hombres suicidas es de uno a dos y medio. Morelli no encuentra explicación al caso: la explicación es la mayor viveza e intensidad de las pasiones en las mujeres españolas.

45. Fue de los románticos andar con largos cabellos y revueltas capas. Y ahora hay una nueva secta literaria, la de los estéticos, cuyos adeptos disponen sus trajes y aderezan sus rostros de modo de parecer la estampa de la delgadez, y la efigie carnal de un ánima desesperada y abatida. Adoran los estéticos aquel *pallor* latino: tintes verdes y lívidas, matices lúgubres, cortes de ropa que den al cuerpo enfermiza y fantástica apariencia: he ahí su moda. Dos alambres sujetando e la cima una colilla de pato, y coronado el conjunto por un hongo pardusco: he ahí a un estético o esteta, que de los dos modos se llaman. La epidemia ha cundido de la literatura, donde manda en jefe el poeta nuevo Oscar Wilde, a los trajes de hombres y mujeres, y de Londres, donde nació, a los Estados Unidos del Norte y a la misma Francia. Es de rigor tener aire de suicida frustrado, o de Safo abandonada. Los puros estetas han de tener el aire de míseros prometeos, sujetos a una invisible roca, y devorados por un buitre interior.

46. Puede tenerse una idea de la riqueza de las minas del Oeste de los Estados Unidos del Norte, por el hecho de que en 1877 había setenta y seis millones de pesos en depósito en las Cajas de ahorros de California. Jamás habían reunido los bancos del Estado tanto dinero, y esa suma colosal llegó a

acumularse como el resultado de la prosperidad de las minas durante los años anteriores.

47. Los famosos árboles gruesos de California, de colosal tamaño, están en terrenos públicos, y pueden ser comprados y destruidos para los usos que a los compradores plazcan. Uno de esos trozos extraordinarios anda de feria en feria por los Estados Unidos exhibido como una maravilla, y otro ha sido preparado de manera que sobre su superficie pueda bailar un número crecido de parejas.

48. Hemos de repetir, porque es útil, lo que dice el inspector médico de uno de los asilos de dementes de Inglaterra. Aparece de sus investigaciones que una gran parte de los locos que asiste el asilo, han venido a locos por aislamiento y nostalgia: considerable número de los dementes es de personas que hablan mal inglés. Los pastores, que viven en soledad forzosa, se vuelven locos con frecuencia. La soltería prolongada, forzosa a veces en aquella comarca, Gales del Sur, en que el número de mujeres es una tercera parte menor que el de hombres, es origen frecuente del trastorno. La prolongación del alimento por la leche materna a los niños es también causa de locura. No lo menos el beber con exceso malos licores, ni el beberlos con exceso y abstenerse de ellos de súbito. Pocos casos cuenta el asilo de locos por herencia.

49. "La escena fue tocante." ¡Con qué espanto leerán los que amen nuestra poderosa y rica lengua, esa frasecilla espuria y menguada que comienza a deslizarse en algunos periódicos de Buenos Aires! Tanto vale hablar y escribir de ese modo como hablar la jerga horrenda de los catalanes de Marsella. Ese *tocante* es, por supuesto, traducción del *frappant* francés: sólo que *frapper* en francés, tiene más acepciones que la mera de *tocar*, con que se la traduce al castellano.

¿Pues no se puede decir, correcta y galanamente: "la escena fue conmovedora"? No que sea la tierra de Quesada y de Gutiérrez aquella en cuyos periódicos se hallan a cada paso frases como éstas: distribuir los roles; representa un rol. Una vez tropezamos con una empresa de *salvataje*, cuando desde los tiempos del jesuita Terreros registran los diccionarios de la lengua la buena palabra *salvamento*, que los italianos usan también para expresar la misma idea, sin acudir a la palabra francesa *sauvetage*, que no tiene para nosotros abolengo etimológico, ni derecho a ser introducida en nuestra lengua. Fuera cosa de no acabar citar curiosidades de esta especie. En el Perú dicen *intimidar* por *intimar*, y en Buenos Aires mismo se oye a menudo "estaba lleno de indignidad" por "estaba lleno de indignación". No agradecería la equivocación aquel de quien así se hablase. Pero todo eso es cosa de poca monta, al lado de un caballero crítico, de la República del Plata, que ha escrito que los grandes poetas han *monumentanizado* las instituciones de sus pueblos: verdad que es un crítico que "ve arder en su cerebro la chispa irradiante de la ambición."

50. Grave es el tiempo para los judíos. De Rusia los expulsan, y los persiguen por los campos como a animales feroces. En Odesa apedrean el carruaje de Sarah Bernhardt porque es judía, y el gobierno tiene que proveerla de una crecida guardia montada. En Alemania, se hacen menester la energía del Emperador y las declaraciones de Bismark para que no rebose el vaso de odio. Y ahora leemos que en Persia, donde hay 40,000 judíos, no hay vejación a que no se les someta, ni restricción de beneficio público de que no se les haga exclusivas víctimas. En una ciudad persa, Haundan, están las tumbas tradicionales de Ester y Mardoqueo.

51. Los colonos de Australia están prestando grande atención a lo que debieran prestarla todos los habitantes de comarcas agrícolas: a la conservación de sus bosques. No tratan con esto sólo de asegurarse para lo futuro madera buena y abundante, sino en evitar los males que acarrea la pobreza de árboles, sequedad en el clima, larga escasez de lluvias, fuegos en las selvas y cosechas ruines. Los cortadores de madera deben estar, como están en todos los países productores de madera exportable, sujetos a leyes rigurosas y a estrecha vigilancia, que hagan que el corte se efectúe de modo que se preserve el bosque original, y se tienda a la reposición de las maderas que se arrancan. Los especuladores, por cortar mucho, cortan árboles sin razón o ya pasados, y los cortan fuera de estación, sin cuidarse de sembrar en la medida en que van cortando. Los australianos proponen que se reserve una extensión de 200,000 acres para la siembra permanente de árboles, a los cuales deberá atenderse con celo especial durante doce años, en cuyo cuidado se emplearán hasta $650,000. Así esperan poseer en 21 años 310 millas cuadradas de bosques.

52. Arranca una sonrisa de los labios, a la par que honra una de las glorias que en Venezuela especialmente honramos, un párrafo del *Blackwood's Magazine*, que es uno de los periódicos graves de Inglaterra: "Ha de saberse que Humboldt venció al diablo. Los vascos, que mantienen que Adán habló su lengua, conservan aún su idioma, y su habilidad para jugar a la barra, porque no hay en el mundo jugadores de barra más diestros que ellos. Pero como raza ya desaparecer, y huyendo de la conscripción, los pocos que quedan emprenden desde niños el camino de la América del Sur. No es tan difícil, sin embargo, la lengua éuskara, que los filólogos no hayan logrado sorprenderla, y ponerla en gramática; ni es la menor gloria de

Humboldt la de haber aprendido este dialecto enmarañado, y haber descubierto sus relaciones con las raíces ibéricas. Y es tanto mayor esta gloria cuanto que se sabe por una leyenda que el diablo estuvo siete años en Mauleon sin más objeto que aprender la lengua de los vascos y poder hablar con ellos y hacerse de sus almas; pero es fama que la tarea pareció al diablo más recia que su voluntad, y que no pudo Satán aprender nunca los siete artículos que emplean los éuskaros; sucumbió el diablo donde venció Humboldt: de lo que viene que, como el diablo no puede tentar a un vasco, porque no habla su lengua, todo vasco escapa de sus tentaciones, y va al cielo. Por desventura, ahora que casi toda la población de la comarca habla francés, que es una lengua que el diablo conoce terriblemente bien, este privilegio va desapareciendo".

53. Un singular ejemplo de la influencia de una imaginación enfermiza es el caso de una mujer de Patterson, (Estados Unidos) que creyó que se había tragado la dentura postiza que usaba, y sufría de un modo real y vivísimo como consecuencia de este capricho de su mente. Su médico le administró en vano los usuales paliativos, y hasta que no se halló envuelta en las almohadas la dentadura, no cesó la agonía de la pobre mujer.

54. La fotografía está alcanzando victorias extraordinarias. En San Francisco de California hay un fotógrafo, Muybridge, que consiguió hace poco retratar con toda perfección un caballo que marchaba a paso de trote. Descubierto así el modo de fijar la figura en movimiento, sin interrumpir éste, los fotógrafos de Europa se han dado a buscar la manera de ampliar y perfeccionar el descubrimiento de Muybridge. Hieckel, fotógrafo europeo, colocó sus aparatos a bordo de un vapor, y cuando éste pasaba con su velocidad usual por delante de Berck, un lindo pueblo de baños de la costa francesa, obtuvo

una plancha excelente de la playa, con sus casas, bañistas y paseantes: ni una figurilla quedó turbia o confusa. Un francés, Andra, ha retratado con el mismo éxito a una niña jugando a la cuerda suiza; y un inglés, ha conseguido ya retratar a golondrinas en vuelo, llegando a obtener hasta la sombra de la golondrina en el agua de la laguna sobre la cual volaba.

55. La tiranía ahuyenta los habitantes de los pueblos, y la libertad los atrae. Los judíos, brutalmente perseguidos en Rusia, emigran en gran número a los Estados Unidos del Norte, donde se les recibe sin entusiasmo, pero con respeto. En diciembre, cerca de cien familias judías se han establecido en Chicago. Principalmente llegan allí de Brody, una ciudad de Galitzia, donde se les trata con especial crueldad. Afortunadamente, la Asociación Auxiliadora Hebrea de los Estados Unidos se dispone a crear colonias agrícolas en el Oeste, con lo cual tiende a satisfacer el clamor que a menudo se levanta contra las especulaciones mezquinas, más de avaro que de comerciante, a que en Nueva York y otras ciudades de la Unión se dedican los judíos.

56. Los italianos se han aficionado extraordinariamente al teléfono teatral. Roma, Turín, Milán, Florencia, Nápoles, se disputan el honor de poseer el primer espactáculo telefónico. En Alemania comienza a suceder lo mismo. El emperador de Austria no quiere ser menos que el presidente de la República Francesa y ha destinado un salón de su palacio para las audiciones, no de la ópera, sino de la capilla imperial.

57. La ciudad de Nueva York se propone gastar en 1882, $3.836.925 en escuela públicas. De esta suma $3.084,000 se destinan a sueldos de profesores; los $652,000 restantes se consagran a la conservación de los edificios de educación, y a la construcción de algunos nuevos. Sin embargo, hay tentativas

de reducir esta cantidad; ya en los cuatro años anteriores, el presupuesto de escuelas públicas ha sido mermado, a rebajas parciales, en $1.127,000. Unos quieren que la ciudad dé a los niños educación primaria y superior gratis, y otros creen que sólo debe darse la primaria. La verdad es que, salvo la belleza externa de los edificios, el orden de los colegios, y la riqueza, variedad y bondad de los textos en nada es superior, y en muchos aspectos es inferior a la que en Caracas podemos dar a nuestros hijos, la educación primaria que se recibe en las escuelas de Nueva York. Las escuelas de enseñanza superior son excelentes. En Filadelfia y en Brooklyn cuesta a los municipios cada niño la mitad de lo que importa al municipio de Nueva York y la enseñanza es mucho más completa. En las escuelas de Nueva York se pega aún a los alumnos, y se les obliga a aprender sus lecciones de memoria.

58. La isla de Cuba está procurando rehacerse de una de las riquezas que perdió a causa de su larga guerra: su ganado. Si bien la Isla no producía aún ganado bastante para abastecer al país y exportar, sobresalían ya los animales de sus hatos por su existencia, y los caballos de sus sabanas por su elegancia y resistencia. En la comarca camagüeyana se celebraban cada año exposiciones de ganado, y se estudiaban con ahínco las obras de Zootecnia, de ciencia de los animales, de fomento y cría de los ganados, que con tanta profusión se publican en Inglaterra, donde la ganadería, que nosotros podríamos cultivar y desdeñamos, es un manantial perenne de colosal riqueza. Un cubano hubo, muy bien reputado luego, que comenzó a asentar su fama con las correspondencias que sobre agricultura y cría de animales escribía desde París a un periódico de La Habana. Este cubano, cuya obra es muy estimada entre los bibliófilos por lo escasa y entre los agricultores y ganaderos

por lo útil, fue el Conde de Pozos Dulces, que luego dio en *El Siglo*, periódico histórico, forma a las aspiraciones liberales de los antillanos. Cuba trata ahora de repoblar sus sabanas, para librarse así de la contribución considerable que ha venido pagando en estos útimos años a otros pueblos, y a Venezuela entre ellos. Con tal prisa han introducido los cubanos el ganado nuevo en la Isla, que sólo en el valle de Trinidad importan ya los animales que allí existen dos millones de pesos. En una sola semana han entrado por el puerto de Cienfuegos, esa hermosa y rica ciudad que está en el sur de la Isla, más de mil toros de Inglaterra y de los Estados Unidos, a los cuales aumentan y tratan con ciencia y cuidado.

59. De fama al menos, todos conocemos a Meissonier, el pintor francés. Los poseedores de sus cuadros proveen de un cristal de aumento a los que van a ver las afamadas obras del pintor, y, a través del cristal, pueden contarse los hilos que se cruzan en el tejido de las blusas de sus famosos mosqueteros, y las fibras de cada hoja de yerba que destrozan los cascos de sus magníficos caballos: con tal conciencia, con tal cuidado del detalle, con tal esmero pinta. Ahora hace Meissonier un retrato de la opulenta dama de California Mrs. Mackay, de la visita de cuyo esposo al Pontífice dio *La Opinión Nacional* cuenta hace pocos meses: el retrato es de tamaño de miniatura, y el pintor cobra por él 80,000 francos. Protegido por los Mackay, que se empeñan en deslumbrar a París con su riqueza, está ahora en Francia el fotógrafo Muybridge, de quien ya hemos dicho que ha conseguido obtener fotografías de personas y animales en movimiento. El fotógrafo da exhibiciones privadas de su copiosa colección de vistas entre las cuales son muy celebradas y alcanzan especial éxito, sus cuadros de vida mexicana y tipos y costumbres de Suramérica.

60. En ningún país se escriben tantas cartas como en Inglaterra, ni en ninguno se ponen en el correo tantas tarjetas postales, como en Alemania. Mil ciento setenta y seis millones de cartas escribió Inglaterra en 1879, y ciento ventitrés millones de tarjetas postales entraron en el año en el correo alemán. Se estima en trece millones el número de cartas que diariamente se depositan en todos los correos del mundo. En una lista comparada, de la que por cierto falta España, aparece que cada inglés escribe por término medio al año 35 cartas, cada suizo 25, cada alemán 18, cada belga 15, cada francés 14, cada dinamarqués 13 y cada austríaco 11. No hay país que posea en menor espacio más estaciones de correo que Suiza.

61. En una lectura que acaba de pronunciar en Nueva York ante los estudiantes americanos el Dr. Hammond, que es uno de los más notables médicos de los Estados Unidos, examinó en su aspecto profesional, legal y social el proceso de Guiteau, a quien juzga completamente dueño de su juicio, y absolutamente responsable de su crimen. En el curso de su lectura recordó dos asesinatos singulares, que se cuentan entre los más notables casos criminales de Francia. Merecen ser contados. Uno es el de Antoine Léger, que sintió hambre de carne humana, y sed de sangre, huyó de su familia, a la cual andaba siempre esquivando, vivió en los bosques, sorprendió y mató a una niña de diez años, y se nutrió de su corazón que arrancó aún caliente a su pecho. Dormía en los agujeros de los árboles y en las grietas de las rocas. Y en una cueva, donde parecía haberse celebrado un festín bárbaro, se halló la niña muerta. Léger dijo que la soledad lo atraía y lo embriagaba, que vio a la niña y movido por una fuerza incontrastable se lanzó a ella; todos los deseos animales lo asaltaban en su cueva; "urgido del mal espíritu que vivía en él, bebió la sangre del corazón

caliente"; enterró el cuerpo destrozado, y huyó de aquellos lugares porque le perseguía un graznido; luego sintió que le venía de súbito el conocimiento que había perdido, y ni su espíritu ni su cuerpo lograban conciliar el sueño. Léger fue condenado a muerte, y en su autopsia se hallaron señales evidentes de perturbación mental: en varios lugares las membranas estaban adheridas a la substancia cerebral. El otro crimen notable fue el de Joubard, que sintió deseos de morir, y mató, cuidando mucho de no hacerle mucho daño, a una mujer que le era desconocida, para que este crimen le acarrease la muerte. "Yo era—dijo Joubard—un gran hipócrita, que vivía en medio de mi familia fingiendo virtudes que no tenía; llevaba una existencia depravada, y me disgusté de mí mismo; no siendo capaz de reformar mi vida, resolví dejarla. Y no teniendo valor para quitármela, decidí cometer un delito por el cual los tribunales me la quitasen. Tenía la esperanza de poder arrepentirme durante el proceso, y aun de que Dios llegase a perdonarme. Pasé seis meses pensando en mi crimen. Quisiera que se me hubiese podido condenar a muerte por otra causa que por asesinato; pero había de ser asesinato, porque mi objeto era lograr así mi muerte. Ya estoy lleno de espanto, y la vista del cuerpo de mi víctima, me ha penetrado de horror... Si pudiera volver atrás volvería. Ya veo las cosas de otro modo." El doctor Gerson, alienista notable comisionado por el gobierno francés para estudiar a Joubard, opinó que cuando cometió el crimen estaba poseído de la manía de homicidio, que no excluye el raciocinio de los maniáticos, sino la libertad de su albedrío; pero aconsejó al gobierno que, como esta manía era peligrosa, y Joubard podía volver a ser víctima de ella, se debía poner al reo donde no pudiese volver a hacer daño. Joubard fue condenado a trabajos forzados por toda la vida, y no recobró jamás el uso libre y completo de sus facultades mentales.

62. Es curioso, y desmentido a la larga por toda lección histórica, por el descortezamiento de los pueblos del norte a manos de los cultos pueblos del sur, por la mejora de Alemania en su contacto con Roma y Grecia, por la captura del norte de Europa, por los habitantes del mediodía del Asia, por la sumisión del elemento gótico en España al elemento árabe, por la influencia que ejerce Francia en Inglaterra y en los Estados Unidos, y por la independencia de estos mismos debida a los socorros materiales de Francia;—esto que dice el *Herald* y que es muy instructivo:—"Hay algunas huellas de origen español en California, y aquí y allí leemos nombres españoles que salen al frente de los negocios o en la política del Estado. Pero parece a algunos observadores ser una ley que dondequiera que el elemento sajón eche raíz, absorba a las demás nacionalidades. Aun los alemanes, que son una raza vigorosa, que contiene muchos elementos de fuerza e independencia, abre paso gradualmente en muchos lugares a los anglosajones. Es cierto que la República de los Estados Unidos hablará siempre inglés. Sabemos de tentativas hechas para preservar las costumbres y hábitos de los pueblos europeos, pero estas tentativas terminan en la generación que las impone. Los hijos se americanizan, y triunfa el elemento norteamericano. Más propio fuera afirmar que lo que tiene de original el elemento norteamericano es la mezcla provechosa de los elementos de todos los países. Los Estados Unidos dan a los europeos la lengua que hablan, y la libertad que respetan y amparan en cambio del espíritu audaz y cultivado que les llevan los europeos. Allí no hay más maravilla que el respeto a los derechos humanos, y la facilidad, por él originadas, de acumular fortuna.

63. Ciertas palabras españolas han invadido la lengua inglesa, más que por gusto de innovar de los ingleses, por las ideas que representan, como que las palabras importadas, son singularmente importadas. Han convertido el *don* en sustantivo, y como hubieran de decir: *un castellano*, dicen: *un don*. *Guerrilla* y *pronunciamiento* se hayan a cada paso en los periódicos de Inglaterra; y ahora vemos en un periódico de Nueva York una sección de variedades encabezada con el título *Olla Podrida*. "Olla podrida" llama también días hace el *Herald* a la política de los Estados Unidos en los asuntos de Chile y Perú.

64. A pesar del clamor hostil con que los inmigrantes europeos reciben a los chinos en California, a tal punto que es ya allí un grito de combate este grito: "¡Los chinos deben irse!", no cesan de ir inmigrantes de Oriente en todos los vapores que de China hacen el viaje a California, donde se les somete a toda clase de ridículas posturas y bochornosos exámenes, como único medio de hallar el opio que los inmigrantes astutos traen oculto entre sus anchos vestidos, o en la suela de sus gruesos zapatos, o en la cola de su larga cabellera. No hay vigilancia bastante para burlar la astucia de los chinos. Luego que han sido registrados, y que les han estrujado sus ropas, deshecho sus baúles, destrenzado sus cabellos y palpado su cuerpo, los marcan con una cruz de yeso, como hacen en las aduanas con los baúles, y son recibidos por una de las seis compañías de inmigración, que retiene al chino en su poder, y usa según contrato del producto de su trabajo, hasta que se resarce del dinero que ha gastado en su viaje.

65. Hablando del nuevo movimiento artístico y literario que encabezan los estetas de Inglaterra, y cuyo joven jefe, el poeta Oscar Wilde, viaja ahora por los Estados Unidos del

Norte, observa un crítico así: "El estetismo de Oscar Wilde quiere que el hombre haga hermoso todo lo que le rodea, y cultive en el verso la hermosura, etérea o encarnada. Significa belleza en el vestido, belleza en el mobiliario de las casas, belleza y sencillez en el lenguaje. Por supuesto, muchos de los sectarios de Oscar Wilde han exagerado sus teorías. Exageran la sencillez a tal punto que hacen desaparecer la belleza. Su lenguaje, de puro llano, es bajo. Sus vestidos, de puro lisos y ajustados, son ridículos. Adoran todo lo antiguo, sea bello o no, porque han oído decir que los antiguos poseyeron el secreto de lo bello. Afectan cierto retroceso a la ingenuidad patriarcal, con lo que sólo logran, en vez de influir en su tiempo, ponerse totalmente fuera de él. El drama que el jefe de esta escuela ha ido a hacer representar en los Estados Unidos, porque el temor de disgustar a Rusia hizo que el gobierno inglés pidiese al poeta que no le representase en Londres, se llama *Vera, la nihilista*".

66. Invitábase hasta ahora a tomar té, a gustar sobre buenos manjares perfumados vinos, a oír recitar versos, a oír a artistas, a partidas de caza, a almuerzos de campo, a bailes. Ahora ya se invita en París a oír óperas y comedias, sentados, no en estrecha silla de encajonado palco, ni en cómoda luneta, sino en mullidos confidentes y suaves otomanas, tendidas bajo espesas colgaduras en un salón del barrio de San Germán. Ya está siendo uso en las casas a la moda comunicarse por teléfono con los teatros principales, de modo que sin salir de su palacio, y en comunión sabrosa con sus contertulios, pueden los privilegiados de la fortuna oír cantar el *Mefistófeles* de Boito, las comedietas de sala del ingenioso Pailleron, los chistes molierescos de Sardou, los coros animadores de la Ópera cómica. Se aplica el oído al tubo, y no se pierde palabra. Mas parece

que, en vez de satisfacer, desagrada esa manera violenta e imperfecta de oír obras dramáticas, que tienen su mayor encanto en el gesto rápido, la mirada, la apostura, la apariencia plástica. Y es también el nuevo modo de oír dramas muy desfavorable a los autores, porque no deslumbrados los sentidos con el aparato escénico, la destreza del actor, el reflejo de la sala, la belleza de la actriz, queda libre la mente, que con frialdad implacable repele todo lo que tiene de innatural, forzado o artificial la obra oída. De las piezas cantadas, al menos, se goza casi íntegramente: el teléfono transmite todos los jugueteos, todos los caprichos, todos los matices de la voz. El presidente de la República oye todas las noches la ópera desde su sillón. Y alza los ojos de los periódicos del día, que le dicen que en las elecciones de compromisarios para nombrar senadores, los realistas dieron un voto en el distrito en que fue electo Víctor Hugo a Trompette, el cocinero de Gambetta, para poner el oído al coro tremendo de los puñales en *Los hugonotes.*

67. No es sólo a los Estados Unidos adonde emigran los alemanes. Estándoles ya casi cerrada Rusia, por el encono con que allí se les mira, llenan ahora a Londres, donde no hay en estos instantes menos de cien mil adultos alemanes. Los trabajadores ingleses los ven con ira, porque, merced a la penuria con que viven en sus hogares nativos, los alemanes saben hallar holgura en las mismas condiciones en que el obrero inglés está sumido en miseria. Una antipatía igual inspiran a los que se dedican a las faenas del comercio, porque como trabajan con placer, y sin repugnancia, y salen de su país perfectamente educados, pueden vivir, merced a sus hábitos de economía, con menos dinero que los dependientes ingleses, a quienes los van ya prefiriendo, por este conjunto de virtudes, en las casas de comercio.

68. El tabaco tiene un nuevo rival, y el haschisch arábigo y la marihuana de México un gemelo, en un producto recientemente introducido en los mercados europeos: el *pitchury* de Australia. Es semejante al tabaco en que deleita y narcotiza, y a la coca de Bolivia en que alimenta, aunque Paz Soldán, el escritor peruano, asegura que la coca no es alimento sino vicio. En el *pitchury* se encuentran los mismos alcaloides que en el tabaco. Se produce en la Australia Meridional; se cosecha en agosto, cuando la planta florece; se secan las hojas al vapor, y empaquetadas en sacos de cáñamo, se ponen a la venta. La planta crece a una altura de 30 centímetros; sus flores son, salvo su color amarillento, como las de higuereta; sus hojas miden de 8 a 10 centimetros de largo; sus raíces son rojas. Los indígenas de Australia mascan estas hojas, y muestran tener en ello gran deleite; los colonos las preparan mezclándolas con ceniza, y las fuman a modo de cigarro. Fumadas o mascadas en gran cantidad, embriagan totalmente al fumador. Estimula, como las bebidas alcohólicas, y los indígenas afirman que les calma el hambre. Los ingleses están introduciendo el *pitchury* en Asia, donde comienzan ya a darle preferencia al opio.

69. Muchos misterios del tiempo de la conquista dejan de serlo, y muchas que parecen maravillas quedan reducidas al nivel de hechos comunes, apenas se da el lector a hojear en el libro de Thomas Gage, que escribió por aquellos tiempos, y fue fraile en América, la verdadera relación de la conquista de México por Hernán Cortés, o se lee en el Padre Juarros, que ha escrito una crónica infantil y minuciosa de la conquista de Centroamérica,—cómo vivían los generosos y batalladores príncipes cachiqueles, quiches y zutarjiles, que andaban siempre en querellas, como andamos todos ahora, sin ser indios, o se recorren las páginas de una Geografía excelente del Ecuador,

de Villavicencio, que cuenta en sumario fidedigno las guerras interiores de la casa de los Incas. Lo que pasma al leer esas narraciones, no es tanto la intrepidez de los invasores como el poder del odio de los invadidos, que no veían que apoyando a los extranjeros contra sus enemigos locales, se creaban un dueño poderoso para sí mismos. Y en nuestros mismos tiempos ¿no hemos visto cosas semejante a aquella hazaña? Pues ¿cómo dominó a México, en la época de Maximiliano, un puñado de austríacos y franceses atrevidos? Y México era ya una nación civilizada, con hijos bravos y hombres cultos. Vivimos, por incuria, por no registrar nuestros archivos, por no publicar las joyas que guardamos en ellos, en una lamentable ignorancia de los acontecimientos de nuestra vieja historia, que, una vez estudiada y descubierta, será una fuente de provechosísimas lecciones para pueblos que, como casi todos los de Sudamérica, son mirados como una presa natural por otras codiciosas naciones de la Tierra. Esa historia vieja enseña una verdad: la conquista se realizó, merced a las divisiones intestinas y rencores y celos de los pueblos americanos. Por satisfacer odio momentáneo y abatir a sus enemigos, y complacer su orgullo, aquellos pueblos cayeron en esclavitud constante. Los pueblos de una raza deben ser como los hermanos de una familia. En cónclave privado deben computar sus mutuos derechos, y decirse sus quejas y sus deseos, pero cuando el extranjero llama a las puertas, todos los hermanos deben mover a una la misma hacha de armas, si el extranjero viene de guerra. Si viene de paz, con el arado en una mano y el libro en la otra, se le sienta a la mesa, se le da una porción de la tierra, y se le ofrece a la hija de la casa en matrimonio.

70. 3,700 inmigrantes italianos desembarcaron en el Plata durante la primera quincena de diciembre, y en la segunda esperaban 4,210 más.

71. El director de la prisión donde está el asesino de Garfield opina que aunque Guiteau es un hombre singular, no es de ninguna manera un demente. Copiamos lo que dice, porque confirma lo que en este periódico se ha previsto, y lo que nadie ha explicado tan claramente en los Estados Unidos como el director de la prisión lo explica ahora: "Guiteau hace considerable ejercicio, torna tres comidas con su usual apetito, y ocupa todo su tiempo libre en leer periódicos. Me parece que ha estado serio y pensativo en estos últimos tres días, como que va analizando ya el peligro que corre. Hasta hace poco tiempo, el pensamiento de que era una figura conspicua y capital que atraía la atención pública, ha halagado su vanidad y satisfecho su intenso egoísmo, sin dar lugar a otros temores ni meditaciones. Es un hombre maravillosamente impresionable, que siente con gran viveza y quiere con gran voluntad, como lo demuestra la persistencia con que ha proseguido planes que cualquiera otro hombre hubiera abandonado por impracticables. Guiteau exageró indudablemente el estado de la opinión pública en los momentos en que mató al Presidente, y el exceso de impresionabilidad en su composición mental le llevó a creer que el partido de que se proclamaba defensor le libraría del riesgo en que su acto le pusiese, si lograba salir vivo del breve período durante el cual se veía expuesto a la justa indignación de un pueblo irritado. Él ha venido creyendo sin ninguna duda que el Presidente, o los políticos Stalwarts que han venido al poder por la muerte de Garfield, se interpondrían de alguna manera durante el proceso para librarle de la muerte, pero creo que ya comienza a notar que se ha exagerado sus probabililidades de salvación por este recurso; y ahora que ya la novedad del caso va pasando, y que el proceso se acerca a su fin, ve

con más claridad y temor su verdadera situación. No da aún evidencia de deseperación o desaliento: todavía tiene esperanzas de que lo salve algún acontecimiento extraordinario. En cuanto a su cordura, no hay un solo acto suyo durante su prisión que indique demencia. Su conducta ha sido notablemente equilibrada, sin que un día se haya diferenciado de otro. Es cortés en sus modales, rápido en sus percepciones y fluido en su discurso sobre todos los asuntos del día con el mismo buen sentido, discreción y reposo que el hombre más discreto, y sólo insiste en un asunto hasta tanto que la conversación no le lleva naturalmente a otro. Jamás le he oído decir extravagancias, ni romper en exabruptos. Sí se conoce que es hombre de genio excitable, y lo demuestra cuando cree que se atenta de algún modo a sus libertades, o derechos; pero, como la de todos los hombres de carácter violento, su cólera dura poco, y se apaga tan pronto como se enciende." Y añadió el director de la prisión: "Esperábamos hoy a su hermana, pero probablemente la ha detenido en su casa la inclemencia del tiempo. Su hermana parece ser la única criatura humana que realmente se cuida de él, y le ha mostrado cariño, y solicitud por su suerte. Guiteau parece ser un objeto totalmente privado del amor o la simpatía de los hombres."

72. Pasteur en Francia y Carmona del Valle en México, y un observador, Miguel, entre muchos otros, están probando cómo el vómito y el cólera entre los hombres, y la epizootia y enfermedades semejantes entre los animales, se propagan por la existencia en el aire que respiramos de animálculos invisibles y envenenadores. Miguel acaba de publicar nuevas observaciones suyas sobre el polvo atmosférico, en el que se ha hallado dos variedades de átomos, de una de las cuales hay, en una yarda cúbica, unos 40,000, y de otra de las cuales hay,

en ese mismo espacio, unos cientos, que son los peligrosos. Ese es el número normal que de una y otra especie hay en una yarda cúbica. En tiempo de lluvia los átomos inofensivos suelen llegar en ese espacio mismo a 200,000, en tanto que en la seca, bajan a 4 ó 5,000. La especie peligrosa desaparece casi totalmente en la época de lluvias, y dobla en número durante la seca. Concuerdan con exactitud estos ascensos y descensos con los de las enfermedades epidémicas en las diversas estaciones.

73. Se sabe que es el micrófono un instrumento que permite oír con claridad perfecta sonidos tan débiles que pudiera aparentemente haber derecho para negar su existencia. Merced al micrófono, un químico inglés, ha llegado a demostrar que esas moscas infelices, que miramos sin compasión, y que tan a menudo perecen a manos de niños traviesos, sufren tan vivamente como el más sensible de los mortales, y expresan su dolor en gemidos prolongados y angustiosos, que el micrófono transmite distintamente al oído, y que tienen la naturaleza del relincho del caballo.

74. No descansan en Europa los defensores del vegetalismo, que quiere, como ya en nuestras columnas se ha dicho, que los hombres cesen de alimentarse de carne, y se alimenten exclusivamente de vegetales. Rusia tiene un sabio, Beketoff, que defiende el vegetalismo, y ve en la rapidez con que disminuyen las tierras de pasto, una prueba que da la Naturaleza de que la alimentación carnívora no es necesaria a los hombres, puesto que, si lo fuera, no les privaría de ella, como les privará, cuando llegue a su total destrucción,—que ha de llegar, según él,—la tierra de pastos. Sólo que estos filósofos ven el mundo en Europa, y no cuentan con nuestra América, que está sobrada de ganado, y a poco que lo cuidemos, tiene espa-

cio para criar constantemente todo el que hayan menester los voraces hombres del norte del Continente Viejo. Otra razón obligatoria de la cesación del alimento animal ve el sabio ruso en el precio mayor que cada día adquieren las carnes, y que a poco las harán de uso imposible para los pobres, que en muchos lugares, por razón de su pobreza, han dejado ya de usarla. Beketoff, como todos los de su escuela, afirma que las plantas contienen todos los elementos nutritivos de que el hombre ha menester, y cree que es herencia de los primitivos trogloditas, de los hombres primitivos, que moraban desnudos en las cuevas, este hábito nuestro de comer carne. Y a los argumentos de Beketoff responden los defensores de la alimentación animal que los tártaros, que comen carne, dominan a los chinos, que no la comen; que los ingleses, que son carnívoros, dominan a los inteligentes y bravos hindúes, que no lo son; y que la carne parece llenar al hombre de instintos belicosos y de una marcada pujanza, que señala en la rapidez y vigor con que los hombres carnivoros desempeñan todos sus trabajos. Mas la trufa no es carne, y he aquí lo que decía Alejandro Dumas, padre, que fue ciertamente grande, a diferencia de su hijo, que no lo es: "La trufa me enardece, y llena de ideas vívidas y generosas mi cerebro. Cuando como trufas, me siento alegre y vivaz, y dispuesto a todo. Mis ideas son más claras y espontáneas: puedo componer, sin tasa y sin tacha, versos, novelas, discursos, y dormir un sueño tranquilo, el sueño de una perfecta digestión." Los indios, que son tan ágiles y resistentes, no comen carne. En la última revolución de México, que llevó a Porfirio Díaz al poder, los mejores soldados fueron unos indios viriles y hermosos de las montañas de Oaxaca, que se alimentan únicamente de polvo de maíz mezclado con panela, que llevan en una bolsa que les cuelga del hombro. Y hace poco leíamos un libro de viajes del inglés Bruce, que conoce a palmos la Abisinia, y cuenta que los galla de aquel país, que andan siempre en guerra con sus vecinos, no necesitan para atravesar inmensos desiertos de más alimentos que una masa de café tostado y molido, que mezclan con mantequilla, y guardan, después de distribuir la masa en bolas, en una gran bolsa de cuero. Sidney Smith, elegantísimo conversador inglés, porque el conversar es un arte que requiere gran discreción, ciencia y elegancia, decía una vez a sus amigos, en una de sus celebradas pláticas de sobremesa: "Si queréis mejorar vuestro entendimiento, bebed café. Sir James Mackintosh acostumbraba decir que la diferencia entre un hombre y otro consistia en la cantidad de café que ambos bebían." Y de esos galla de Abisinia dice otro viajero, que una de esas bolas de café y mantequilla, que son comúnmente del tamaño de una bola de billar, les mantiene en fuerza y ánimo durante todo un día de fatiga, con mejor resultado que si tomasen una comida de carnes.

75. Entre los hombres extraordinarios modernos, uno hay en los Estados Unidos del Norte, que tiene derecho a que se loen sus merecimientos y perseverancias. Es Federico Douglass, un hombre de color, orador famoso y elocuentísimo, caballero perfecto, y ornamento del Senado norteamericano. Nos da ocasión a escribir estas líneas un libro acabado de salir de las prensas, que es obra de Douglass, su *Autobiografía*. Este senador de hoy fue esclavo ayer. Nació esclavo. No conoció a su padre, ni supo nunca quién su padre fuese. Sólo en raras ocasiones le permitían ver a su madre. Conoció la desnudez, y vivió en ella. Vivió en el hambre, en el frío, entre los azotes. Le azotaban a menudo de tal modo que le dejaban por muerto. Su ingenio precoz excitaba la ira de sus dueños. Esa

fue su niñez. Y su juventud fue tal que no hubo momento de ella en el que la muerte no hubiese sido bienvenida. Luego se fugó, se desarrolló, dio vuelo a su alma fuerte, soltó las alas de su palabra poderosa, fue electo miembro del Senado por los hombres blancos. Amigos y adversarios le escuchaban con delicia; hay oradores en aquel gran país más incisivos, como Blaine; más imponentes, como Conkling; más correctos, como Curtis; más elegantes, como Winthrop; pero ninguno es más impetuoso, más apasionado, más abundante que Federico Douglass. En esta autobiografía cuenta de una manera franca, llana y noble todas sus desventuras. El alma ha de estudiarse como el cuerpo: sólo que el cuerpo es fácil de estudiar, porque no hay más que tenderlo sobre una mesa de anatomía; y para ver el alma, hay que ahondar más, y mirar con ojos superiores: por lo que, como aquel zorro de la fábula, los que no son capaces de este modo de mirar, niegan que haya que ver, y desconocen el espíritu que no saben analizar. El libro de Douglass es un texto de esa ciencia difícil, de esa anatomía espiritual.

76. No hay cómo acabar cuando se habla del comercio de los Estados Unidos del Norte. Está ahora a punto de tomar un aspecto desfavorable el comercio de aquel país y España, porque a los periódicos españoles parece aún excesiva la suma de transacciones que los norteamericanos hacen con Cuba, y los norteamericanos hallan que Cuba es el único país de la Tierra donde los Estados Unidos no reciben dinero en cambio de los frutos que exportan, sino a donde tienen que enviar sendos millones en cambio de los productos de la Isla que se ven obligados a comprar. En el año fiscal que acabó en junio de 1881, los Estados Unidos vendieron a Inglaterra géneros que valieron doscientos ochenta y tres millones de

pesos más que los géneros que Inglaterra les vendió; y Francia
pagó a los Estados Unidos veinte millones de pesos por el
exceso de precio de los frutos que compró a éstos sobre el de
los que les envió en cambio, mas no sucede esto con España,
porque de las posesiones españolas, y casi exclusivamente de
Cuba, los norteamericanos compraron en ese mismo año fiscal frutos por valor de 82 millones de pesos, y no exportaron
a Cuba y a las demás posesiones de España, más que frutos
por valor de 25 millones, lo cual les hizo pagar en dinero a
los cubanos 57 millones de pesos en el último año, suma
que explica la prosperidad material de aquella Isla, a pesar de
las querellas que la devoran, y de la miseria que dejó en pos
de sí la última guerra. Los Estados Unidos desean una revisión de la tarifa española, en sentido de que puedan enviar a
Cuba mayor número de frutos, para que sea menor el pago
en especies que cada año hacen de sumas enormes a los cubanos; y España necesita, si ha de continuar aprovechándose
de Cuba, cerrar la puerta a los frutos americanos, para poder
colocar en la Isla sus artículos de comercio, que no podrían,
en libre o menos desigual competencia, rivalizar en Cuba con
los productos de los Estados Unidos. Son intereses de tal manera encontrados, que no pueden llegar a avenimiento sin
catástrofe, o sin una dejación demasiado liberal por parte de
España, que no es dable esperar de un país que no ha hallado
aún mercado donde colocar los frutos que hoy fuerza a sus
colonias a aceptar a precios muy subidos.

77. Es de uso decir, sin que para ello falte alguna razón,
que no es la inmigración italiana la que más conviene a nuestros pueblos sudamericanos. Cierto que esa es la verdad en
cuanto a la inmigración de los italianos de las ciudades, que
se truecan en casi todas las ciudades de América en tocade-

ros de órgano, zapateros remendones, vendedores de frutas y limpiadores de botas, que son oficios que no ennoblecen grandemente a quien los ejerce, ni aprovechan a las tierras en que se practican, mas no es lo mismo con la inmigración del elemento bueno de las ciudades, que ha contribuido tanto a la mejora, embellecimiento y riqueza de Buenos Aires, llena hoy de actores, escritores, científicos e industriales italianos, ni con el elemento de los campos, trabajador, sobrio y sano.

78. París tiene ya tranvías eléctricos. Se ha hecho de ellos una buena muestra en la última exposición, mas para ponerlos en acción era preciso llenar las calles de pilares, y cables que llevasen a los carros el fluido conductor. Y acaba de inventarse ahora un tranvía gallardo movido por una potencia invisible, que no ha menester cables ni pilares. El fluido eléctrico se transmitirá al tranvía por la cara interior de los rieles, a los cuales se adaptarán bandas en las junturas para impedir que se interrumpan las corrientes. Estos tranvías que han de ser elegantísimos, van a ponerse al servicio público en el barrio de San Germán, que es el barrio de la vieja nobleza, el barrio elegante.

79. Se publica en Francia un libro muy notable, más que por el alcance final de su intención, por la suma considerable de materias que contiene, y de cuyo conocimiento no es dable prescindir a un hombre de letras y ciencias, en estos tiempos en que el saber va siendo tan vulgar, y en que cada día da al mundo más maravillas de las que un hombre estudioso y atento puede llegar a conocer en igual espacio de tiempo de asiduo estudio. El libro, que cuenta dieciséis volúmenes es el *Gran Diccionario del Siglo XIX*, de Pierre Larousse. Es un almacén gigantesco. Es como un *Diccionario de la Conversación*, no de materias generales y añejas, sino de hechos y personas de

nuestros tiempos. Se habla de lo nimio como de lo grandioso; de libros como de cuadros; de ciencias filosóficas como de las artes; de elegancia; de política como de ciencias naturales. En verdad que es una joya el diccionario de Larousse. Thiers murió sin acabar otro libro extraordinario, que llamaba él "su monumento", y que de veras lo hubiera sido—porque era una historia, atractiva y profunda, como él sabía hacerlas, de toda la obra humana en lo que iba de siglo hasta su muerte. De toda la obra humana, en ciencias, en artes, en letras, en política, en comercio, en guerras, en guerras galantes: cuanto han hecho los hombres en la centuria que corre; y a cuya par corría él, estaba conmemorado y juzgado, no en detalles sueltos, sino en relación y conjunto en esta obra ciclópea. Los hombres antiguos labraban piedras: los hombres nuevos hacen libros del tamaño de las piedras de los hombres antiguos.

80. Se ha constituido en Berlín una sociedad consagrada al estudio de la navegación aérea. Ya en Francia hay una, desde 1868. No arredran a los asociados los fracasos anteriores. Creen que, después de los descubrimientos que sabios como Welner, de Brün, y Schmidt, de Praga, han hecho en la construcción de las máquinas,—descubrimientos que permiten la transformación de las fuerzas,—el problema de la navegación aérea ha entrado en el ámbito de las cosas posibles. Visiblemente, el objeto de esta sociedad es aplicar el resultado de sus pesquisas a la mejora de los aeróstatos de campaña, que no prestaron en la colosal guerra de 1870 y 1871 todo el servicio que entonces se esperaba ya de ellos. La sociedad establecerá una estación de experimentos en Berlín, y publicará un boletín periódico.

81. Corre ahora en los más recientes estudios de ciencias que se rozan con el estudio del espíritu humano, una pala-

bra nueva, fácil de entender, puesto que viene directamente del griego: *psychometría*, o medida del alma, ya hermosa y sensible *psyche* de los griegos. Ahora hay fisiólogos que consideran al encéfalo como psicómetro. Ya se sabe cuanto se ha hablado de pesar y medir el cerebro; y cuantos cerebros se han pesado y medido, de lo cual se ha venido a averiguar que hombres dotados de cerebros grandes y desarrollados han pensado cosas ruines, y sido gente de poca valía, en tanto que hombres de cerebro pequeño han dado muestras y pruebas de poseer singular inteligencia. El volumen, la densidad, la composición química del cerebro, fueron examinados luego sin mayor provecho. Manouvrier, un fisiólogo de quien habla Quatrefages,—este hombre sabio en este género de estudios, y en cuanto hace al origen y composición del ser humano,— se dedica ahora con especial ahínco al examen del cerebro. Tomando ciertos tipos animales, inferiores en el orden intelectual, y admitiendo que cierta cantidad dada de materia encefálica, tomada en su mínimum, corresponde a sus funciones de elación (sensibilidad, motricidad y generación)— comienza, al examinar cada cerebro, por separar de él este mínimum de los tipos inferiores, y el exceso de materia encefálica que en el cerebro haya sobre ese mínimum, es el grado de inteligencia de que era capaz el cerebro así analizado.

82. *Jugaba rol* es una frase que leemos a cada momento en varios papeles de América, y especialmente en papeles bonaerenses. Ver un desliz tamaño en el lenguaje es como ver una mancha en el lenguaje. Es imposible, sin saber francés, entender lo que se quiere decir con frase semejante. Es imposible, aunque se conozcan todas las fuentes de la lengua castellana, deducir de ellas lo que esa frase significa. ¿Cómo ha de ser castellano ese *jugaba rol*? Dígase *no tenía parte, no representaba*

*papel*. No andan las bellezas tan de sobra en la vida, para que desdeñemos así las de nuestra hermosísima lengua.

83. Se ha empezado a publicar en Filadelfia un periódico que merece ser conocido. Por de contado, se publica en inglés, pero su portada, que imita dibujos y tipos antiguos, nos toca de cerca a los que hablamos castellano, puesto que la O inicial de *Our Continent* (Nuestro Continente), título del periódico, encierra un barco que viene a toda vela, y es la Santa María, uno de los tres bajeles descubridores del Nuevo Mundo. A más de eso, la O inicial del título en la cubierta, distinta de la del título de la parte impresa, es un jeroglífico azteca. El nuevo periódico que luce muy buenos grabados, de esos pequeños que hacen tan bien en los Estados Unidos del Norte,—donde no hacen bien los grabados grandes,—es una especie de periódico *panamericanista*, puesto que alza bandera contra toda irrupción europea en la vida yanqui cuya originalidad e influencia defiende,—sólo que este periódico tan reñido con la moda, y tan amigo de lo viejo y rudo cuáquero,—habla de un *merengue* de manzanas en su sección de cocina, y publica versos de Oscar Wilde, el esteta inglés, en su primer número. *Our Continent*, escrito por muy notables hombres y damas de letras de los Estados Unidos, dedica una sección al modo de adornar una casa, desde el umbral hasta el terrado, que sería entre nosotros desde el zaguán hasta la mata de granado; otra al modo de dirigir una casa; otra al modo de dar de comer en ella; sólo que como comida artística recomienda ésta, americanísima: *sopa de tomates, carne asada fría, ensalada de zanahorias, guisantes en lata, merengue de manzanas, y café hervido*. El director del periódico es un político de nota, que se ha hecho famoso por una novela en que defiende la supremacía de los Estados del Norte en los del Sur. Se llama *Albion Tourgues*.

84. Hallamos lo que sigue en una revista científica: "El hecho de que el color no es nada más que una función del ojo no ha venido a demostrarse claramente sino en estos últimos diez años, aunque Shopenhauer, ese moderno pesimista alemán, ya tan célebre, lo anunció así teóricamente. Va a ejercer este descubrimiento marcada influencia en las teorías del arte". En otra revista leemos: "Goethe adivinó mucho en la ciencia, por su maravillosa y bien gobernada imaginación. Fue él quien anunció, con esa visión poética que tiene de profecía, que sólo los rayos azules del espectro tienen el poder de producir fosforescencia en cuerpos capaces de manifestarla: la ciencia exacta demuestra hoy certidumbre de aquella intuición poética". Y puesto que de luz hablamos, diremos que el profesor Palmeri que dirige el Observatorio del Vesubio, ha hallado en el examen espectral de la lava ardiente una línea que corresponde al *helium*, ese nuevo elemento descubierto en el examen espectral de la luz del sol, del cual no se sabía que hubiese reflejo correspondiente en los cuerpos luminosos de la tierra. Todo fortifica la creencia en la íntima dependencia y rigurosa analogía de las diversas creaciones de la naturaleza.

85. Anda ahora recorriendo como en triunfo varias ciudades importantes de los Estados Unidos del Norte, un reverendo evangelista, que se dice santo, libre del peligro de pecar, y dotado de la facultad de hacer milagros. La muchedumbre llena los teatros y salas en que el reverendo Barnes predica el Evangelio, con ejemplos y lenguajes populares. Aplica a los conversos un aceite maravilloso, que les ha de curar todas sus enfermedades, lo cual creen ciegamente sus secuaces, que ya se cuentan por miles. No es menos original el modo con que predica que el respeto con que se le oye. Dice que desde hace

cinco años vive en tal santidad, que ya el pecado no puede nada contra él. Dice que él es hijo de Dios, y fuerte contra el diablo, de quien nos viene todo mal; que ya ha convertido a veinte mil herejes, de los cuales, para llamarlos sus conversos, sólo exige que se pongan de pie en el lugar en que predica, y digan en alta voz que "confiesan a Cristo." Dice que con el óleo que aplica a la mejilla de los convertidos se curan reumatismos, dispepsias, tabardillos, bronquitis, neuralgias; y hay gran cantidad de buenas gentes que aseguran que han sido curadas por el reverendo, el cual es persona vivaz y elocuente, cuya palabra abundosa llama la atención por lo clara, flexible y sarcástica, y cuyas extravagancias, coronadas con increíble éxito, hacen pensar a algunos que el reverendo está demente, aunque no dé prueba de ello en el modo con que satiriza a las sectas rivales, que a su vez se burlan de su cabellera larga y espesa, y su mirada cavernosa y luciente, pero que confiesan que el reverendo dirige con tacto y con provecho sus negocios. Le llaman "el Evangelista de la Montaña." Un hombre semejante, de fisonomía dulce y voz seductora, apareció hace siete años entre los mexicanos en Durango, el cual se llevaba detrás de sí las poblaciones en masa, que iban cantando sus glorias, besando las huellas de sus pies, y contando sus curas milagrosas. A aquel hombre, que era una criatura del pueblo, de extraordinaria influencia personal, le llamaban "el Jesús durangueño."

86. Blanca parece el agua destilada, pero un hombre de ciencia alemán afirma que no es blanca, sino que el color del agua destilada perfectamente pura es de un hermoso azul-verde oscuro.

87. En los colegios y Universidad de San Petersburgo,—que no son ya como antes eran todas las universidades de Rusia, instituciones creadas sólo para preparar para empleados ci-

viles a los jóvenes rusos,—¡estudian actualmente novecientas ochenta mujeres! Dando, por cierto, excelente prueba de buen juicio, 521 estudian ciencias naturales y matemáticas, y sólo 477 estudian literatura. Y de esas 980 mujeres estudiantes, 670 pertenecen a casas nobles, a casas de aquellas que fundaron los poderosos Boyardos, a quienes Pedro el Grande cortó las luengas barbas y las mangas luengas, símbolos ambas de su poderío feudal. Ya son siervos del trabajo, los que eran antes dueños de siervos.

88. El sol es azul, de un azul brillante. Esto acaban de decir los astrónomos que lo observan actualmente en Mount Whitney. Y azul aparecería a nuestras miradas, a no ser porque, al filtrarse su luz por nuestra atmósfera, los varios elementos de ésta, obrando sobre los rayos luminosos, los convierten en luz blanca. Y ese cielo azul que maravilla, y ese color azuloso de los montes y objetos lejanos, no depende de los montes y de los objetos, ni del cielo mismo, sino de que la atmósfera está llena de globillos de agua. Mientras más delicadas son las paredes de estas esferas huecas, más claro y vivo es el color azul; cuando se condensan, se trueca el aire en gris o en blanco. De aquí que en las regiones cálidas y secas el azul del cielo sea más intenso, mientras que en las frías y húmedas lo es menos, y ya en elevación considerable—parece el cielo casi negro, y las estrellas están visibles al mediodía.

89. Los microscopistas,—que es palabra imprescindible hoy que hay tantos hombres de ciencia empleados en descubrir los misterios de la naturaleza con el microscopio—han venido disputando hasta ahora si los infusorios tienen o no sus órganos definidos. Un naturalista francés ha demostrado recientemente que esos seres en apariencia míseros, que no miden más que una sexta parte de milímetro de largo, tienen

una organización anatómica completa, boca, estómago, canal para alimentos, piel, y hasta un sistema muscular claramente determinado.

90. Va a pedirse al Parlamento inglés que apruebe la construcción de un ferrocarril neumático subterráneo en Londres, que pase por debajo de los lugares más céntricos, o por aquellos donde la población sea más numerosa y más animado el tráfico. Consiste el plan en colocar a una profundidad de cincuenta pies, para que no tropiecen con las cañerías de gas y agua de las casas, unos grandes tubos de hierro, herméticamente cerrados, a través de los cuales serán lanzados los carros con una velocidad de 20 millas por hora. La línea central recorrerá como unas seis millas y media, y de ella partirán ramas a diversos lugares de la ciudad: a Paddington, a Westminster, a Knigbtsbridge, a Kensington. En la línea central habrá como quince estaciones, de las que subirán los pasajeros a las calles en ascensores hidráulicos. Quince años hace que se construyó un ferrocarril semejante a este que se intenta, en los terrenos del Palacio de Cristal en Sydesbam; pero aunque sólo se empleaban dos minutos en ir de un extremo a otro de la vía, la presión del aire comprimido causaba una sensación muy desagradable en los oídos, y los pasajeros preferían volver a pie que volver por el ferrocarril. En la vía neumática que se proyecta, hay la vantaja de que todo choque entre trenes queda evitado, puesto que no habrá nunca dos trenes en la misma sección del tubo al mismo tiempo. El humo y los olores desagradables que parecen inevitables en los ferrocarriles subtarráneos desaparecen a lo que dicen los constructores, en la vía neumática. Pero se pregunta con ansiedad qué sería de los pasajeros, si se interrumpiese la acción del aire que ha de mover el tren en el instante en que este estuviera en

viaje, teniendo que ajustar los carros, como tendrán, exactamente a los tubos de la vía, por lo que no parece que en este caso angustioso hubiera cómo salir de los carros o llegar en salvo, y sin asfixiarse, a la estación próxima.

91. Inquieta a los pensadores ingleses y norteamericanos la disminución visible y rápida del número de matrimonios que se vienen realizando cada año en Inglaterra y los Estados Unidos del Norte. Señalan como causas obvias el temor que a los hombres inspira el casamiento por la idea de lucro que las mujeres por aquellos países llevan a él, y los excesivos gastos a que las mezquinas, huecas y funestas vanidades sociales llevan a las esposas. Otros tachan a los hombres de cobardes, y no menos culpables de vanidad, por no querer confesar nunca que no poseen los medios necesarios para una vida dispendiosa, sino para una existencia modesta. Otros achacan el triste fenómeno al exceso de amor a la riqueza que envenena y ofusca a aquellos pueblos. Esto es que en Inglaterra, donde en 1872 hubo, por cada 10,008 habitantes, 176 matrimonios, no ha habido en 1881, en cada 10,000, más que 132. No es éste un hecho sencillo, sino grave. Un carro sin eje viene a tierra; y así da en tierra un hombre sin hogar. Hay más abismos en las almas solitarias que en las cordilleras de montañas. Es un error capital y tremendo equivocarse de mujer, pero lo es aún mayor, vivir sin una buena compañera. La casa es como un manantial perenne, de donde se sacan fuerzas diarias y nuevas, siempre frescas, y siempre poderosas, para la batalla de la vida. Juvenal predijo la caída de Roma, cuando vio decaer la costumbre del matrimonio en Roma, donde durante cierto tiempo estuvo en vigor una ley que imponía mayor contribución al hombre soltero que al casado.

92. Hay en el Himalaya occidental en la India un alto monte, que se llama Leh, y en su cima hay un observatorio meteorológico, servido por ingleses. Allá ha ido un profesor notable, bien provisto de instrumentos, a observar las variaciones del calor solar. El año pasado, no fue en la India, sino en California, donde se observaron, en el Monte Whitney, donde vio cosas nuevas y maravillosas el profesor Langley. De ingleses también es un libro que acaba de publicarse sobre la relación de la temperatura y las manchas del sol. De lo que se ha estudiado durante cinco años en cien observatorios, se compara y deduce que el sol irradia más calor en los años en que tiene menos manchas. En la mitad de 1878, estuvo el sol muy libre de manchas. Y las observaciones muestran que en ese año en que la temperatura fue tan alta, no hubo en la India, ni seca ni hambre, sino las más abundantes lluvias que allá han caído en estos últimos cinco años.

93. Acaba de presentarse a la Academia de Inscripciones en París la más antigua inscripción latina. Fue hallada, con el vaso en que se la lee, que es vaso de cenizas humanas, en el valle de Roma, que separa el Quirinal del Viminal. Es lo raro de la inscripción, escrita en el tosco latín primitivo, que no está escrita, a la usanza romana, y a la nuestra de izquierda a derecha, sino de derecha a izquierda, y dice: "¡Oh, tú, Júpiter, o cualquier Dios a quien sea yo ofrecido! que este muerto no caiga en tus manos a causa de sus faltas; consiente en dejarte conmover por esta ofrenda, y por las plegarias que te dirigimos. Dzenos me ha ofrecido para su beneficio: que de mí no le vaya a venir mal." Dzenos es el nombre del muerto, y el que habla en su nombre a los Dioses es el vaso que contiene sus cenizas. El vaso es de los tiempos de Appio Claudio, cinco

siglos más allá del comienzo de la era cristiana. No se conoce, en inscripciones del Lacio, nada más antiguo.

94. Publica el *Sun* de Nueva York una estadística curiosa, por la que se ve que hay en el Senado de los Estados Unidos 57 abogados, por 5 banqueros, 3 empleados de ferrocarril, 3 comerciantes, 3 fabricantes, 2 mineros, 2 negociadores, 1 hacendado y 1 periodista y 3 políticos de oficio. Pero aún llama la atención la gran suma de abogados en la Cámara de Representantes, donde llegan a 195, a los cuales hacen compañía 19 políticos de oficio, 17 comerciantes, 12 periodistas, 11 agricultores, 10 fabricantes, 5 médicos, 3 empleados de ferrocarril, y 9 entre ingenieros, mineros, mecánicos, clérigos y capitalistas.

95. Se ha hablado tanto del juramento del diputado Bradlaugh, el librepensador inglés electo dos veces miembro de la Cámara, que se negó a prestar el juramento de uso en que va implícita la creencia en la existencia de Dios—que viene a cuento el recordar los modos de jurar en las naciones principales—. En Baviera dicen: Ayúdeme Dios y su santo Evangelio. En Dinamarca: Ayúdeme Dios y su santa palabra. En Grecia se jura en nombre de la Santa, consustancial e indivisible Trinidad. En Portugal, por los Santos Evangelios. En España dice así la respuesta al juramento: Dios os lo premie, y si perjuráis, Él os lo demande. En Prusia, júrase por Dios Todopoderoso y Omnisciente. En Serbia, que es tan pequeña tierra, se hace juramento grande: por un Dios, y por todo lo que es sagrado en esta tierra y más querido juro, y ayúdeme Dios en este mundo y en el otro. En Suecia y Noruega, prométese que será tan fiel al juramento como es seguro que Dios salvará el cuerpo y el alma del que jura. En Suiza, se jura en la presencia del Dios Todopoderoso. En los Estados Unidos se comienza: "Solemnemente juro" y se termina "Ayúdeme

Dios". En Francia, Rumania, en el Parlamento alemán, y en el de Suecia y Noruega, los diputados no tienen que hacer juramento, ni afirmación, ni protesta alguna. En Austria, si no quieren jurar, prometen; y en Suiza, juran o afirman, si no quieren prestar juramento religioso.

96. Un año ha, se habló mucho del procedimiento con que Lacerda, un médico brasileño, cura las mordeduras de las serpientes. Con menjurjes de yerbas, cuyo secreto no quieren entregar a los hombres blancos, curan las mordeduras de víboras los indios hondureños; pero Lacerda usa una solución acuosa de permanganato de potasio. Ocúpanse ahora los médicos de la Academia de París del método del médico brasileño, y hallan que en verdad tiene el permanganato condiciones antisépticas, y que si se le inyecta sin tardanza en todo el trayecto de la mordedura, neutralizará el efecto del veneno; lo que ha de hacerse al punto, porque si hay demora en hacerlo, ya será ineficaz el permanganato. Explican esto porque el veneno penetra por embebimiento o efracción en los tejidos con gran rapidez, en tanto que la solución después de haberse extendido en una capa delgada y circunscrita al tejido celular, penetra difícilmente en los músculos y no tarda en descomponerse, y en quedar inerte, a menos que no determine abcesos. En cuanto a inyectar la solución en las venas, opinan los académicos que eso puede intoxicar pasajeramente a los animales grandes, y provocar en los pequeños accidentes prontamente mortales; en cuyo caso, el tratamiento es peligroso o inútil, porque si el veneno se ha mezclado a la sangre, los síntomas generales se han manifestado, y el resultado de la lucha entre el veneno y el organismo no sería modificado por la intervención del permanganato. Como resumen de estos exámenes, creen los académicos que no debe recomen-

darse de una manera general el empleo del permanganato de potasio contra las mordeduras de serpientes.

97. Muybridge, el fotógrafo de California, que anda ahora por Inglaterra, donde aplaudió mucho una lectura suya el príncipe de Gales, retrató a un caballo galopando y a una golondrina volando. Un joven químico y fotógrafo alemán, Richard Jahr, acaba de obtener, con asombro de los fotógrafos, el primer retrato a la luz de la luna. Fotografías de la Luna hay, pero no de paisajes a la luz de ella; los que así se venden, son tomados al alba, e impresos en oscuro. Jahr eligió como primer objeto de sus experimentos la bóveda en que en el cementerio de Lake View (Vista del Lago) yace Garfield. Tomó la primera noche la vista, en una plancha gelatino-bromídea, que es muy sensible, y fotografía con rapidez quince veces mayor que cualquiera otra lámina; mas la tuvo expuesta tres horas y media, y no obtuvo el retrato. Y así la segunda noche. Mas no la tercera, en que tomó la vista, tuvo expuesta la plancha a la luz de la Luna siete horas, y alcanzó una imagen perfecta, que es por cierto una fotografía peculiar. El cielo es muy blanco, y los árboles negros. Se ve bien la bóveda, y que se tomó la vista a la Luna, porque la sombra cae en dos direcciones. Dicen los que han visto la fotografía que el contraste de la luz y la sombra es en ella sumamente hermoso. Y Jahr anhela que vengan días de estío, en que la Luna brilla espléndida, para alcanzar mejores copias; y dicen que habrán de ser bellísimas las que se hagan en tierras tropicales, donde es la noche nuevo día. ¿Por qué no prueban nuestros fotógrafos a copiar paisajes de nuestro valle arcadiano, en esas noches caraqueñas no igualadas, en que la naturaleza hace gala de su hermosura, y se alza la luna serenamente, con su luz penetrante, límpida y majestuosa?

98. Julio Scholl, escritor suizo celebrado, acaba de publicar un libro contra la vivisección. En ese libro que se llama *¡Tened Piedad!* afirma que la práctica de hacer experimentos científicos en animales vivos, lleva a los hombres a "una embriaguez de crueldad habitual". Hay ahora en Europa un movimiento vehemente en contra de la vivisección. Nadie ignora que a este método se deben descubrimientos grandes en la fisiología, que han ocasionado más beneficios que males causa el adquirirlos en las entrañas palpitantes de animales vivos. Pero la práctica, aunque beneficiosa, es cruel y repugnante; y aunque útil para los hombres, injusta a todas luces para los animales. Tal pudiera antojarse a una especie de seres vivos más fuertes que nosotros, hacer en nosotros, y en nuestros cuerpos humeantes, experimentos que le fueran útiles. La Sociedad Danesa de Protección a los Animales ofrece premios para el mejor trabajo sobre la posibilidad de reemplazar en los experimentos de los vivisectores por animales recientemente matados los animales vivos que hoy usan.

99. Murieron de hidrofobia muchos desventurados en el verano de 1881 en París, y el departamento del Sena encargó a un médico que propusiese las medidas más importantes para la prevención del contagio de ese mal, ciertamente terrible. Ya el médico las ha propuesto. Recomienda que no se absorba la herida hecha por la mordedura, sino que se la lave muy cuidadosamente, procurando sacar de la herida la mayor cantidad de sangre posible, y se rodee luego el miembro herido con una ligadura que cubra el lugar de la mordida,—todo lo cual ha de ser hecho en el instante mismo del accidente.— Luego es preciso cauterizar con un hierro candente la mordida, y profundizar en el cauterio cuanto se pueda: con pasta de Viena, con cloruro de zinc, o con "beurre d'antimoine" se

cauterizará, cuando no haya hierro candente. Cree el médico que para este mal son ineficaces las cauterizaciones con álcali, con fenol, o con tintura de árnica.

100. Un escritor de Dinamarca, cuyo nombre es Sophus Schack, acaba de publicar una obra sobre la fisonomía, en la cual mantiene, entre otras curiosas teorías, una que viene siendo repetida desde épocas pasadas: el danés cree que de repetirse los matrimonios entre parientes cercanos, los hijos que al cabo de cierto número de estas uniones nacen, tienen un rostro tal que hace creer que en vez de ascender de la raza simia, como quieren algunos naturalistas, vuelven a ella. Sophus Schack intenta demostrar esta teoría, y este tipo de mono que tras esos matrimonios viene a ser el de los hombres que nacen de ella, con varias series de retratos auténticos de los miembros de diversas familias.

101. Afirma el director de un colegio mixto de niños y niñas en los Estados Unidos del Norte, que por lo menos en lo que él ha observado en doce años en el colegio Swarthmore, no hay diferencia alguna en la capacidad intelectual de los niños de uno y otro sexo, sometidos a la misma educación y sistema, y a las mismas influencias exteriores. Por igual y con estricta justicia, se han tenido que repartir los premios del colegio entre niños y niñas, y cuando ha habido exceso de alguna parte, ha sido en favor de las niñas. Para ese observador, no hay más diferencia por razón del sexo entre sus alumnos, que por razón del color de sus cabellos, en cuanto se les considere por sus capacidades como alumnos. Cree que si los niños aprovechan grandemente del trato de las niñas, de las cuales adquieren perspicacia, generosidad y dulzura,—a las niñas es aún más útil el trato de los niños, que las libra de ese encogimiento, falta de trato y desconocimiento del espíritu de los

hombres que suele causar luego tan grandes e irremediables infortunios en su vida.

102. De la última apuesta de los caminadores en Nueva York habló a nuestros lectores una de nuestras últimas cartas de aquella ciudad. Los apostadores remataron al fin su compromiso, y todos anduvieron en seis días, en torno a la barrera de un gran circo, quinientas veinticinco millas, y uno hubo, un ingles huesoso y macilento, que anduvo en los seis días seiscientas millas. Ya al fin de la carrera, no parecía que alzaban pies, sino troncos. No se alcanzaba a ver en sus rostros expresión de espíritu. Uno de ellos se arrastraba, con los ojos cerrados, enjugándose con las manos demacradas la frente sudorosa y fría. Otro, un negrito de Haití, de faz de malhechor, andaba con elegancia y firmeza extraordinaria: le llenaban las manos de regalos y de flores. A otro lo ponían en pie tambaleando sus crueles enfermeros, y lo echaban a andar como a una bestia. Pues la empresa que tomó a su cargo manejar este espectáculo, dio cuenta de haber recogido en él $45,674, de los cuales $6,335 le vinieron como alquileres de los vendedores que pusieron sus tiendas en el circo; y el resto por el producto de las entradas de los concurrentes a la exhibición, que llegaron un día a dejar en el despacho $10,618, y que en ninguno de los seis días del espectáculo dejaron menos de $5,000. De esos dineros, con $6,000 se quedó el empresario manejador por su trabajo y riesgos, $18,000 fueron puestos aparte para pagos de gastos, en lo que por de contado aprovechó también el empresario, y $21,000 fueron repartidos a prorrata entre los apostadores.

103. ¡Cómo regocija ver a un anciano erguido y trabajador! Víctor Hugo se levanta a las seis de la mañana, y de pie ante un atril ancho, que es como escribe, pone en verso cada día

las impresiones que recogió en su paseo matinal; o las que los sucesos agitados de su tiempo, o los libros que lee, dejan en su ánimo. "Aún tengo más que hacer que lo que he hecho", decía poco ha a un amigo: "Puede tal vez creerse que la edad debilita la inteligencia; mi inteligencia, por el contrario, parece vigorizarse con la edad, y no descansa. Ven mis ojos, a medida que adelanto en la vida, un horizonte más vasto; y moriré al cabo sin haber concluido mi tarea. Varias vidas habría menester para escribir todo lo que mi mente concibe. Jamás acabaré. Ya me he resignado a eso".

104. Interesantísimas cosas a propósito del cerebro y de sus maravillas dijo en una conferencia en New York un doctor Mitchell. El doctor se ayudó en su conferencia de vistas estereópticas, que iban poniendo de relieve lo que él iba diciendo. Dijo Mitchell que el cerebro presidía sobre el órgano de moción, y que podría ser removido de los animales sin privarles de su inteligencia, mas sí de movimiento. Los mismos síntomas pueden observarse en el hombre bajo la influencia del alcohol: si toma el hombre demasiado alcohol, su cerebelo y las celdillas de que se compone rehúsan hacer su labor, y el hombre cae. Sin esta influencia activa y directora del cerebro, ni las damas podrían mover las teclas de sus pianos, ni ensartar una aguja. La médula oblongata es la parte más esencial de nuestro cuerpo: si se pasa por ella un cuchillo afilado, la vida desaparece instantáneamente; de ahí el modo de matar a los sentenciados a muerte, en la horca y en el garrote. Sin nervios no podría andar el cerebro, y tiene doce pares de ellos. Los primeros tres son de sentidos especiales: olfato, vista y oído. El nervio olfatorio no es muy marcado en el hombre, que lo necesita poco, pero es poseído principalmente por los perros, los gatos y las ratas, y más en éstas que en otros

animales, y luego de ellas, en los terribles perros molosos, usados un tiempo en los países de esclavos para cazar a los negros fugitivos. En cambio, el hombre tiene más desarrollado el nervio óptico que los demás animales. Dijo el doctor que si se pudiesen cortar uno de estos dos nervios, o el óptico, no se sentiría dolor alguno, ni causaría más daño que la pérdida del sentido dependiente del nervio cortado. El quinto nervio es el en que reside la sensibilidad del rostro, el cual es nervio muy delicado que produce, cuando se excita, intensos dolores. El nervio pneumogástrico es el más importante para nuestra vida: si se le cortase, nuestra respiración cesaría al punto.

105. En las soledades de Siberia, en que han estado a punto de perecer de hambre y de frío los bravos tripulantes de la *Jeannette*, el buque norteamericano que fue a explorar el Polo Ártico, hallaron los míseros marinos a un hombre bondadoso, Goosmak Guymakev, desterrado ruso, que desde que descubrió entre las nieves a algunos de la partida extraviada, les dio todo lo que tenía, que era muy poco, y toda su sal, que allá es muy valiosa, y todo su alimento, y anduvo quince días entre la nieve por llevar a la ciudad de Belun la noticia del hallazgo, y cuando los marinos desesperaban ya de volver a verle, vieron venir al desterrado generoso cargado de comida, y de noticias buenas, como la de que venía detrás de él amplio socorro. Goosmak halló después a otros dos marinos, e hizo por ellos tanto como por los primeros que halló. Bien dice un diario de Nueva York que merece el desterrado que el gobierno de los Estados Unidos, que está muy agradecido al de Rusia por los esfuerzos que ha hecho para salvar a los tripulantes del *Jeannette*, pida al zar el perdón del buen Goosmak Guymakev.

106. Había llegado a calcularse con exactitud la situación, la distancia, el tamaño y los movimientos de los astros. Por

medio del espectroscopio se alcanza ahora a conocer el estado físico de todo cuerpo que emite luz, y en muchos casos, llégase hasta poder determinar su composición química. Por el examen de la luz que emite un cuerpo se conocen los elementos de que está formado. Así se puede afirmar hoy sin error la materia, o grupo de materias, de que está formado cada astro. Así se ha adquirido el pleno conocimiento de la constitución física de la Luna. Así se ha visto que en los aerolitos, que no son para las gentes sencillas más que "piedras caídas del cielo", no hay sustancia alguna desconocida en la Tierra. Así se ha certificado que los cuerpos celetes cuyo estudio ha sido hasta hoy posible a los hombres, están en condiciones físicas enteramente iguales a las de nuestro Globo.

107. Quiere Berlín vencer a Londres y a Nueva York. Londres tiene ferrocarril en la ciudad, por sobre las casas y debajo de ellas. Y Nueva York tiene su ferrocarril elevado, que va desde la Batería, donde comenzó Nueva York a ser ciudad, hasta High Bridge, o Puente Alto, donde a crecer Nueva York como va creciendo llegará la ciudad a poco. Pero ese ferrocarril elevado está lleno de riesgos. Las estaciones están en alto sobre columnas, como los jardines de la reina Semíramis; y los trenes se detienen muy poco en ellas, y como a ellas afluye mucha gente, que se precipita a los carros, y los conductores son descuidados, y el tren suele echar a andar antes de que los pasajeros hayan entrado en él, acontecen a cada paso desgracias tremendas. Luego, el ruido de ese ferrocarril es cosa aturdidora, sobre desfigurar los aparatos en que está montado muy hermosas calles y muy lindas casas. Sin contar que ya ha sucedido muchas veces que el ferrocarril se ha salido de los rieles, y ha venido a tierra, lo cual no ha pasado aún por fortuna sino cuando han ido los trenes vacíos. Por todo eso,

Berlín quiere gozar de las ventajas del ferrocarril elevado, sin estar a sus desagrados y riesgos, y se prepara a construir un ferrocarril eléctrico, que no hará ruido, ni producirá humo, ni ocupará en las calles tanto espacio como el de Nueva York. El ferrocarril, montado también sobre columnas, irá por sobre las gentes; pero las estaciones no estarán en alto, sino al nivel de las calles; y al llegar a ellas, el tren desciende, por medio de un aparato eléctrico, al nivel de la estación, toma los pasajeros, asciende ya con ellos por el mismo aparato, y sigue por los aires su camino.

108. No hay acabar para la facultad de invención de los hombres—cada día alumbra hoy decenas de descubrimientos útiles.—De esa materia blanda e impermeable que se llama celuloide se han venido fabricando muchas cosas, y no es la menos curiosa unos cuellos y puños para camisas, que no necesitan ser enviados a la lavandera, porque con pasarles un lienzo húmedo o sumergirlos en agua quedan limpios y brillantes, como si no se les hubiese usado, y como si un lavandero chino—que posee el secreto de planchar linda-mente—le hubiese dado lustre con su plancha mágica. El cuello y los puños de celuloide pueden estar semanas enteras en el agua, y no pierden su brillo ni su forma. Pero ya se hace más cosas el celuloide: se hacen tipos de imprenta. Todos esos grandes tipos de madera que aún se usan, están siendo reemplazados con tipos de celuloide. Se corta el tipo en una lámina delgada de la sustancia, y la parte de cimiento del tipo se hace de madera: es una varilla de madera con una pequeña cabeza de celuloide. Por mucho que se usen estos tipos, no se gastan ni vuelven borrosos. Sometidas las láminas a un gran calor, queda impresa perfectamente en ellas la materia que se quiera reproducir, y que de antemano se ha extendido sobre

la lámina: luego se rebajan los bordes de la lámina; y quedan las líneas del objeto perfectamente marcadas, y la plancha de celuloide propia para servir como plancha estereotípica. Estos tipos y planchas son muy durables, y muy ligeros. Resisten la acción de los ácidos, y no afectan los colores de las tintas usadas para imprimir con ellos.

# Índice de nombres

Norteamericana para la Protección de los Animales, ASPCA por sus siglas en inglés.

**Blaine, James Gillespie** (1830–1893). Político estadounidense. Secretario de Estado durante la presidencia de James A. Garfield.

**Brooks, Erastus** (1815–1886). Periodista estadounidense. Defensor de los derechos de los aborígenes estadounidenses.

**Brown, John** (1800–1859). Abolicionista estadounidense, proponente de la insurrección armada como único método para acabar con la esclavitud.

**Búfalo Bill; William Frederick Cody** (1846–1917). Explorador, cazador de bisontes y empresario de espectáculos estadounidense. Una de las figuras más pintorescas del Viejo Oeste.

**Butler, Bejamin Franklin** (1818–1893). General del Ejército de la Unión durante la Guerra Civil estadounidense. Contribuyó a crear la legislación para liberar a los esclavos fugitivos.

**Byron Lord; George Nöell Gordon** (1788–1824). Poeta inglés. Autor del poema épico *Don Juan* (1819).

**Caballeros del Trabajo.** Organización sindical del movimiento obrero estadounidense surgida en 1869, que operó como sociedad secreta para evitar la represión.

**Cable, George Washington** (1840–1925). Novelista estadounidense conocido por su defensa de los derechos civiles y su oposición al racismo. Escribió narraciones basadas en las antiguas crónicas creoles.

**Campoamor, Ramón de** (1817–1901). Poeta español de la escuela realista.

**Capel, Thomas John** (1836–1911). Sacerdote católico nacido en Irlanda. Llegó a tener gran influencia en la iglesia católica estadounidense a finales del siglo XIX.

**Chamfort, Nicolas** (1741–1794). Autor francés, famoso por sus ingeniosos epigramas y aforismos.

**Clemens, Samuel Langhorne** (1835–1910). Conocido por su seudónimo, **Mark Twain**, fue un escritor, orador y humorista estadounidense. Autor de las populares novelas *El príncipe y el mendigo* (1881) y *Las aventuras de Tom Sawyer* (1876), y la secuela de esta, *Las aventuras de Huckleberry Finn* (1884).

**Cleveland, Stephen Grover** (1837–1908). Miembro del Partido Demócrata y Presidente de los Estados Unidos entre 1885–1889 y 1893–1897.

**Conkling, Roscoe** (1829–1888). Político y abogado estadounidense. Organizador de un grupo de activistas que se llamaban a sí mismos los *Stalwarts (Incondicionales)*, al que perteneció Charles J. Guiteau, el asesino del presidente Garfield.

**Cortés, Hernán** (1485–1547). Conquistador español que lideró la expedición que inició la conquista de México y el final del imperio mexica.

**Cox, Samuell Sullivan** (1824–1889). Congresista y diplomático estadounidense.

**Creso** (circa 560 a.C. –546 a.C.). Último rey de Lidia, de la disnastía Mermnada. Se decía que era el hombre más rico de su tiempo.

**Cromwell, Oliver** (1599–1658). Líder político y militar inglés. Convirtió a Inglaterra en una república mancomunada, el *Commonwealth of England*.

**Dana, Charles Anderson** (1819–1897). Periodista, escritor y coleccionista de arte norteamericano. Junto a Horacio Geeley, fue editor en jefe del influyente periódico *New York Tribune*. En 1868 se convirtió en editor y codueño del *New York Sun*, periódico con el que Martí colaboró.

**Darío, Rubén; Félix Rubén García Sarmiento** (1867–1916). Poeta periodista y diplomático nicaragüense, uno de los máximos representantes del modernismo literario en lengua española. Es el autor de *Azul* (1888) y de *Cantos de vida y esperanza* (1905)

**Darwin, Charles Robert** (1809–1882). Naturalista inglés que formuló la teoría de la evolución biológica a través de la selección natural, en su obra *El origen de las especies* (1859).

**Davis, Jefferson Finis** (1808–1889). Político estadounidense que sirvió como presidente de los estados confederados desde 1861 hasta 1865.

**Delacroix, Ferdinand Victor Eugène** (1798–1863) pintor francés de la escuela romántica. Entre sus principales obras se encuentran *La muerte de Sardanápalo* (1827) y *La libertad guiando al pueblo* (1830).

**Delmónico, Lorenzo** (¿–1881). Dueño del famoso restaurant Delmónico's, en Nueva York.

**Díaz, Porfirio** (1830–1915). Militar mexicano que ejerció el cargo de presidente de México en siete ocasiones, estando en el poder por un total de 31 años.

**Dickens, Charles** (1812–1870). Escritor británico. Sus personajes literarios son conocidos en todo el mundo. Es el autor de *Oliver Twist* (1839) y *Cuento de Navidad* (1843), entre muchas otras novelas.

**Douglass, Frederick** (1818–1895). Reformador social, abolicionista, orador, escritor y estadista afroamericano. Después de escapar de la servidumbre en Maryland, ganó prestigio por sus escritos en contra de la esclavitud en los Estados Unidos.

**Du Maurier, George** (1834–1896). Escritor y caricaturista francés. Sus populares caricaturas aparecían en la revista ilustrada británica *Punch*.

**Edison, Thomas Alva** (1847–1931). Inventor, científico y empresario estadounidense. Desarrolló el fonógrafo, la cámara de cine, la bombilla incandescente y la rosca de la bombilla. Fue uno de los primeros inventores en aplicar los principios de la producción en cadena y el trabajo en equipo a gran escala.

**Emerson, Ralph Waldo** (1803–1882). Escritor, filósofo y pastor protestante estadounidense. Creador de la filosofía trascendentalista. Autor de *El sentido de la vida* (1869).

**Fenianos.** Término que designa, desde los años 1850, a los nacionalistas irlandeses que se oponían al dominio británico en Irlanda. La palabra deriva del gaélico *Na Fianna*, que designa a las pequeñas bandas de guerreros que vivían, apartados de la sociedad, en los bosques de la mitología irlandesa.

**Fernández Díaz, José (*Joseíto*)** (1908–1979). Músico y compositor cubano, autor de *La guantanamera*, composición que musicaliza los *Versos Sencillos* de José Martí.

**Fletcher, Alice Cunnigham** (1845–1923). Luchadora por los derechos de los aborígenes. Creadora de un sistema de créditos bancarios para la construcción de casas en las reservas indias. Escribió varios libros sobre los aborígenes estadounidenses.

**Gambetta, Léon Michel** (1838–1882). Político republicano francés, opositor del bonapartismo.

**Garfield, James Abram** (1831–1881). General y político estadounidense, miembro del Partido Republicano. Fue presidente del país desde 1880 hasta su muerte, a causa de un atentado perpetrado por Charles Guiteau.

**Garnet, Henry Highland** (1815–1882). Abolicionista, pastor, educador y orador afroamericano. El 15 de enero de 1865 pronunció un sermón en la Cámara de Representantes de los Estados Unidos —la primera vez que un afroamericano lo hacía.

**Gautier, Théophile** (1811–1872). Poeta, prosista, dramaturgo y crítico francés. Defensor del romanticismo e inciador de varias corrientes modernas artísticas, entre ellas el simbolismo y el modernismo.

**George, Henry** (1837–1897). Periodista y político estadounidense. Defendió la idea de la tierra como propiedad común. Autor de *La condición del trabajo* (1891).

**Gettysburg**. Municipio del estado estadounidense de Pennsylvania. La Batalla de Gettysburg (1863) y el Discurso de Gettysburg, pronunciado por Abraham Lincoln el 19 de noviembre de 1863, llevan el nombre de esta localidad.

**Gladstone, William Ewart** (1809–1898). Político liberal británico. Uno de los estadistas más célebres de la época victoriana.

**Goethe, Johann Wolfgang** (1749–1832). Poeta, dramaturgo, novelista y científico alemán. Autor de *Fausto* (1807) y *Las penas del joven Werther* (1774).

**Gómez Báez, Máximo** (1836–1905). Militar dominicano que participó en la Guerra de los Diez Años (1868–1878) en Cuba, donde fue General en Jefe Ejército Libertador.

**Gougar, Helen Mar** (1843–1907). Abogada, sufragista y defensora de los derechos de la mujer.

**Gracián, Baltasar** (1601–1658). Clérigo jesuita, escritor español del Siglo de Oro, que cultivó la prosa didáctica y filosófica. Autor de la novela *El Criticón* (1651–1657).

**Grant, Ulysses Simpson** (1822–1885). Militar y político estadounidense. General en Jefe de los ejércitos del Norte durante la Guerra de Secesión. Miembro del Partido Republicano y presidente de los Estados Unidos entre 1868 y 1872.

**Guerra de los Diez Años**. Primera guerra por la independencia de Cuba. Concluyó con el Pacto del Zanjón, en 1878, sin haberse logrado ese objetivo.

**Guiteau, Charles Julius** (1840–1882). Abogado y magnicida estadounidense. Disparó contra el presidente James A. Garfield en el salón de espera de una estación de ferrocarril, en Washington. Fue condenado a la horca.

**Hancock, Winfred Scott** (1824–1886). General y político estadounidense. Estratega de la batalla de Gettysburg. Fue candidato por el Partido Demócrata en las elecciones que ganó el republicano James A. Garfield.

**Hugo, Víctor** (1802–1885). Poeta, dramaturgo y novelista romántico francés. Autor de *Nuestra Señora de París* (1831) y *Los miserables* (1862). Martí tradujo su libro *Mis hijos* (1874).

**Huntington, Archer Milton** (1870–1955). Arquólogo, bibliófilo, filántropo e hispanista. Fundador de la *Hispanic Society of America*.

**Hyatt Huntington, Anna**. (1876–1973). Escultora estadounidense, autora de la estatua ecuestre de José Martí que se encuentra en el Parque Central de Nueva York. Esposa de Archer M. Huntington.

**Ingalls, John James** (1833–1900). Senador estadounidense por el estado de Kansas.

*Ismaelillo.* Poemario publicado por José Martí en Nueva York, en 1882. Se considera este libro el precursor del movimiento modernista en hispanoamérica.

**Jackson, Helen Hunt** (1830–1885). Novelista estadounidense. Autora de la novela *Ramona* (1884), que Martí tradujo al español. Fue Comisionada Especial en la investigación sobre las condiciones de vida de las tribus aborígenes de California.

**James, Jesse Woodson** (1847–1882). Foragido estadounidense, integrante de una banda de asaltantes. Llegó a ser muy popular; era comparado con Robin Hood.

**Jorge III del Reino Unido** (1738–1820). Durante su reinado, Gran Bretaña se convirtió en la primera potencia del mundo.

Es recordado principalmente por la pérdida de las colonias que formaron el núcleo de los futuros Estados Unidos.

**Keats, John** (1795-1821). Uno de los principales poetas británicos del Romanticismo. Autor de *Oda a una urna griega* (1819).

**Kock, Paul de** (1793-1871). Autor francés cuyas novelas realistas sobre la vida parisina fueron muy populares en toda Europa.

**La Fayette, Marie Joseph; marqués de** (1757-1834). Militar y político francés. Se trasladó a los Estados Unidos en 1777, donde alcanzó el grado de mayor general del Ejército Independentista. Durante la Revolución Francesa fue vicepresidente de la Asamblea Nacional.

**La Guardia, Fiorello Henry** (1882-1947). Alcalde de la ciudad de Nueva York (1931-1945). Revitalizó la ciudad, unificó el sistema de transporte público e impulsó un programa de construcción de viviendas de bajos recursos, parques y patios de recreo.

**Larousse, Pierre Athanase** (1817-1875). Lexicógrafo francés. Autor del *Nuevo Diccionario de la Lengua Francesa* (1856), precursor del *Petit Larousse*, y de la *Enciclopedia Larousse*.

**Le Plongeon, Augustus** (1825-1908). Fotógrafo, anticuario y arqueólogo británico. Trabajó en yacimientos arqueológicos precolombinos, particularmente de la civilización maya, en la península de Yucatán.

**Léger, Antoine** (1795-1824). Caníbal y asesino, condenado por el asesinato de la niña Aimée Constance Debully, a quien después devoró parcialmente. Por este crimen fue guillotinado.

**Lincoln, Abraham** (1809-1865). Político estadounidense miembro del Partido Republicano, que ejerció como decimosexto presidente de los Estados Unidos desde el 4 de marzo de 1861 hasta su asesinato el 15 de abril de 1865. Diputado y congresista por el estado de Illinois. Lideró a los Estados Unidos durante la Guerra de Secesión. Abolió la esclavitud.

**Maceo Grajales, Antonio** (1845–1896). General cubano, segundo jefe militar del Ejército Libertador de Cuba.

**Mantilla Miyares, María** (1880–1962). Hija de Carmen Miyares y Manuel Mantilla, el matrimonio que acogió a José Martí a su llegada a Nueva York. En una carta a su hijo, el actor hollywoodense César Romero, María Mantilla revela ser la hija de Martí.

**May, Karl** (1842–1912). Escritor alemán, autor de novelas de aventuras destinadas al público juvenil. Creador de un ciclo de novelas del Oeste, cuyos protagonistas, Old Shatterhand y el apache Winnetou, fueron inmensamente populares.

**Mistral, Gabriela** (1889–1957). Poeta, diplomática y educadora chilena. Obtuvo el Premio Nobel de Literatura en 1945.

**Morris, William** (1834–1896). Arquitecto, poeta, diseñador y maestro textil, asociado al movimiento británico *Arts and Crafts*.

**Most, Johan Joseph** (1846–1906). Líder anarquista alemán, popularizador de la estrategia de la "propaganda por el hecho". Defensor del socialismo revolucionario y el colectivismo anarquista. Emigró a los Estados Unidos en 1882, y estuvo involucrado en los hechos del Haymarket.

**Muybridge, Eadweard** (1830–1904). Fotógrafo e investigador británico. Famoso por sus fotografías de caballos en movimiento.

**Nube Roja** (1822–1909). Jefe de los sioux oglala. Lideró la guerra contra los Estados Unidos entre 1866 y 1868.

**O'Donovan Rossa, Jeremiah** (1831–1915). Líder feniano irlandés. En 1870 emigró a los Estados Unidos y se asentó en Nueva

York, donde fundó el periódico *The United Irishman*. Fue uno de los pioneros del empleo de la dinamita, con la que atacó ciudades inglesas para acabar con la dominación británica de Irlanda.

**Parsons, Albert Richard** (1848–1887). Anarquista y sindicalista, exsoldado del Ejército Confederado y uno de los Siete de Chicago. Acusado de arrojar una bomba a la policía durante la Revuelta del Haymarket, fue condenado a la horca.

**Parsons, Lucy** (1853–1942). Dirigente laboral, anarquista y comunista estadounidense, esposa de Albert Richard Parson. Es la "mulata de Parsons" que Martí describe en su crónica del juicio contra los Siete de Chicago.

**Pasteur, Louis** (1822–1895). Químico, físico, matemático y bacteriólogo francés. Inventor del método de pasteurización. Sus descubrimientos tuvieron una gran importancia en el desarrollo de las vacunas.

**Pérez Galdós, Benito** (1843–1820). Novelista, dramaturgo y cronista español. Uno de los máximos representantes de la novela realista del siglo XIX.

**Phillips, Wendell** (1811–1884). Abogado estadounidense que defendió la causa del abolicionismo y de los aborígenes norteamericanos.

**Pizarro, Hernando** (1502–1580). Conquistador y descubridor español. Tomó parte en las acciones de la conquista del imperio inca.

*Punch.* Revista ilustrada británica de humor y sátira, fundada en 1841 por Henry Mayhew y el grabador Ebenezer Landells.

**Quesada y Aróstegui, Gonzalo de** (1868–1915). Iniciador del movimiento independentista cubano. Amigo, albacea literario y compilador de las obras de José Martí.

**Quesada y Miranda, Gonzalo de** (1900–1976). Hijo de Gonzalo de Quesada y Aróstegui, y continuador de la empresa de divulgación de la obra martiana.

**Rama, Ángel** (1926–1983). Escritor uruguayo, considerado uno de los principales ensayistas y críticos literarios latinoamericanos. Autor de *Rubén Darío y el modernismo* (1970).

**Rothschild, Jaime** (1792–1868). Banquero germano-francés, fundador de la rama parisina de la prominente familia Rothschild.

**Schwab, Michael** (1853–1898). Anarquista alemán. Emigró a los Estados Unidos en 1879, asentándose en Chicago. Fue coeditor del periódico *Arbeiter-Zeitung*, publicación anarquista escrita en alemán.

**Seeger, Pete** (1919–2014). Músico folclórico estadounidense. Popularizó internacionalmente la canción *La guantanamera*.

**Sheridan, Philip Henry** (1831–1888). General del Ejército de la Unión en la Guerra Civil estadounidense.

**Spencer, Herbert** (1820–1903). Naturalista, filósofo y antropólogo inglés. Exponente del evolucionismo, junto a Charles Darwin. Acuñó la expresión "supervivencia del más apto".

**Spies, August** (1855–1887) Anarquista alemán. Emigró a los Estados Unidos en 1872, y se estableció en Chicago. Editor del periódico anarquista *Arbeiter-Zeitung*. Fue uno de los acusados de la Revuelta del Haymarket. Condenado a la horca en 1887.

**Steuben, Friedrich Wilhem Gerhard Agustin von** (1730–1794). Oficial prusiano que pasó al servicio del rey de Francia Luis XVI, y combatió durante la Guerra de Independencia de los Estados Unidos al lado de George Washington. Enseñó a las tropas americanas los principios de la disciplina militar.

# Fuentes de los artículos citados

**Primera parte**

## 1. El invierno de la memoria

### CONSTITUCIÓN Y DEMOCRACIA

"Cartas de Martí". Pp. 181–209 en *José Martí. Obras Completas*. Vol. 10. En los Estados Unidos. La Habana: Ciencias Sociales. 1975.

### LAS GLORIAS PASADAS

"Carta de Nueva York". Pp. 83–93 en *José Martí. Obras Completas*. Vol. 9. En los Estados Unidos. La Habana: Ciencias Sociales. 1991.

## 2. Crisol de razas

### MI RAZA

"Mi raza". Pp. 298–300 en *José Martí. Obras Completas*. Vol. 2. Cuba: Política y Revolución (1892–1893). La Habana: Ciencias Sociales. 1991.

### CHEROQUESES, CHEYENES, APACHES

"Los indios en los Estados Unidos". Pp. 319–327 en *José Martí. Obras Completas*. Vol. 10. En los Estados Unidos. La Habana: Ciencias Sociales. 1975.

"Cartas de Martí". Pp. 265–74 en *José Martí. Obras Completas.* Vol. 10. En los Estados Unidos. La Habana: Ciencias Sociales. 1975.

"Cartas de Martí". Pp. 285–91 en *José Martí. Obras Completas.* Vol. 10. En los Estados Unidos. La Habana: Ciencias Sociales. 1975.

LOS CHINOS

"El problema industrial en los Estados Unidos". Pp. 301–10 en *José Martí. Obras Completas.* Vol. 10. En los Estados Unidos. La Habana: Ciencias Sociales. 1975.

## 3. Muchedumbre de reyes

DÍA DE ELECCIONES

"Cartas de Martí". Pp. 104–24 en *José Martí. Obras Completas.* Vol. 10. En los Estados Unidos. La Habana: Ciencias Sociales. 1975.

DÍA DE DAR GRACIAS

"Cartas de Martí". Pp. 125–37 en *José Martí. Obras Completas.* Vol. 10. En los Estados Unidos. La Habana: Ciencias Sociales. 1975.

CONEY ISLAND

"Coney Island". Pp. 120–28 en *José Martí. Obras Completas.* Vol. 9. En los Estados Unidos. La Habana: Ciencias Sociales. 1991.

CELEBRACIÓN Y TRAGEDIA DEL VERANO

"Cartas de Martí". Pp. 453–66 en *José Martí. Obras Completas.* Vol. 9. En los Estados Unidos. La Habana: Ciencias Sociales. 1991.

## 4. Un bandido entre dos poetas

WALT WHITMAN

"El poeta Walt Whitman". Pp. 129–43 *José Martí. Obras completas.* Vol. 13. En los Estados Unidos. La Habana: Ciencias Sociales. 1991.

JESSE JAMES, GRAN BANDIDO

"Jesse James, gran bandido". Pp. 237–41, en *José Martí. Obras completas.* Vol. 13. En los Estados Unidos. La Habana: Ciencias Sociales. 1991.

EN TIERRAS DE INDIOS

"Carta de Nueva York". Pp. 291–99, en *José Martí. Obras Completas.* Vol. 9. En los Estados Unidos. La Habana: Ciencias Sociales. 1991.

EL POETA OSCAR WILDE EN NUEVA YORK

"Oscar Wilde". Pp. 359–68 en *José Martí. Obras Completas*. Vol. 15. Europa. La Habana: Ciencias Sociales. 1991.

## 5. Oradores, filántropos, futbolistas

HENRY GARNET, NOTABLE ORADOR NEGRO

"Henry Garnet, notable orador negro". Pp. 233–36 en *José Martí. Obras completas*. Vol. 13. En los Estados Unidos. La Habana: Ciencias Sociales. 1991.

LORENZO DELMÓNICO, CREADOR DE RESTAURANTES

"Noticias de los Estados Unidos". Pp. 35–49 en *José Martí. Obras Completas*. Vol. 9. En los Estados Unidos. La Habana: Ciencias Sociales. 1991.

HENRY BERGH, DEFENSOR DE LOS ANIMALES

"Bergh". Pp. 329–33 en *José Martí. Obras completas*. Vol. 13. En los Estados Unidos. La Habana: Ciencias Sociales. 1991.

UN PARTIDO DE FÚTBOL Y UNA LECTURA DE MARK TWAIN

"Cartas de Martí". Pp. 125–37 en *José Martí. Obras Completas*. Vol. 10. En los Estados Unidos. La Habana: Ciencias Sociales. 1975.

HERBERT SPENCER Y LA FUTURA ESCLAVITUD

"Herbert Spencer". Pp. 385–92 en *José Martí. Obras Completas*. Vol. 15. Europa. La Habana: Ciencias Sociales. 1991.

## 6. Presidentes, magnicidas, vaqueros

MONSEÑOR CAPEL, EL TERRORISTA ROSSA Y LA ASESINA ISEULT

"Cartas de Martí". Pp. 153–64 en *José Martí. Obras Completas*. Vol. 10. En los Estados Unidos. La Habana: Ciencias Sociales. 1975.

WILLIAM F. CODY, "BÚFALO BILL"

"William F. Cody: "Búfalo Bill". Pp. 279–84 en *José Martí. Obras completas*. Vol. 13. En los Estados Unidos. La Habana: Ciencias Sociales. 1991.

CHARLES GUITEAU, ASESINO DEL PRESIDENTE GARFIELD

"Carta de Nueva York". Pp. 71–81 en *José Martí. Obras Completas*. Vol. 9. En los Estados Unidos. La Habana: Ciencias Sociales. 1991.

### APUNTES SOBRE GEORGE WASHINGTON

"Washington". Pp. 47–54 en *José Martí. Obras Completas*. Vol. 23. Periodismo diverso. La Habana: Ciencias Sociales. 1991.

### EL SUICIDA DE LA BOLSA

"Un día en Nueva York". Pp. 67–74 en *José Martí. Obras Completas*. Vol. 12. En los Estados Unidos. La Habana: Ciencias Sociales. 1975.

## 7. Pasión política

### DOS PARTIDOS EN PUGNA

"Cartas de Martí". Pp. 181–209 en *José Martí. Obras Completas*. Vol. 10. En los Estados Unidos. La Habana: Ciencias Sociales. 1975.

"Cartas de Martí". Pp. 233–38 en *José Martí. Obras Completas*. Vol. 10. En los Estados Unidos. La Habana: Ciencias Sociales. 1975.

"Cartas de Martí". Pp. 181–209 en *José Martí. Obras Completas*. Vol. 10. En los Estados Unidos. La Habana: Ciencias Sociales. 1975.

"Cartas de Martí". Pp. 253–64 en *José Martí. Obras Completas*. Vol. 10. En los Estados Unidos. La Habana: Ciencias Sociales. 1975.

### LAS *SUFFRAGETTES* Y EL VOTO DE LA MUJER

"Revista de los últimos sucesos". Pp. 181–91 en *José Martí. Obras Completas*. Vol. 11. En los Estados Unidos. La Habana: Ciencias Sociales. 1991.

### CONGRESO DE MUJERES

"Carta de Nueva York". Pp. 241–50 en *José Martí. Obras Completas*. Vol. 9. En los Estados Unidos. La Habana: Ciencias Sociales. 1991.

### LOS CABALLEROS DEL TRABAJO

"El problema industrial en los Estados Unidos". Pp. 301–310 en *José Martí. Obras Completas*. Vol. 10. En los Estados Unidos. La Habana: Ciencias Sociales. 1975.

### EL VOTO DEL NEGRO

"Cartas de Martí". Pp. 311–18 en *José Martí. Obras Completas*. Vol. 10. En los Estados Unidos. La Habana: Ciencias Sociales. 1975.

### ALZAMIENTO POR LAS OCHO HORAS DE TRABAJO. GRAN MITIN EN NUEVA YORK

"Grandes motines de obreros". Pp. 443–56 en *José Martí. Obras Completas*. Vol. 10. En los Estados Unidos. La Habana: Ciencias Sociales. 1975.

EL PROCESO DE LOS SIETE ANARQUISTAS DE CHICAGO

"El proceso de los siete anarquistas de Chicago". Pp. 53–61 en *José Martí. Obras Completas*. Vol. 11. En los Estados Unidos. La Habana: Ciencias Sociales. 1991.

EL CONFLICTO DE LOS EMIGRADOS

"Grandes motines de obreros". Pp. 443–56 en *José Martí. Obras Completas*. Vol. 10. En los Estados Unidos. La Habana: Ciencias Sociales. 1975.

## 8. Vencedores y vencidos

JEFFERSON DAVIS Y LA GUERRA CIVIL

"Gran fiesta confederada". Pp. 457–64 en *José Martí. Obras Completas*. Vol. 10. En los Estados Unidos. La Habana: Ciencias Sociales. 1975.

BEN BUTLER. CONMEMORACIÓN DEL 25 DE NOVIEMBRE

"Cartas de Martí". Pp. 483–93 en *José Martí. Obras Completas*. Vol. 9. En los Estados Unidos. La Habana: Ciencias Sociales. 1991.

LA ESTATUA DE WASHINGTON

"Cartas de Martí". Pp. 483–93 en *José Martí. Obras Completas*. Vol. 9. En los Estados Unidos. La Habana: Ciencias Sociales. 1991.

## 9. Nuevas ideas para un pueblo nuevo

LA VISITA DE OSCAR WILDE. CUARENTA MIL NUEVOS INMIGRANTES EUROPEOS

"Carta de Nueva York". Pp. 219 28 en *José Martí. Obras Completas*. Vol. 9. En los Estados Unidos. La Habana: Ciencias Sociales. 1991.

DOMINGO DE PASCUAS

"Carta de Nueva York". Pp. 291–99 en *José Martí. Obras Completas*. Vol. 9. En los Estados Unidos. La Habana: Ciencias Sociales. 1991.

IDEAS PARA UN NUEVO SISTEMA DE EDUCACIÓN

"Cartas de Martí". Pp. 441–47 en *José Martí. Obras Completas*. Vol. 9. En los Estados Unidos. La Habana: Ciencias Sociales. 1991.

LOS COLEGIOS

"Cartas de Martí". Pp. 441–47 en *José Martí. Obras Completas*. Vol. 9. En los Estados Unidos. La Habana: Ciencias Sociales. 1991.

### FERROCARRILES ELEVADOS

"Ferrocarriles elevados". Pp. 441–49 en *José Martí. Obras Completas.* Vol. 11. En los Estados Unidos. La Habana: Ciencias Sociales. 1991.

### RIQUEZA Y MISERIA

"Placeres y problemas de septiembre". Pp. 293–99 en *José Martí. Obras Completas.* Vol. 10. En los Estados Unidos. La Habana: Ciencias Sociales. 1975.

### THOMAS ALVA EDISON

"Cartas de Martí". Pp. 433–39 en *José Martí. Obras Completas.* Vol. 9. En los Estados Unidos. La Habana: Ciencias Sociales. 1991.

### PROTECCIONISMO COMERCIAL

"Libertad, ala de la industria". Pp. 449–52 en *José Martí. Obras Completas.* Vol. 9. En los Estados Unidos. La Habana: Ciencias Sociales. 1991.

## 10. El idioma de lo moderno

### LA CORRIDA DE TOROS

"La corrida de toros". Pp. 175–79 en *José Martí. Obras Completas.* Vol. 15. Europa. La Habana: Ciencias Sociales. 1991.

### THE BULL FIGHT

"The Bull Fight". Pp. 169–75 en *José Martí. Obras Completas.* Vol. 15. Europa. La Habana: Ciencias Sociales. 1991.

### EL ESPÍRITU ESPAÑOL

"Prosa de próceres". Pp. 181–84 en *José Martí. Obras Completas.* Vol. 15. Europa. La Habana: Ciencias Sociales. 1991.

### CÓMO SE CREA UN PUEBLO NUEVO EN LOS ESTADOS UNIDOS

"Cómo se crea un pueblo nuevo en los Estados Unidos". Pp. 201–12 en *José Martí. Obras Completas.* Vol. 12. En los Estados Unidos. La Habana: Ciencias Sociales. 1975.

## Segunda parte

### Selección de textos de la S

"Periodismo diverso. *Sección Consu*
*Obras Completas.* Vol. 23. Periodism
Sociales. 1991.

es de los